Simone Weil

L'enracinement

Prélude à une déclaration
des devoirs envers l'être humain

扎根

人类责任宣言绪论

|修订译本|

[法] 西蒙娜·薇依 著　　徐卫翔 译

上海人民出版社

目　录

艾略特序

唯一能持久地与西蒙娜·薇依的一部著作相伴随的序言将会是——正如居斯塔夫·蒂蓬先生（M. Gustave Thibon）[①] 为《重负与恩典》（*La Pésanteur et la Grâce*）写的序——某个认识她的人所做的介绍。其著作的读者发现自己面对一个难对付、暴烈又极为复杂的个性；而那些有幸与她长时间讨论或通信，尤其是在她生命中最后五年那特定的条件下与她相识的人所提供的帮助，将在未来有着持久的价值。我缺乏这样的资格。我写这篇序言的目的是，首先，要肯定我对该作者特别是该作品之重要性的信念；其次，是要告诫读者放弃仓促的判断和概括的分类——规劝他对自己的偏见要时时加以核查，同时对西蒙娜·薇依的固执己见要存有容忍之心。一旦她的著作为人认识和接受，这样一篇序言也就变得多余了。

西蒙娜·薇依的全部著作都是死后出版的。《重负与恩典》——由蒂蓬先生从她那浩繁的笔记本中选出，第一卷即将在法国面世——在内容上令人赞叹，而形式上则未免有些靠不住。与帕

① 居斯塔夫·蒂蓬（Gustave Thibon，1903—2001）：薇依的朋友，其著作的选编出版人。——译者注

斯卡尔（Pascal）[①]（西蒙娜·薇依谈论他时会带有几分严厉）作比较，或许扯得太远。选入其中的文字的片断性，显露出深刻的洞见和光芒四射的原创力，但又暗示她的心灵间或才有灵感闪动。读过《期待上帝》（*Attente de Dieu*）与眼前这本书之后，我发现我要设法去理解这位作者的个性；并且阅读乃至反复阅读其全部作品，对于这一缓慢的理解过程而言是必不可少的。在试图理解她的过程之中，我们一定不能因为想得太远，或在这点那点上同意她或不同意她——在第一次阅读时这太容易发生了——而分散心思。我们只能将自己呈现给这位天才女性、这位其才具近乎圣徒的女性的个性。

也许“才具”（genius）不是个正确的词。唯一与她讨论过信仰与疑虑的教士曾经说过，“Je crois que son âme est incomparablement plus haute que son génie”（我相信她的灵魂远远高于她的才具）。这也就用另一种方法指出，我们对西蒙娜·薇依的最初体验不能用赞成或反对的词来表达。我不能设想什么人会全然同意她的所有观点，也不能设想有人会不强烈地反对她的某些观点。但赞同和拒斥都是次要的：重要的是与一颗伟大的灵魂相接触。西蒙娜·薇依是个也许已成为圣徒的人。像一些已达到这一状态的人一样，她也比我们众人有更大的障碍要克服，同时也有更大的克服它们的能力。一个潜在的圣徒也许是个尴尬人（difficult person）：我猜想西蒙娜·薇依有时也会支撑不住。人们不时地会震撼于一种近乎超人的谦卑与一种近乎蛮横的傲慢之间的反

① 帕斯卡尔（Blaise Pascal，1623—1662）：法国数学家、物理学家、哲学家、宗教思想家。——译者注

差。我前面提到的那位法国教士说过一句意味深长的话。他转述道，他不记得“西蒙娜·薇依何时在讨论过程中让过步，虽然她有追求客观性的善良愿望”。这一评论非常有助于理解她已出版的著作。我从不相信她会以其辩才为乐——这种自我放纵，我猜想帕斯卡尔在其《信札》(*Letters*)[①] 中便险些沉溺于此——即展现其在论争中说服他人的能力。相反，她的所有思想都是这么生动鲜活，以至于放弃任何一个观点都需要改变她的整个生存：这一过程不会是无痛苦的，也不会在交谈中发生。并且——尤其是在年轻人，在那些像西蒙娜·薇依这样让人察觉不到幽默感的人中——自我中心与浑然无我会很相像，以至于我们会误把一个当成另一个。

但是，说西蒙娜·薇依的“灵魂远远高于她的才具”这句话会令人误解，假如它给人以低估其理智的印象的话。诚然她会不够公正、不够稳健；诚然她有时会令人惊讶地乖戾和夸张。但那些会使读者丧失耐心的不够节制的断言，并非来自其理智的缺陷，而是来自其性情的过度。她生于一个不乏理智秉赋的家庭——其兄长是位杰出的数学家[②]；至于她自己的心灵（mind），也完全配得上使用它的那颗灵魂（soul）。但是理智，尤其是当它专注于困扰西蒙娜·薇依的那些问题时，只能慢慢地走向成

① 指帕斯卡尔《致外省人信札》(*Lettres provinciales*)。——译者注

② 安德烈·薇依（André Weil，1906—1998）：法国数学家，主要研究解析数论及代数几何，曾参与创办及领导布尔巴基小组（Bourbaki Group），二战时离开法国，先后在巴西和美国任教，后长期任职于位于普林斯顿的高等研究院（Institute for Advanced Study），是20世纪最有影响的数学家之一。——译者注

熟；我们可不要忘了，西蒙娜·薇依在三十三岁上便死去了。我以为，特别是在《扎根》[①]中，其社会与政治思想的成熟性是极其卓越的。但是她有一个非常伟大的灵魂有待成熟；我们也不能按比她年长二三十岁人的标准来批评她三十三岁的哲学。

在这样一位作者的著作中，我们得指望遇上矛盾悖谬。在最高的层面，西蒙娜·薇依是以下三者：法国人、犹太人和基督徒。她是个爱国者，她会愿意被派遣回法国，为她的同胞而受难死去：她不得不死去——看起来，这部分地也是她自我苦行（self-mortification）的结果，她拒绝接受多于普通法国民众官方定粮的食品——1943 年于肯特郡（Kent）阿什福德（Ashford）[②]的一座疗养院。她也同样是个对当今法国的缺点和精神衰弱看得很清楚——正如本书所表现——的爱国者。她是个基督徒，带有对祭坛圣礼中之我主的热切奉献，而她却拒绝受洗，并且她著作中的许多内容构成了对教会的强烈批评。她是个真切的犹太人，因犹太人在德国所受的折磨而深感痛苦；可她却以希伯来先知那般的严厉去批判以色列（Israel）[③]。我们曾被告知，先知们在耶路撒冷被人用石头砸死；但西蒙娜·薇依却面临来自几个方面的乱石投掷。而在其政治思想中，她似乎无论对右派还是左派都是严厉的批评者；同时她比那些自诩为保守派的人更为真诚地热爱秩序与

---

① 本书法文原题 *L'Enracinement*，我们直译作《扎根》；英文版则意译为 *The Need for Roots*（根的渴求）。——译者注

② 阿什福德：英格兰肯特郡的一个区和自治市。——译者注

③ 我和她一样使用“以色列”一词，当然不是指现代以色列国。——艾略特注

等级，又比那些自诩为社会主义者的人们更为忠心地热爱人民。

至于她对罗马教会的态度以及她对以色列的态度，我希望在这篇序言的篇幅中只谈论一点。这两种态度不但是相容的，而且是一致的，我们还应该把它们看作是一种态度。事实上，正是她对以色列的拒斥才使她成为很异端的基督徒。在对《旧约》绝大部分内容的否定上（在她所接受的部分中，她又分辨出了迦勒底或埃及影响的痕迹），她属于一种很像马西昂派（Marcionite）① 的异端。否定了以色列的神圣使命，她同样也拒斥了基督教会的基础。于是，这些困难就引起了她精神上的极度痛苦。我必须肯定地说，在她的作品中没有新教的痕迹：于她而言，基督教会只能是罗马教会。在教会中有许多东西是她所视而不见的，或者对此她很奇怪地保持了沉默：她似乎对荣福贞女（Blessed Virgin）② 没有任何想法；至于圣徒们，她也只关心那些其作品吸引了她的兴趣的——如圣托马斯·阿奎那（她不喜欢他，也许是不够熟悉）和圣十字若望（她对他很欣赏，因为他对灵修方法的深刻认识）。

乍一看，在某个方面她与当今那些知识分子（大部分有着模糊的自由派新教背景）是共同的，他们只有通过东方的神秘主义才能找到通向宗教生活的道路。她对希腊的一切（包括其秘

① 马西昂派：盛行于 2 世纪的接近诺斯替教的派别，其创始人为小亚细亚人马西昂（Marcion，？—约 160）。该派的基本教义是：有两神主宰宇宙，其中义神创造物质世界，包括人的肉体和灵魂。另一位神完全不可名状，他与被创造的宇宙毫无内在关系。此神完全出于善的本性而派遣其子耶稣基督救人脱离物质世界而到达新土。——译者注

② 即圣母玛利亚。——译者注

教）所抱的热情是无边的。于她，没有对以色列的启示，却有许多对迦勒底人[①]、埃及人，以及印度教徒的启示。其态度有接近那些普遍论者（Universalists）的危险，他们主张终极和秘传的（esoteric）真理只有一个，所有的宗教都反映了它的一些痕迹，我们坚持这些伟大宗教中的哪一种并不重要。然而，她却避免了这一错误——这是值得赞赏和欣慰的——通过她对我主之位格的奉献。

在她对犹太教和基督教信仰的批评中，我想我们必须为我们自己作一个三重区分，问我们自己：有多少是正当的？有多少是必须加以辩驳的严重缺点？以及，在错误的道路上，有多少是可以因一个卓越而热情的个性的不成熟而情有可原的？我们的分析会很不相同，但我们必须自己提出这些问题，又自己来回答。

我不知道她是个多好的希腊语学者。我不知道有关东地中海诸文明史她读得有多好。我不知道她是否能用梵语阅读《奥义书》(*Upanishads*)[②]；或者，假如能的话，她对那不仅仅是一种高度发达的语言，而更是一种思维的方式，又有多大程度的掌握——对于一个欧洲学生而言，他越是勤勉，这一困难就变得越是可怕。但我并不认为在这一领域，她表现出了一个历史学家的心灵。她对希腊、对“东方智慧”的奉承，正如她对罗马和以

---

① 迦勒底：巴比伦尼亚南部（今伊拉克南部）的地区。公元前 7 世纪该地区人掌管巴比伦国大权，其著名的国王有尼布甲尼撒二世（Nebuchadrezzar II）等。——译者注

② 《奥义书》：印度教古代吠陀教义的思辨作品，用散文或韵文写就。——译者注

色列的贬低，在我看来，是近乎任性的。在某一方面，她只看到她所欣赏的东西；在另一方面，她又毫无差别地拒绝一切。因为她不喜欢罗马帝国，她也就不喜欢维吉尔。她的好感，即便不是受其恶感所驱动，起码也为其所强化。看到扩张的或帝国主义式的民族（正如罗马人在欧洲以及西班牙人在美洲）摧残当地文明时，她的恐惧战栗会得到人们的同情。但当她为了增强对罗马人的谴责而试图拼凑一个德洛伊人（Druids）文化的例子时，我们并不觉得我们对那个已灭绝社会的贫乏认识能为她的假设提供什么根据。我们能够分有她对当时教会镇压阿尔比派（Albigensian）① 异端时的兽行所持有的反感，且思考普罗旺斯的奇特文明是否尚未走到其生产力的尽头。要是在英吉利海峡和地中海之间繁荣着十来种不同的文化，而不是我们称为法兰西文化的那一种，今天的世界就会更美好吗？西蒙娜·薇依开始于一种真知卓见，但她情感的逻辑却会引导她作大而无当、缺乏意义的归纳。我们可以抗议说，对于假如各种事件以别的方式发生这世界将会如何这一点我们全然幽昧了无所知，我们还可以说，诸如罗马人征服带来的西欧的拉丁化到底是好是坏这样的问题是没办法回答的。然而，我们却不能认为她的这种异想天开会动摇其有根状态（rootedness）概念以及她对过度中央集权社会之弊端的警告的基础。

---

① 阿尔比派：一种受摩尼教二元论影响的基督教派别，因其主要活动基地在法国南部的阿尔比城而得名，持禁欲主义态度，反对教会财富与权力，以致完全否定教职与教权。12 世纪在法国南方风行，13 世纪时遭罗马教廷和法国政府的残酷镇压。——译者注

这本书写作于西蒙娜·薇依生命的最后一年，或差不多是最后一年，当时她受雇于设在伦敦的自由法兰西总部；并且从她呈交的备忘录中我知道，它与解放后将采取何种政策有关。当时的各种问题促使她作广泛得多的考虑；但即便在这些文字中——其中她关心的是自由法兰西在战时和解放以后立即要采纳的计划方案——也表现出具有恒久价值的先见之明和成熟判断。我想，在她那些已发表的著作之中，这一本最接近于也会蒙她本人选中公之于众的形式。

我已经主要讲述了我们会在她的所有作品中遇到的几个主要观念，着重强调了她的错误与夸张。我这样做，乃是确信，许多读者，当他们第一次发现某些会激起理智怀疑和情感对抗的主张时，会受到阻碍，而不能很好地认识一个伟大的灵魂、一个杰出的心灵。西蒙娜·薇依需要来自其读者的耐心，一如她需要来自最仰慕她、最欣赏她的朋友们的耐心。但尽管她的爱憎是如此暴烈，尽管她有我所提到的那种不公正的归纳，我在本书中却发现了一种均衡的判断，一种避免极端的智慧，对于如此年轻的任何人而言，这都是令人惊异的。兴许在与居斯塔夫·蒂蓬的交谈中，她的获益多于她自己在与这位聪慧而均衡的心灵的接触中所认识到的。

作为一个政治思想家，正如在其他方面，西蒙娜·薇依并不好归类。其同情心的矛盾性是心智均衡的一个作用因。一方面，她是普通民众尤其是受压迫者——受人的邪恶与自私所压迫，以及受现代社会的无名力量所压迫——的热情斗士。为了体验城市与乡村民众的生活，她曾在雷诺（Renault）工厂工作，也曾做过农业劳工。另一方面，她本性上是孤寂的，是位个人主义者，对她所说的集体——现代极权主义所创造的怪兽——怀有深深的恐惧。她所关心的是人类灵魂。她对人的权利与人的义务的研究，揭示了如今依然流行的空话的谬误，这种空话在战时曾被用作道德激励。关于其敏锐、均衡和良好判断力的绝非最不引人注目的范例，乃是她对君主制原则的审查；而她对法国政治史的简短回顾，既是对法国革命的谴责，又是对王权复辟之可能性的有力驳斥。她既不能被归入反动派，又不能算是社会主义者。

本书属于政治家很少会去读，他们之中的大部分人未必能理解，也不知道如何去回答的政治学的绪论。这样的书不会影响当代事务的运行：对于忙碌于这一营生、满口市场行话的男女，它们往往来得太迟。这是年轻人在竞选讲坛和立法会议的生涯中丧失其闲暇、损毁其思考能力之前，应该细加研究的书籍之一；这也是我们希望其影响在下一代人的心灵中日益彰显的书籍之一。

T. S. 艾略特（T. S. Eliot）

1951 年 9 月

第一部　灵魂的各种需求

义务的概念优先于权利的概念，后者从属于它也相关于它。 9
一项权利并不因其自身而有效，而只是因它所对应的义务；一项权利的有效实现并不源于某人对它的拥有，而是出于其他的一些人，他们承认在某些事情上对此人有义务。当义务被确认时，义务就已有效。一项义务不为任何人所承认，其存在的丰富性也丝毫无损。而一项权利若不被任何人所承认，则一钱不值。

但这并不是说人一方面拥有一些权利，而另一方面拥有一些责任。这些词只表达了观点的差异。其关系是对象与主体的关系。一个人，从其自身考虑，只拥有责任，其中有某些对他本人的责任。从他的角度看，其他人只是拥有权利。反过来讲，从其他一些人的角度看他才有权利，他们承认对他有义务。假如这世
界上只有一个人，那他将毫无权利可言，但他仍有义务。 10

权利的概念，属于客观的层面，不能与实存和实在的概念相分离。只有当义务下降到事实的领域中它才会出现；因此它在某种程度上始终围绕着对事实状态和特定情境的考量。各种权利始终都与各种条件密切相关。只有义务才可能是无条件的。它置身于超越各种条件的层面，因为该层面是超越这个世界的。

1789年的人们不承认这样一个层面的实在性。他们只承认属于人性事物层面的实在性。这就是为什么他们从权利概念出发。但同时他们却愿意设定绝对的原则。这一矛盾使得他们陷入语言和观念的混乱，对很多人而言，也意味着陷入现实政治和社会的混乱。属于永恒者、普遍者和无条件者的层面，不同于事实条件所属的层面，在前一层面，居住着一些不同的概念，它们与人类灵魂最为秘密的部分相伴随。

义务只伴随着人类每一成员的存在。没有所谓各种集体的义务。但是却有集体中的所有成员的义务，他们构成、服从、指挥或是代表这一集体，这义务在其生命的一部分中与集体相连，正如它也体现在独立于该集体的那部分生命中。

11 某些同样的义务与所有人的存在相联系，尽管在不同的情境中对应着不同的活动。没有一个人，不管他是谁，也不管在何种情境中，能够免于义务而无罪；除非在一些情况下，两种实在的义务处于不相容的状态，一个人被迫舍弃其中的一种。

一种社会秩序的不完善性可由它所包含的这一类情况的数量来衡量。

但即便在这种情况下，舍弃义务也是有罪的，假如不仅仅是在事实上舍弃义务，而是干脆否定义务的话。

义务的对象，在人性事物的层面上，总是人的存在自身。在每一个人的身上都存在着义务，只因为他是人，毋须涉及任何其他条件，也不管他是否承认这义务。

这义务并不基于任何事实的（de fait）情境，不基于法律、习俗、社会结构、各种力量的相互关系，也不基于过往的遗产和假定的历史取向。因为没有一种事实情境能够产生出一种义务来。

这义务并不基于任何约定。因为所有的约定都可随着签约者的意愿而修正，而在义务这里，人们意愿的任何改变都不可能对之有何修正。

这义务是永恒的。它与人的永恒命运（la destinée éternelle）
相对应。只有个体的人才有永恒的命运。集体的人却没有。同 12
样，对各种集体而言也没有任何永恒的直接义务。只有对应于个体人自身的责任才是永恒的。

这义务是无条件的。假如它建基于某事物之上，那么这事物也并不属于我们的世界。在我们的世界，它不以任何事物为其根据。这是与人性事物有关的独一无二的义务，它不听从任何条件。

这义务所具有的并不是一个基础，而只是与普遍良知相对应的一种证实。一些流传至今的古老文献表达了它。所有这些文献，在所有的场合，都承认它，它并没有被各种利益、各种激情所战胜。正是着眼于它，我们才能衡量进步。

对这义务的承认，以一种混乱而不完善的方式，在我们所说的实在法（droits positifs）① 中得到表达，而在不同的情况下，其不完善性程度也有所差异。如果实在法与它相抵触，那么恰恰是在这一范围内，实在法就被斥为非法。

虽然这一永恒义务对应于人的永恒命运，它却不以这命运为

① 一译“成文法”。——译者注

其直接对象。一个人的永恒命运不能成为任何义务的对象，因为它并不服从外在的行动。

13 一个人拥有其永恒命运这一事实只会产生一种义务：那就是尊重（le respect）。只有当尊重得到了有效的表达，以一种实在的而非虚妄的方式，义务才告履行；而这须以人的尘世需求为中介。

人类的良知在这一点上绝不会改变。数千年前，埃及人就在思考，一个人在他死后其灵魂绝不会得救，假如他不能说："我没有让任何人忍饥挨饿。"每一个基督徒都知道到自己有一天会面临基督这样的话："我饿的时候，你没有给我吃的。"所有的人都处在通向这样一个社会的过程中，在这社会中，人们不再遭受饥馑。要是向任何一个人问一个原则问题：假如一个人有丰富的食物，当他发现有个人倒在他门口饿得奄奄一息，行将离世，而他却从那人身边跨了过去；没有一个人会认为这样一个人是清白无辜的。

可见，当人有机会提供援助时，不能让他人遭受饥馑，这是人的永恒义务。这一义务是最为自明的，它应该在人类永恒责任表上成为一个范例。为严格起见，这一责任表应以类比的方式以这一义务为首要范例。

14 这样，人类义务表必须与至关重要的人类需求表相对应——与饥馑相类比。

在这些需求中，有些是身体性的，如饥馑本身。要列举出它们很容易。它们与保护身体免受暴力的伤害、居所、服装、取暖、卫生、生病时能得到照顾等有关。

另一些需求，不是与身体有关，而是属于道德生活。与前者一样，它们也是尘世的，而非就我们的理智而言与人类永恒命运直接相关的。像身体需求一样，它们也是此世生命所必不可少的。也就是说，若它们得不到满足，人就会一点点落得多少与死亡状态相近、无异于草木的地步。

与身体的需求相比，承认并列举它们要困难得多。但所有的人都承认它们是存在的。征服者对被征服者的残暴、屠杀、戕戮、有意为之的饥馑、奴役或大规模的流放，通常都被认为是同一种类的尺度，尽管自由与故乡并非身体所必需。所有的人都意识到有许多种残暴，虽然并不伤害人的身体，却伤害了人的生命。就是它们，剥夺了人类灵魂生命所必需的营养（nourriture）。

这些义务，不管是无条件的还是相对的，永恒的还是变易 15
的，对人类事务而言是直接的还是间接的，都毫无例外地来自人所必不可少的需求。那些并不直接与这样那样特定的人有关的义务，都以这样一些事物为对象，这些对象相对于人而言，其角色就好比是营养。

人们必须尊重一片麦地，不是为了它自己，乃因为这是人类的营养。

与此相类似，人必须尊重一个集体，不管它是祖国、家庭，还是别的，不是为了集体本身，而是作为一些人的灵魂的营养。

这一义务事实上规定了一些态度、一些活动，随处境的变化而变化。但就其自身而言，它对所有的人都是绝对同一的。

尤其是，它对于处在（集体）之外的人是绝对同一的。

对集体所应有的尊重程度是极高的，出于多种考虑。

首先，每一个都是独一无二的，一旦遭到破坏，就不可替换。一袋麦子可为另一袋麦子所替换。一个集体对其成员所提供的灵魂营养，在全世界都找不到等价物。

16 其次，出于其绵延（durée），集体已深入未来。它们拥有的营养，不仅能滋养活着的人，也同样能滋养那些尚未出生，而要在今后几个世纪降临此世的人。

最后，同样出于其绵延，集体的根在过去。它拥有独一无二的机能，保守着由死者所聚集起的精神宝藏，以其自身为中介，使死者能向活人讲话。而能与人类永恒命运直接相关的独一无二的尘世之物，就是那些能完整地意识到这一命运之人的光照，一代代地向下传递着。

因此，我们可以说，对一个处于危难中的集体的义务，会导致全部奉献（sacrifice total）。但并不能说集体就高于人的个体。我们也可以说，集体照顾一个处于困境中的个体的义务，也会导致它的全部奉献，这也并不意味着那被照顾者有丝毫的优越性。

一个农民，在某些情况下，为了耕作其土地，会精疲力竭、陷入疾病乃至死亡。但他心里始终明白，这只是为了面包。

与此相类似，即便是在全部奉献的时候，他对集体的尊重也无非与对营养的尊重相类似。

17 通常见到的是角色的颠倒。某些集体，非但不能为人提供营养，反倒吞噬人的灵魂。在这种情况下，它就是社会的疾病，首要的义务是要去治愈它；这时，就需要动用外科手术的方法。

同样在这一点上，义务对于在集体内部和外部的人而言，都是同一的。

也有这样的情况，一个集体为其成员提供的营养不足。在这种情况下，就需要改进。

最后，也有一些死了的集体，既不会吞噬灵魂，也不能为人提供营养。只有当它们真的已死亡了，而不是处于一时的嗜睡症，在这样的情况下，才必须消灭它们。

需要首先研究的，是对应于身体需求如营养、睡眠、保暖的灵魂的需求。需要列举出它们，并加以限定。

绝不可将它们与欲望、奇思、幻想、恶癖等相混淆。同样必须分清属于本质者与属于偶性者。人们所需要的，不是米饭或土豆，而是营养；不是木柴或煤炭，而是取暖。灵魂的需求也是一样，必须承认对于同样的需求，有着不同却等效的满足。还必须分清灵魂的营养和毒药，有时候，毒药也会给人貌似营养的幻觉。

缺乏这种研究，就会使政府虽有良好的意愿，却盲目行事。 18

以下是一些提示。

秩序

灵魂的首要需求，与永恒命运最为贴近的，乃是秩序（L'ordre），即这样一种社会关系之织体，人们在履行一些义务时，不可破坏其他一些严格的义务。只有在这一情况下，灵魂才能忍受来自外部环境的精神暴力。因为，唯独那在履行义务时为死亡和苦难所威胁的人，才能不顾及它，而遭受身体的伤害。而那些觉得外在的环境使得为严格的义务所决定的活动与另一些活动不能相容的人，他们对此无法抗拒，因而他们对善的爱就受到了伤害。

如今，各种义务之间失序与不相容的程度已非常严重。任何
试图增加这不相容的人，都是个失序的挑动者。任何试图减轻这
19 不相容的人，都是个秩序的支持者。任何为了简化问题而否定若
干义务的人，在其内心都与罪恶成为了同盟。

不幸的是，我们并没有减轻这不相容的办法。我们也不能确定，所有义务都相容的想法是不是一种虚构。当义务降低到事实的层面，如此众多独立的关系就开始起作用，看起来不相容要比相容的可能性更大。

但我们眼中始终都有宇宙的范例，在这宇宙中无限多独立的机械运动一同构成一种秩序，尽管有各种变式，却是固定的秩序。同样，我们喜爱世界的美，因为在它背后，我们感觉到某种堪与智慧相比的东西存在，我们希望自己也拥有这种智慧，以便我们对善的意愿能得到满足。

在较轻的程度上，真正美的艺术作品提供了协调一致的典范，各种独立的因素以某种不可理解的方式相互配合，以建构一种统一的美。

最后，各种不同的义务感，都拥有一种对善的意愿，这意愿统一、固定、自身同一，对所有的人，从摇篮到坟墓，都是一致的。这意愿永恒地激动着我们的内心深处，阻止我们，使我们绝不能退缩到一个各种义务不相容的境地。我们或者求助于谎言，以忘却这些义务的存在；或者盲目挣扎，试图逃离义务。

对真正艺术作品的沉思、对世界之美的更多的沉思、对我 20
们所向往的未知之善的更多的沉思，能够在我们持续思考人类
秩序时给我们以支持——这种秩序应该是我们所思考的首要
对象。

暴力的大鼓吹家们相互激励着，认为机械、盲目的力量乃是宇宙的最高力量。

若比他们更为敏锐地看待世界，假如我们思考，通过不为我们所理解，但又为我们所喜爱并命名为美的东西，这不可胜数的盲目力量是如何受到限制、如何构成一种平衡、如何形成一个整体的，我们就会发现一种更大的激励。

如果我们持续不断地给予精神以一种真正人类秩序的思想，如果我们将它视作当我们有机会呈现时就必须将我们自身全部奉献的对象，我们的处境就如同一个在黑夜里行走的人，他没有向导，却始终想着他愿意前行的方向。于这样一位旅人，就存在着巨大的希望。

这秩序是诸需求中最重要的一个，它甚至高于严格意义上的需求。为了能思考它，必须了解其他的需求。

需求有别于欲望、幻想甚或缺陷（vices）的首要特性，营养
有别于美食甚或毒药的首要特性，乃在于：需求是有限的，与之 21
对应的营养也同样。一个吝啬鬼永远不会觉得钱太多，但于所有
的人而言，假如你随意给他面包，他总有吃饱的那一刻。营养带
来满足。灵魂的营养亦然。

第二个特性，与前者紧密相连，乃在于：各种相反的需求会成对地结合在一起，形成一种平衡。人们需要营养，但也需要两

顿饭之间的间歇；人们需要保暖也需要凉爽，需要休息也需要劳作。灵魂的需要亦然。

我们所说的中道（le juste milieu），事实上在于既不是满足两个相反需求中的这一个，也不是满足那一个。这只是真正平衡状态的一种漫画，在真正的平衡中，各种相反的需求依次得到充分的满足。

自由

人类灵魂不可缺少的一种营养，就是自由（La liberté）。具体而言，自由在于选择的可能性。当然，必须是实在的可能性（possibilité réelle）。在有公共生活的地方，出于对共同利益的考虑，到处都免不了有规则，限制着选择。

22 但自由的大小并不取决于限制的宽窄。在一些不太容易衡量的状况中，它有其丰富性。

规则必须足够合理、足够简明，使得任何有意愿并拥有中等才智的人都能理解，一方面是这些规则所对应的益处，另一方面是这些规则所涉及之事实的必要性。它们必须源于一种权威，这权威不能被视为异在或敌对的，它应该得到爱，被看作属于它所指导的事物。它们必须足够稳固、数目尽量少、足够普遍，因而思维能够同时全部把握它们，而不必每一次与它们相遇都要做一个决断。

在这些情况下，有着善良意愿的人们的自由，尽管在一些事实的层面受到限制，在意识的层面却是完整的。因为这些规则已经融入他们的存在自身，被禁止的可能性并未进入他们的思想，也就不会遭到拒斥。出于由教育的熏陶而产生的同样的习惯，不吃惹人厌恶和危险的东西，并不会被正常人视为对其饮食领域中自由的限制。只有婴儿才会觉得限制。

那些缺乏善良意愿或稚气未脱的人，处于任何一种社会地位都绝不会自由。

当选择的可能性宽到妨碍公共利益，人们就享受不到自由。因为人们必须，或者求助于不负责任、稚气、冷漠的庇护所，在 23
这庇护所中我们所能得到的只是烦恼；或者在所有的情况下都因害怕妨碍他人而被责任压得喘不过气来。在这些情况下，人们错误地相信他们拥有自由，却觉得自己并没有享受到它，末了就会以为自由并不是一种善。

服从

服从（L'obéissance）是人类灵魂必不可少的一种需求。它可分为两类：对现成规则的服从和对被视为首领的一些人的服从。它以一致同意（consentement）为前提，但不是对被接受的秩序中的任何一种的一致同意，而是一劳永逸地（une fois pour toutes）给予的一致同意，必要时，唯一保留的是良知的要求（exigences de la conscience）。必须普遍承认，首先是首领们要承认，是一致同意而非惧怕惩罚或奖赏的诱饵，事实上构成了服从的主要动力，使得顺从绝没有奴颜的嫌疑。必须认识到，发号施令者本身也须服从；从最底层到最高层，整个等级制度（toute la hiérarchie）必须以同一个目标为指向，价值和崇高都来自这一目标。

24 服从是灵魂必需的营养，任何人，若的确丧失了它，都是病人。同样，各种由一个至高无上不向任何人负责的首领所主宰的集体，都处于一个病人的股掌间。

所以，当一个人被立为某一社会组织之终身领导，他就必须是个象征而非首领，就像英国的国王；同样，礼仪也必须限制他的自由，比任何一个普通百姓的自由还要狭窄。这样，拥有实权的首领，尽管他们是首领，也有人在他们之上；另一方面，他们也可被替换，却不会使连续性受到破坏，故而每个人都接受其不可推卸的服从责任。

那些用强迫和残暴而使群众顺从的人，同时剥夺了两种生命营养，即自由和服从；因为群众的力量不再与他们所顺从的权威形成内在的一致同意。有人喜爱这样一种状态：其主要动力是利益的引诱；这样的人剥夺了人们的服从，因为一致同意乃是原则，是不可出卖的。

成千上万的迹象表明，我们时代的人很久以来就渴望服从。然而，有人却通过奴役他们而获益。

25

责任

首创性和责任（La responsabilité），以及成为有用乃至不可或缺之人的感觉，是人类灵魂必不可少的需求。

失业工人的情况就是完全丧失了以上所说的需求，哪怕他得到衣食住等方面的援助。他在经济生活中全无作用，政治生活中他那张选票，于他毫无意义。

这位工人处在一种绝算不上好的境地。

这一需求的满足，要求一个人经常在一些问题上做出决断，不论事情大小，这些事情并非与他个人的利益有关，但他却觉得自己不能推辞。他还必须持续地付出努力。最后，他必须能够通过思想为他所从属的整个集体的工作成就负责，包括他既没有做过决策也没有发表过意见的领域。为了这，人们必须让他认识到这成就，必须要求他对此保有兴趣，必须使他能够感受到价值、益处，若有可能的话，还有崇高性，还必须使他明确地理解他在其中所占有的位置。

所有的集体，就其种类而言，若不能为其成员提供这些满足，便是有缺陷的，需要改革。

在每个稍强的个性中，首创的需求就会变成指挥的需求。在 26
缺乏能力者一生中的某些阶段，必须向他们提供机会，让他们能够接触一种丰富的当地和区域生活，一种教育工作和年轻人运动的多样性。

平等

平等（L’égalité）是人类灵魂必不可少的一种需求。它在于公开、普遍、有效地承认，并得到各种制度和习俗的正式表达，要给予所有的人以等量的尊重和敬意，因为必须把尊敬给予人本身，且没有程度之别。

因此，人与人之间不可避免的差异绝不能意味着给予每个人尊敬之程度的差异，为了不使这些差异被人感觉到带有这种意味，就必须有某种平等与不平等之间的平衡。

平等与不平等的某种结合，由可能性的平等所构成。假如不管任何人都能达到与他所能履行的职责相对应的社会地位，假如
27 教育足够普及，没有人会仅因其出身而被剥夺任何一种能力（的施展），于每个孩子而言，希望都是一样的。同样，每个人的希望都是与每个其他人的希望相平等的，年轻时他为的是他自己的利益，后来又是为了他孩子们的利益。

但这种结合，若单独而不是与其他因素一道起作用，并不能构成一种平衡，而是会开启更大的危险。

首先，于那些处于社会下层并遭受苦难的人而言，知道自己落到这步田地是因为他的无能，且知道所有的人都明白这一点，并不是一种安慰，毋宁说是加倍的心酸；根据人的禀性，有些人会难以承受这样的折磨，另一些人则会走上犯罪的道路。

其次，在社会生活中，它会不可避免地形成一种朝向上层的

吸入泵（pompe aspirante）。结果就会产生一种社会病，假如向下的运动不能与向上的运动获得一种平衡的话。如果说，有某种实在的可能，一个农场工人的儿子，有一天会当上部长；那么，也必须有同样实在的可能，一个部长的儿子，有一天会去做农场工人。这第二种可能性是不值得考虑的，除非有某种非常危险的社会强制。

这种平等，若单独起作用且不受限制，就会给社会生活带来
一种导致其解体的流动性。有一些使平等与差异相结合的不那么 28
粗糙的方式。首先是比例（proportion）。比例的定义是平等与不
平等的结合，而在宇宙各处，它都是平衡的唯一因素。

应用于社会平衡中，它要求每个人的职责均应与其能力、与其所拥有的福利（bien-être）相对应，而风险又对应于他的无能或失误。比如说，一个无能或因其失误对工人们犯有过错的老板，比起一个无能或因其失误而对老板犯有过错的工人来，必须在心灵或肉体上遭受大得多（的痛苦）。进而，所有的人都必须知道这一点。这意味着，一方面是风险分配（organisation des risques），另一方面，在刑法上惩罚的概念中，作为加重罪刑的情节（circonstance aggravante），社会地位在很大程度上应对量刑起作用。出于更有力的理由，担任的公职越高，所承受的个人风险也必须越重。

另一种使平等与差异相容的方式，是干脆取消一切能引起差异的定量的特征，就只剩下本性（nature）的差异，没有程度的区别，于是乎就根本没有不平等。

在把金钱当成各种活动唯一或几乎唯一的动机，或者把金钱

当成衡量一切事物的唯一或几乎唯一的尺度时，人们就到处都播29 撒了不平等的毒药。诚然，这不平等是可变的；它并未紧紧吸附在人的身上，意味钱能赢来，也能输掉；但这不平等却并非不真实。

有两种不平等，与之相对应的是两种不同的刺激剂（stimulants）。相对稳定的不平等，如在古代法国，产生了对上等人的崇拜——不免混杂着敢怒不敢言的恨意——以及对其命令的顺从。可变、流动的不平等，则产生了提升自己地位的欲望。它并不比稳定的不平等更接近平等，它同样是不健康的。1789 年的大革命，虽然以平等为目标，其实所做到的，不过是以一种不平等取代另一种不平等。

一个社会越是有平等，这两种刺激剂的作用与两种形式的不平等的关系就越小，于是就必定会有其他的（刺激剂）。

平等是更加伟大的，而不同的社会状况，不是被看作有多或少的差异，而是根本不同。但愿矿工和部长只是两种不同的职业，如同诗人和数学家。但愿与矿工生活状况相关的物质上的艰苦，能因那些忍受苦难者的荣誉而受到人们的重视。

在战时，假如一支军队有一种适当的精神，一个士兵会觉得自己是幸福的，并以冲锋陷阵而不是待在司令部而自豪；一位将军觉得自己是幸福的，并以战役计划在自己头脑中产生而自豪；30 同时，士兵羡慕将军，将军也羡慕士兵；这样的平衡就构成一种平等。如果找到这种平衡，社会生活中就会有平等。

这暗示着，在每一种人类状况中，值得考虑的标志都应是该状况自身的，而不应是谎言。

等级制

等级制（La hiérarchie）是人类灵魂必不可少的一种需求。它由某种敬重（vénération）、某种自下而上的忠诚而构成，所考虑的不是位居上方者的个人，也不是他们所行使的权力，而只是象征（symboles）。这些象征所代表的，乃是高于所有人的那一领域，其在此世的表达由每个人对其同类的义务所构成。真正的等级制的前提是，位居上方者须意识到这象征的作用，并知道它才是其臣民之忠诚的唯一正当对象。真正等级制的作用，是使每个人合乎道德地安于其所占据的位置。

荣誉 31

荣誉（L'honneur）是人类灵魂必不可少的一种需求。必须给予人的敬重，即便是有效地给予了，也无法满足这项需求，因为，它是对所有的人都相同且不变的；而荣誉对于每一个相关的人，不仅仅与他本人有关，也涉及他周遭的社会关系（son entourage social）。假如每一个集体能为某个成员提供由其过去所包含且为外部世界公开承认的伟大传统中的一个位置，这种需求就能得到充分的满足。

比如说，为了使职业生活中荣誉的需求得到满足，就必须使每种职业都对应于某个集体，它能保存对辉煌、英雄主义、正直诚实、宽宏大度、非凡才具之宝库的活生生的记忆，并在职业实践中得到运用。

一切压迫都创造了荣誉方面的饥荒。因为，由于缺乏社会名望，被压迫者所拥有的辉煌传统没有得到承认。

这往往是征服的结果。于罗马人而言，韦辛格托里克斯（Vercingétorix）[1]并不是英雄。假如在15世纪英国人征服了法国，圣女贞德（Jeanne d'Arc）[2]就会全然为人所遗忘，甚至
32 我们当中的大部分人也不会记得她。如今，我们会对安南人（Annamites）[3]和阿拉伯人讲述她；但他们知道，在我们这儿，我们不懂得讲述他们的英雄和他们的圣徒；同样，我们现在的状态，也是对荣誉的一种损害。

社会压迫的结果也是一样。在航空学的社会名人中，公众已不记得居内梅（Guynemer）[4]和梅尔莫斯（Mermoz）[5]；矿工或渔

---

① 韦辛格托里克斯（Vercingétorix，约公元前82—前46）：高卢部落阿维尔尼人的首领。公元前52年领导一次大叛乱，反对罗马人在高卢的统治。开始连连获胜，后在阿莱西亚陷入尤利乌斯·凯撒的包围，被迫投降。公元前46年在罗马为凯撒举行的凯旋式中作为战俘示众，随后被处决。——译者注

② 圣女贞德（Jeanne d'Arc，1412—1431）：奥尔良地区的村姑，没有上过学，但天生有特异秉赋。英法百年战争期间，她在异象（vision）和爱国心的驱使下，投奔法国国王查理七世。在她的率领下，法军多次获胜。后被俘，被控行巫术，交给教会法庭审判。1431年5月30日被市政当局烧死在火刑柱上。1456年教皇法庭撤销1431年的判决。1920年，天主教会追谥贞德为圣女。——译者注

③ 安南人：即越南人。——译者注

④ 吉内梅（Georges-Marie Guynemer，1894—1917）：第一次世界大战期间法国最著名的战斗机驾驶员。1917年在战斗中阵亡。——译者注

⑤ 梅尔莫兹（Jean Mermoz，1901—1936）：法国飞行员，在法国航空邮政事业发展过程中曾有贡献。——译者注

夫有时会令人难以置信地表现出英雄主义，在矿工或渔夫的圈子中几乎没有产生反响。

剥夺荣誉的最极端程度，就是把人耻辱地分成各种不同的类别（catégories），从而彻底地剥夺了某些人的荣誉。在法国，算上各种变式，这些类别是：妓女、惯犯（repris de justice）、差佬（policier）、移民或殖民地土著的下层无产者（sous-proletariat）……这样的类别绝不应该存在。

唯有犯罪者的罪，才必须使他们置于社会敬重之外，而惩罚必定会使他们的社会敬重得到恢复。

惩罚

惩罚（Le châtiment）是人类灵魂必不可少的一种需求。它可分为两类：纪律的（disciplinaire）和刑事的（penal）。第一类提供了一种安全保证，以防止虚弱（defaillances），针对虚弱的斗争必须非常强有力，假如没有外部支持的话。但灵魂所最不可 33
或缺的惩罚，乃是刑事的。由于犯罪（crime），一个人就使自己置身于人对所有其他人所负的永恒义务网络之外。只有通过惩罚才能恢复他在其中的位置，只有当他对其位置有一种一致同意，这种恢复才是充分的，否则就是不完善的。正如对一个挨饿的人表达敬意的唯一方法就是给他食物，同样，对一个置身于法律之外的人表达敬意的唯一方法，就是通过使他服从法律所规定的惩罚，从而让他恢复在法律中的位置。

若刑法只是通过恐怖而造成的强制手段——这倒是常见的——惩罚的需求便得不到满足。

这种需求的满足，首先需要触犯刑律者有一种庄重而神圣（solennel et sacré）的品性，还需要将法律的尊严（majesté）传递给法庭、警察、被告和犯人，甚至是在一些不重要的事务上，只要它们会导致对自由的剥夺。惩罚必须是一种荣誉，它必须不仅抹去了犯罪的耻辱，而且应被看作是一种补充教育，它要求一种更高程度的为公众之善（le bien public）而献身。同样，刑罚的轻重必须与被破坏的义务的性质相对应，而不是与社会安全的利益相对应。

警察丧失名誉、部长办事轻率（légèreté）、监狱里的规章条
34 例、褫夺惯犯的身份、对十件轻微偷窃判处比一件强奸或凶杀更重的刑罚等级、一罪多罚，所有这些，都会阻碍在我们中间任何配得上惩罚之名的东西存在。

对于过失，也如同犯罪，免于处罚（impunité）的程度也不能随着人社会地位的上升、而是应随着社会地位的下降而增加。此外，强加给人的痛苦应被视为强制或权力的滥用，而不能构成惩罚。只有当痛苦在某一时刻，在事后的回忆中，伴随着一种正义感，才可能有惩罚。正如音乐家用声音激起人们的美感，同样，刑法系统则用痛苦，必要时甚至是死亡，在罪犯中间唤起正义感。就像人们会说一个受伤的学徒，他受的伤乃是手艺进入了他的身体，同样，惩罚则是一种通过肉体的痛苦使正义进入罪犯灵魂的方法。

如何才能最有效地防止上层人士为了免于处罚而结成同谋，

这是个最难解决的政治问题。只有当一个或许多人，其责任就在于阻止这种共谋，并且置身于这样一种处境，能抵御进入他们那些人当中去的诱惑，这个问题才能解决。

言论自由 35

言论自由（La liberté d'opinion）和结社自由（la liberté d'association）通常是相提并论的。这是种错误。除了自然聚集（groupements naturels）以外，结社只是实践生活的权宜之计。

相反，完全的、不受限制的、有什么意见就表达什么意见的、既无约束又无保留的言论自由，却是理智活动的绝对需求。故而它是灵魂的一项需求，因为当理智局促不安时，灵魂就得病了。对应于该需求之满足的本性和限制，深深地印刻在灵魂各不同机能的结构之中。因为同一事物可以既受限制又不受限制，正如人们可以无限地延长一个长方形的长，却不可取消对其宽的限制。

在一个人身上，理智可以有三种活动方式。它可以处理技术问题，也就是说，探索达到给定目标的手段。它也可以在意志选择一个取向时提供光明。最后，它也可以与其他机能相分离，在一种纯粹理论的思辨中自娱，暂时抛开一切对行动的关心。

在一个健全的灵魂中，它依次以这三种方式活动，而自由程 36
度则各不相同。在第一种功能中，它是服务性的（servante）。在第二种功能中，它是破坏性的，自从它开始将论据提供给灵魂的一部分——在并非处于完善状态的任何人身上，灵魂总是站的恶的一边——它就必须得到指导，使它走向宁静。但当它单独行使时，就必须使它享有最高的自由。否则，人就缺失了某种本质性的东西。

在一个健全的社会中也是这样。这就是为什么人们会愿意在出版界建立某种绝对自由的保护区。但是这样做的时候，应该明白，在此公开发表的作品在任何程度上都与作者无关，也不包含任何对读者的建议。在该保护区，为了坏的理由而论证的各种论据可以竭尽全力陈列出来。把它们陈列出来乃是有益的。任何人都可以在这里赞颂他最谴责的东西。可以让公众普遍认识到，这类作品的目的并不是表明作者在面对生活中难题时的立场，而是通过预备性的研究，有助于完整而正确地列举与每个问题相关的材料。法律应保证这些作品的发表不至于给其作者带来任何种类的风险。

相反，对我们所说的意见注定会施加影响的出版发表，也就
37 是说会对生活行为产生影响的出版发表，已构成一些活动，并必须与各种活动一样服从共同的限制。换言之，它们不能带有对任何一个人的非法偏见，尤其是，它们不能包含对法律所庄严承认的人类永恒义务的任何否定，无论是明确的还是隐含的。

这两个领域的区分——一个是在行动以外，一个是行动的一部分——不可能用司法的语言写在纸面上。但这并不妨碍这种区别是足够清楚的。两个领域的分离在事实上是很容易建立的，只要想达到这一点的意志足够强烈。

比如说，日报和周刊显然就处于第二个领域。各种杂志也是

这样。因为它们都构成了以某种方式进行思考的辐射焦点；只有那些放弃这一功能的，才可要求全面的自由。

对于文学也同样。这或许有助于解决近来兴起的有关道德与文学之主题的论战，这一论战受到了这一事实的遮蔽，即所有有才华的人，由于职业团结，都站在同一阵营，而另一边则只是无能胆小之辈（des imbéciles et des laches）。

但无能胆小之辈，在很大程度上，却并非没有道理。作家们
有一种令人不能接受的脚踩两只船（jouer sur deux tableaux）的 38
做派。他们从来没有像在我们这个时代中这样声称具有良知导师的角色，并且付诸实践。事实上，战前那些年里，没有人就此问题与他们争论过，除了学者们。过去在国民道德生活中由教士所占据的位置，如今为物理学家和小说家所把持，光是这一点就足以衡量我们进步的价值了。但假如有人责问作家们其影响的取向，他们就会愤怒地逃进为艺术而艺术（l'art pour l'art）的神圣特权。

比如说，毫无疑问，纪德（Gide）[1]一直很清楚，《地粮》（*Les Nourritures terrestres*）和《梵蒂冈地窖》（*Les Caves du Vatican*）对我们成千上万年轻人的生活实践行为产生了某种影响，他还曾以此自豪。从那时起，就没有任何理由使这些书本隐藏在为艺术而艺术的不可侵犯的护障后面，也没有理由送一个在

① 纪德（André Gide，1869—1951）：法国作家，崇尚个人自由，蔑视传统道德。《地粮》（1897）和《梵蒂冈地窖》（1914）都是他的作品。其他作品还有：《窄门》《背德者》《如果种子不死》《伪币制造者》等。1947 年获诺贝尔文学奖。——译者注

开动的火车上把他人推下车的年轻人进监狱。① 人们同样还尽可以要求在犯罪方面为艺术而艺术的特权。在某个时刻，超现实主义者们（surréalistes）② 也离这不远了。不幸的是，这么多无能之辈关于我们的失败 ③ 中作家们之责任的话，说得太对了。

假如有一个作家，出于与纯粹理智相对应的完全自由，发表反对为法律所承认的道德原则的文章，以后又成为广施影响的公众名人，我们就很容易问他是不是打算公然声称这些文章不代表
39 他的立场。如果他不这样做，就很容易惩罚他。假如他说谎，也很容易使他名誉扫地。进而，必须承认，一旦一位作家置身于对公众舆论产生影响者的行列，他就不能要求无限制的自由。此处也一样，不可能作出司法上的定义，但事实却绝不难看清。没有任何理由能够限制法律在以司法语言表达的事务上的至上性（souveraineté），既然这至上性也为正义审判所行使。

进而，这同一个对自由的需求，对理智而言是这么要紧，就必须保护人们远离暗示、宣传和强迫的影响。这是一些强制，一种特殊的强制，并不带有肉体的惧怕和痛苦，但也同样是一种暴力。现代技术已赋予它非常有效的工具。这种强制，就其本性而

---

① 纪德小说《梵蒂冈地窖》中的主角为了证明自己的自由意志，在火车上突然把一个不相干的人推了下去。——译者注

② 超现实主义：两次世界大战之间盛行于欧洲的文艺运动。1924 年诗人安德烈·布勒东在《超现实主义宣言》中说，超现实主义是把意识与无意识中的经验王国完美地结合起来的手段，直至使梦幻世界与日常的理性世界共同进入“一个绝对的现实（一译‘实在’），一个超现实世界”。——译者注

③ 指 1940 年二战中法国沦陷。——译者注

言，是集体性的，而人类的灵魂则是其牺牲品。

当然，国家使用这种办法就是在犯罪，除非为了公众安全不得已而用之。但更应该防止对它的使用。比如说，广告就应该受到法律的严格限制；其总量应该大大缩减；应该严格禁止它们触及思想领域的主题。

同样，也可以压制报业、电台广播，以及其他此类机构，不 40
仅是因为它们影响了为公众所承认的道德原则，也是因为其言谈和思想的卑下、不良的趣味、粗俗及其阴险堕落的道德氛围。这种压制的实施丝毫不会伤及言论自由。比如说，一份报纸被查禁，其编辑部成员仍有权利在他喜欢的地方发表意见，或者假如情况不那么严重，仍然可以留在原地继续出版，只是换一个报纸名称。这样只会带上不名誉的标记并仍有这样的风险。言论自由唯独是给予记者，为他而保留的，而不是给报社的；因为只有记者个人才拥有形成意见的能力。

一般说来，所有与自由表达有关的问题都表明，我们应该确定这一自由是理智的一种需求，而理智唯独存在于个人身上。没有理智的集体性运用。故而，没有一个集体能够合法地要求表达的自由，因为没有一个集体拥有对此最起码的需求。

恰恰相反，对思想自由的保护，就需要通过法律来禁止一个集团表达某种意见。因为当一个集团开始拥有某些意见时，它就会不可避免地将它们强加给其成员。迟早这些个体会在一系列大 41
小问题、在表达与集团意见相反的意见上觉得受到妨碍，其严酷程度大小不等——除非他退出该集团。但与自己所属的集团决裂总会带来痛苦，至少是情感上的痛苦。而风险、痛苦的可能性越是作为行动中健康而必要的因素，它们在理智实践中就越会产生不健康的影响。一种恐惧，哪怕是轻微的，也会使人或者让步或者变得僵硬——全看此人的胆量；没有比这更容易使那构成它们理智的极端纤细脆弱的精密工具扭曲变形的了。从这个角度看，甚至友谊都是种巨大的危险。当思想的表达前面冠以小小的“我们”，不管是明确的还是隐含的，理智就被打败了。而一旦理智的光明被遮蔽，对善的爱立刻就会迷失方向。

实践上直接的解决之道，就是取消政党。党派之争，就像在第三共和国的那样——那也是不可避免的结果——乃是恶的极致；剩下的唯一可能就是没有党派的公共生活。今天，又有人重新大胆地提出了同样的观点。很好，假如需要新意。但说到底，
42 这只是 1789 年的传统。在 1789 年的时人看来，甚至没有别的可能性；过去半个世纪我们的公共生活于他们简直是恐怕的梦魇，他们绝不会相信一个人民代表会放弃自己的尊严成为一个党派的守纪律的成员。

此外，卢梭清晰地展示了，党派之争会自动杀死共和国。他预言了这样的结果。在这个时刻鼓励人们去读《社会契约论》（*Du Contrat Social*），乃是有益的。事实上，如今到处都有政治党派，民主却死亡了。每个人都知道，英国的政党有其传统，有一种精神，有一种功能，是其他地方的政党难以比拟的。每个人都知道，美国的竞争团体并不是政党。一种民主政体，假如其公众生活由政党斗争所构成，是不可能阻止一个公然以毁灭为目标的党派出现的。假如它允许法律有例外，就必然会扼杀自己。假如它不能这样做，他的安全无异于一只鸟站在蛇面前。

必须分清两类群体，一类是利益的群体，在其中允许某种程度的组织与纪律；另一类是观念的群体，在其中它们是被严格禁止的。在现实状况中，必须允许人们自由结社，以维护其利益，也就是说是钱财以及诸如此类的东西，并且允许这些群体在非常 43
窄的范围内运作，受到公共权力的严格限制。但不能让他们触及思想观念。思想观念的群体比起或多或少带有流动性的社会各界来，更不像是群体。当一项活动的想法在他们当中产生，没有任何理由把这活动交由其他人而不是其赞同者去实施。

比如说，在工人运动中，这样一种区分就结束了错综复杂的混乱。在战前的那个时代，有三种方向不断地挑动并拉拽着所有的工人。首先是为钱财而斗争；其次是——越来越弱，却始终活跃着的——一种老派的工会精神，带有理想主义色彩，多少是开明的；最后是各种政党。通常，在罢工过程中，受苦和斗争的工人们，并不清楚他们是为了工资、为了老派的工会精神，还是为了受某个党派左右的政治运动；外面的人同样搞不清楚。

这样一种处境是不可接受的。战争一打响，法国的工会差不多全完蛋了——尽管有数百万会员，或者说正因为他们。经过了长期的麻木之后，在抵抗侵略者的过程中，他们重新获得了生命的胚胎。这并不能证明他们是有活力的（viable）。显然，他们 44
已经或差不多已经被两种毒药毒死了，这两种毒药每一种都是致命的。

假如工人在工会里斤斤计较于钱财，就像他们在工厂里干计件活（travail aux pièces）那样，工会是不会有生命力的。首先是因为这会产生由财痨入心（obsession de l’argent）而引起的道德衰亡。其次是因为，在如今的社会状况中，工会越来越成为国家经济生活中持续起作用的一个因素，最后必然转变为一个单一的、强制性的、服从公共生活的职业组织。于是它就进入了一种僵尸的状态。

另一方面，与政党相比，工会毫无生路，这是再清楚不过的。这里有一种力学法则中的不可能性。打个比方说，社会党比起共产党来，就是没有生路的，因为后者拥有一种党派的性质，也可以说，是高级得多的。

此外，着迷于工资，就强化了共产党的影响，因为，如此强有力以至于触动每一个人的金钱问题，同时使所有的人摆脱了一种如此致命的厌倦（ennui），按照共产主义的版本，若想补偿该厌倦，革命的启示录式的视角是不可或缺的。假如说资产阶级没有同样的启示录需求，那是因为数目字有一种诗意，一种能少许缓和与金钱有关之厌倦的魅力，当金钱不再以一毛一毛的硬币来
45 衡量时，厌倦便处于纯粹的状态。此外，大小资产阶级对法西斯主义（fascisme）的趣味表明，不管怎么说，他们也厌倦。

维希（Vichy）政府[①]在法国为工人创造了一些单一而强制性的职业组织。遗憾的是，它提供给他们一种照现代的话说就是行会（corporation）的东西，尽管行会这个名字事实上指示了与

---

① 维希政府：1940 年 6 月 22 日的法德停战协定把法国分为两部分，北部由德国军事占领，南部则在名义上维持一个主权独立的法国。由贝当元帅领导的傀儡政府设在法国中南部的维希小城。1944 年法国光复，戴高乐领导的临时政府宣布废除贝当的法兰西国家及其一切法律。——译者注

之完全不同的更美好的东西。所幸的是，这些死的组织或许也能接替工会活动的死去的部分。取消它们将是危险的。最好是要求它们关心日常的金钱问题以及满足人们的直接需要。至于政党，假如说它们在一种自由的总体氛围中要受到严格的禁止，那么现在我们必须希望在地下状态中它们的生存不那么困难。

在这种情况下，如果说各种工会如今依然能够作为真实生命的一种火花，那么它们就会慢慢地重新变成工人思想的某种表达，工人荣誉的某种载体。按照法兰西工人运动的传统——始终认为自己应该胸怀世界——它们会对一切与正义相关之事感兴趣，这其中自然也包括各种钱财问题，但终究隔得很远，并且也是为了拯救世人脱离苦难之境。

当然，它们必须能够以法律规定的方式对各种职业组织施加影响。

也许应该禁止职业组织发动罢工，而允许工会组织这类活动，但要有所限制：使风险与这种责任相对应，禁止所有的强制，并保护经济生活的延续性。 46

至于关闭工厂（lock-out）[①]，则没有任何理由不予以禁止。

对观念之群体的许可（autorisation）则要满足两个条件。一是不存在开除出党（excommunication）。新成员按照亲和手段（voie d’affinité）自由加入，不能让任何人加入一个由书面规章所构成的凝固的集体；二是一旦加入了群体，除非有损害荣誉的过失或渗透的罪行，则不能被排除出群体；此外，这后一罪错则

① 指资本家为压制罢工而采取的手段。——译者注

暗示了一种非法的组织，因而应面对更为严重的惩罚。

在此的确有一种对公共安全的考量，经验表明，极权国家是由全能政党建立起的，而全能政党则是通过排除个人意见而形成的。

另一个条件也许是，要有真正的思想交流，并且这种交流是明确可见的，以小册子、杂志或打印公报（bulletins dactylographiés）的形式出现，在其中研究的是一般秩序问题。意见过分一致会使一个群体变得可疑。

47 此外，应允许所有观念的群体关注它们所喜欢的事务，只要不触犯法律，不对其成员施加任何纪律约束。

至于利益的群体，对它们的监督首先暗示了一种区分；因为利益一词有时表示一种需求，有时则完全是另一回事。对于一个穷困的工人，利益指的就是食物、住处和保暖。对于一位老板，则完全不同。在第一层意义上的利益，公共权力必须加以鼓励、支持和保护。否则，利益群体的活动就必须受到持续的控制、限制，并尽可能由公共权力加以抑制。自不待言，最严格的限制和最严厉的惩罚是给予那些就其本性而言最强的人的。

人们所说的结社自由，至今为止事实上仍是各种社团的自由。然而社团是不应该有自由的，它们只是工具，它们必须是服务性的。自由只属于人类（个体）。

至于思想自由，当人们说没有它就不会有思想时，在很大程度上这是真的。但更为真实的则是，当思想不存在了，它也就不
48 自由了。在过去的年代里有过许多思想自由，却没有任何思想。就像是小孩过家家，分明没有肉，还要问人要点盐来撒一撒。

安全

安全（La sécurité）是灵魂必不可少的一项需求。安全意味着灵魂不在惧怕或恐怖的重负之下——除非遭遇多重偶发状况，并且持续的时间很是短暂。惧怕或恐怖，若灵魂长久地忍受着，差不多是致命的毒药，其原因或者是失业的可能性，或者是警察的镇压，或者是面对外来的征服者，或者是迫在眉睫的入侵，或者是一切看上去超出人类力量的不幸。

罗马的奴隶主在门厅挂上鞭子，让奴隶们低头不见抬头见，他们认为这一景象会使（奴隶们的）灵魂置于奴役所不可或缺的半死状态（l’état de demi-mort）。而另一方面，照埃及人的说法，一个义人必须临死前有资格说：“我没有让任何人惧怕过。”

就算惧怕总是处于潜伏状态，只是偶尔才被人觉得是苦难，它也总是一种疾病。这是灵魂的半麻痹状态（demi-paralysie）。

风险 49

风险（Le risque）是灵魂必不可少的一项需求。缺乏风险，会引起一种厌倦，尽管不同于惧怕，却会产生几乎相同的麻痹。此外，有一些情景，带有一种没有确切风险的扩散性苦恼，会同时传播两种疾病。

风险是一种会引起反思反应的危险，也就是说，它不会超出灵魂的力量，达到使其为惧怕所压垮的地步。在某些情况下，它局限于一种游戏的范围中；在另一些情况下，当一种确切的义务迫使一个人去面对时，它又构成了尽可能强烈的刺激剂。

保护人们免于惧怕和恐怖，并不意味着消除风险；相反，它意味着一定量的风险在社会生活的各个方面持续存在着；因为风险的缺席会削弱勇气，有时会使灵魂缺乏抵御恐惧的最起码的内在保护。所必需的乃是，它置身于这样的状况中，即没有转变为一种命定的感受。

50 ## 私有财产

私有财产（La propriété privée）是灵魂不可或缺的一项需求。假如其周遭没有可作为其身体之延伸的各种物品，灵魂将是孤单、迷失的。所有的人都不可克服地倾向于通过思想占有那些他长久且持续地用于工作、娱乐和生活必需品的东西。同样，一位园丁，在一段时间之后，会认为那花园是他的。但若占有感碰巧并不伴随着合法财产，人就会一直处于痛苦不堪、心碎欲绝的感受中。

若私有财产被承认为一项需求，这就意味着对所有的人而言，都有占有其日常消费品以外的其他东西的可能性。根据不同的环境，这一需求的形式千差万别；但大部分人都希望拥有住处以及周围的一小块土地，如果不存在技术障碍的话，还希望有他们自己的劳动工具。土地和牲畜就是乡村劳动的用具。

如果土地由农业工人和短工在一位管家的指挥下耕种，收入
则掌握在一些城里人（des cidatins）手中，那么私有财产的原则 51
就遭到了破坏，因为在所有这些与这块土地有关的人中，没有任何人不是外来的（étranger），不管是以何种方式。它被糟蹋了，不是从麦子的角度，而是从它能为财产需求提供满足的角度。

在这一极端的例子与另一有限的例子（一个农民和他全家一同耕种属于他们自己的土地）之间，有许多中间状态，其中人们的财产需求或多或少是被忽视的。

集体财产

分享集体利益——不是物质享受，而是一种财产感——是一种并非不重要的需求。它更多地涉及一种精神状态，而不是法律上的支配权。在有真正公民生活（vie civique）的地方，每个人都觉得自己个人也享有着名胜古迹、花园，以及庆典中的辉煌，而几乎每个人都希望获得的奢华，也可如此给予哪怕是最贫穷的人。但不只是国家应该提供这种满足，所有的集体都应该这么做。

一座现代化工厂在这种财产需求上构成了一种浪费，无论是 52
工人、被董事会雇用的管理人员、从不干政的董事会成员，还是根本忽视了工厂存在的股东们，都没有从工厂中获得这种需求的最起码的满足。

当交换和取得财产的方式产生了物质营养与道德营养的浪费

时，它们就需要改造了。

财产与金钱之间没有任何自然联系。今天所形成的这种联系，只是一种制度的产物，这种制度以金钱作为一切可能动机的出发点。这一制度是不健康的，必须实施逆向分解（dissociation inverse）。

财产问题的真正标准乃是：它是正当的，因而它是现实的。更确切地说，涉及财产的法律更应该是：它们最好能利用这世界上财物中所包含的可能性，以满足所有的人都具有的财产需求。

因此，现实的取得和占有（财产）的方式必须以财产原则的名义而加以改造。所有的占有方式，如不能在任何一个人那里满足私有或集体财产（La propriété collective）之需求，便能合理地视为无效。

这并不意味着必须把它让渡给国家，而应该是尝试使之成为一种真实的财产。

53

真理

真理（La vérité）的需求比其他任何一种需求都更为神圣。然而从来没有人提及。我们害怕读到——哪怕是在最著名作家的书中——无耻地陈列出来的大量的、方方面面的粗俗的虚假。我们会说读这些东西是在可疑的井里喝水。

有那么一些人，白天工作八个小时，晚上还辛勤读书，为了从中获得教益。他们不能到各大图书馆去作考证。他们很相信书上的话。我们没有权利给予他们虚假的食物。通过什么手段可得知作者是可信任的？他们无需每天作八个小时的肉体劳动，社会养活着他们，让他们有闲暇，并致力于避免错误。一个曾引起火车出轨的扳道工，却想要人们信任他，是不会得到善意对待的。

出于更有力的理由，所有的人都知道，有一些报纸，假如其撰稿人若非时而违心地歪曲真相便待不下去，那么容忍这样的报纸存在，乃是可耻的。

公众不信任报纸，但他们的不信任无济于事。公众知道，大
致上一份报纸既有真相又有谎言，他们会把报上的新闻分成这两 54
类，但完全是胡乱地，全看他们的偏爱。这也同样是将自己托付给错误。

所有的人都知道，当一份报纸与编织谎言的机制相混淆，那它就构成了犯罪。但人们相信这是惩罚不了的罪行。当某种活动已经被确认是有罪的，到底是什么阻止了对它的惩罚？这种有罪不可惩的奇怪观念又是从哪里来的？这是一种最可怕的司法精神之扭曲。

难道不是到了该声明一切已发现的罪行都可惩罚，并且我们也已下定决心——一旦有机会——就要惩治所有的罪行的时候了吗？

有些公共卫生（salubrité publique）的简单措施，能保护民众免于真理受损。

首先是，为了这种保护而建立的特别法庭，须具有极高的荣誉，由经特别挑选和培养的专业法官构成。他们应有责任通过公开的谴责来处罚所有可避免的错误，并能够把累犯关进监狱，或送去服苦役，刑罚根据所表现出的欺诈（mauvaise foi）的程度

而加重。

比如说，一位仰慕古希腊文化的人，在马利坦（Maritain）[1]新近的一本书中读到这样的话："古代最伟大的思想家们也没有想到要谴责奴隶制"，就可能将马利坦传讯到这样的一个法庭上。他可带上的留传下来的有关奴隶制唯一重要的文本，是亚里
55 士多德（Aristote）的。他会让法官们读这句话："有些人断言，奴隶制是绝对违反自然和理性的。"他会让他们观察到，没有任何理由假定这里所说的"有些人"不在古代最伟大的思想家之列。法庭会指责马利坦——而他原本是多么容易避免这样的错误——主张错误的见解，并且，虽然不是有意的，却构成了对全部人类文明难以忍受的恶意中伤。所有的日报、周刊和其他类型的报纸，所有的杂志、电台广播，都有义务使公众了解法庭对马利坦的指责，如有可能，还要有马利坦的回应。仅就这一事例而言，恐怕他很难作出回应。

当《哼哼杂志》(*Gringoire*)[2]全文刊登一位据称是西班牙无政府主义者的演讲时——据说他是在巴黎的一次集会上发表该演讲的，但事实上，直到最后一刻他也未能离开西班牙——同样的一个法庭并不是多余的。对于一个清楚得如同二加二等于四的事例上的欺诈，监狱或苦役也许并不太严厉。

用这种方法，任何一个人，一旦在已印刷的文字或电台广播中发现了某个可避免的错误，就可以将它告上法庭。

---

① 马利坦（Jacques Maritain，1882—1973）：法国天主教思想家，新托马斯主义的代表人物。——译者注

② 二战前法国一份政治时事幽默杂志。——译者注

第二种手段，应该是绝对禁止电台或每日发行的报纸作任何一种形式的宣传（propagande）。我们应该只允许这两类工具提 56
供非倾向性的信息。

上面所讨论的各种法庭应注意使信息不带有倾向性。

它们所应审判的，不只是新闻机构的错误主张，还应包括有意的和有倾向性的遗漏。

各种思想观念得以交流并希望为人所了解的社会团体（les milieux），只有权出版周刊、半月刊或月刊。如果想促进思考而不是使人昏昏的话，并不需要更快的出版周期。

对各种劝说手段的纠正，也可由同样法庭的监管而得到保证，如果一个机构太频繁地篡改真相，法庭就可取缔它。但其编辑人员可换个招牌另起炉灶。

在所有这些情况中，都不会有对公共自由的丝毫限制。而是会有对人类最神圣之需求、免于洗脑（suggestion）和错误之需求的满足。

但谁来保证法官们不偏不倚？有人会提出这样的反对意见。除了他们的完全独立性以外，唯一的保证就是，他们应该从极不相同的圈子中产生；他们应该自然具有一种博大、明晰和准确的理智能力（intelligence）；他们应该在这样一个学校中得到培养：他们所获得的教育不是法律的（juridique），而首先是灵性 57
的（spirituelle），其次才是理智的（intellectuelle）。他们必须习惯于热爱真理。

如果找不到一些热爱真理的人，一个民族对真理的需求是绝不可能得到满足的。

第二部　拔根状态

扎根（enracinement）也许是人类灵魂最重要也是最为人 61
所忽视的一项需求。这是最难定义的事物之一。一个人通过真实、活跃且自然地参与某一集体的生存而拥有一个根，这集体活生生地保守着一些过去的宝藏和对未来的预感（pressentiment d’avenir）。所谓自然的参与，指的就是由地点、出生、职业、周遭环境所自动带来的参与。每个人都需要拥有多重的根。每个人都需要，以他作为自然成员的环境为中介，接受其道德、理智、灵性生命的几乎全部内容。

各种极为不同的圈子之影响的交流，比起在自然周遭环境中的扎根，同样是不可或缺的。但某个特定的圈子必须接受外来的影响，不是作为一种“协助”（apport），而是作为一种使其自身生活更富张力的刺激剂。只有在消化了以后，它才能获得外来
“协助”的营养，而作为个体的成员，只能通过这圈子才能接受 62
这些营养。一位真正有价值的画家走进一座博物馆，其独创性便进一步得到加强。对世界上不同的民族和不同的社会圈子而言，情况也是这样。

每当有军事征服，都会出现拔根状态（déracinement），在这

意义上讲，征服总是坏的。当征服者作为移民在被征服的土地上定居，与原有的居民通婚并以他们的根为根时，拔根状态的程度最轻。比如说希伦人（Hellènes）[1]在希腊、凯尔特人（Celtes）在高卢，以及摩尔人（Maures）在西班牙。但当征服者仍然是他们所获取土地上的外人，于臣服的人民而言，拔根状态便是种致命的疾病。出现大规模流放时，比如德国征服下的欧洲，比如在尼日尔（Niger）湾；或者说当所有的本土传统受到野蛮毁灭时，比如在太平洋上的法国领地（如果我们必须相信高更[2]和阿兰·热尔博[3]的话）；那么拔根状态便会达到最为尖锐的程度。

哪怕没有军事征服，金钱和经济支配的力量也会强加一种外来的异在影响，激发起拔根状态的疾病。

最后，一个国家的内部社会关系也能成为引起拔根状态的非常危险的因素。现如今，在我们的一些地方，撇开征服的问题，
63 还有两种毒药使这一疾病蔓延开来。一是金钱。金钱渗透到哪里，就毁坏了哪里的根，用赢利的欲望替换掉所有的动机。金钱不费吹灰之力就把这欲望带向各种其他的动机，因为绝不需要太多的努力，人们就能注意到它。再没有比数目字更简单明了的了。

---

① 希伦人：即希腊人，包括多里安人、爱奥利亚人、爱奥尼亚人和亚该亚人，他们不是希腊地区的原住民，而是从北方南下的征服者，相传他们都是普罗米修斯的孙子赫楞（Hellen）的后代。——译者注

② 高更（Eugene-Henri-Paul Gauguin，1848—1903）：法国画家，后印象派的代表人物之一。——译者注

③ 阿兰·热尔博（Alain Gerbault，1893—1941）：法国水手、作家、网球冠军，曾独自驾驶帆船环游世界，后定居南太平洋，著书多种，反映航海经历及太平洋岛民生活。他批评现代西方的生活方式。1941 年 12 月，在日军进攻的前夕，因疟疾死于东帝汶。——译者注

工人的拔根状态

有一种社会状况，全然且持续与金钱相挂钩，那就是薪酬（le salariat），尤其是自从计件工资迫使每个工人不得不把注意力集中在铜板的数目上以后。在这一社会状况下，拔根状态的疾病是最为尖锐的。贝尔纳诺斯（Bernanos）[1] 写道，我们的工人并不像福特先生（M. Ford）[2] 的工人那样是外来移民。我们时代的主要社会困难来自这样一个事实，即在某种意义上他们确是移民。虽然待在同一地理区域，他们已经在道德上拔根了，被放逐，再被重新纳入（如在宽容的处境下）工作的岗位。当然，失业（le chomage）是次强的拔根状态。在哪里他们都没有家园感，无论是在工厂、在自己的住处、在自称代表他们利益的党派和工会中，还是在理智文化中——假如他们试图吸收它的话。

因为拔根状态的第二个因素乃是如今为我们所接受的这样一 64
种教育（l'instruction）。文艺复兴在各处都挑起有教养的人与大众之间的割裂；但与民族传统的文化相分离之后，文艺复兴使这割裂至少伸入到希腊的传统中。再往后，与民族传统的联系没有得到恢复，希腊却被人遗忘了。结果就形成了这样一种文化，它

① 贝尔纳诺斯（Georges Bernanos，1888—1948）：法国天主教作家，代表作有《在撒旦的阳光下》《一个乡村教士的日记》等。——译者注

② 指美国汽车大王亨利·福特（Henry Ford，1863—1947）。——译者注

在非常狭窄的环境中得到发展，与世界相分离，一种很大程度上以技术及技术所产生的影响为取向的文化，极富实用主义色彩，因专业化而极端破碎，同时既丧失了与这一世界的接触又丧失了通往另一个世界的门径。

在我们这个时代，一个人可以属于某个所谓有教养的圈子，但一方面却对人类的归宿没有任何概念，另一方面，也并不知道，比如说，并不是四季都能看到所有的星座的。人们通常相信，如今一个乡下孩子，小学生，也比毕达哥拉斯（Pythagore）懂得多，因为他会温顺地重复道，地球是围绕着太阳运转的。人们在课堂上对他讲述的这个太阳，与他每日所见的太阳毫不相干。人们使他与他周围的世界相脱节，就像人们强迫波利尼西亚小孩（les petits Polynésiens）鹦鹉学舌："我们的祖先高卢人是金发的"，让他们与其自身历史相脱节。

65 如今人们所说的教育大众，就是掌握这样一种现代文化，这种文化在一个如此封闭、有缺陷、对真理漠然无视的环境中培养起来，夺走它本可具有的珍贵财富——这一过程，人们称之为通俗化（vulgarisation）——把其残余塞进愿意学习的不幸者的记忆中，就像一小口一小口地喂鸟。

再说，为学习而学习的愿望，即追求真理的愿望已变得非常罕见。文化和魅力已变得差不多具有社会排他性，一个农民会梦想他儿子能当上小学教师，小学教师希望他儿子是高师学生（normalien）①，到了社交界，人们则去奉承学者和名作家。

---

① 指进入著名的巴黎高等师范学校（École Normale Supérieure）。——译者注

在学校里，考试纠缠着学生，如同工资纠缠着干计件活的工人。若一个农民在地里一边干活一边想他之所以是农民，就因为他没有足够的智力做学校教师，则这个社会制度从根本上是有病的。

冠以马克思主义之名的混乱而多少有些错误的思想观念的大杂烩，在马克思之后就只剩下平庸的布尔乔亚知识分子为之作贡献的思想观念的大杂烩，于工人们而言同样是一种全然陌生、不可消化的外来物，此外其自身也丧失了营养价值，因为他们已经从马克思的著作中倾空了几乎所有的真理。他们有时会加上品质更为低劣的科学性的通俗化。所有这些只能使工人的拔根状态达到无以复加的地步。

拔根状态是各种人类社会之疾病中最最危险的一种，因为它 66
会自我增殖。真正被拔根的人只有两种表现：或者他们落入一种灵魂的惰性状态中，几乎无异于死亡，就像在罗马帝国时期大部分奴隶那样；或者他们投身总是倾向于——常常采用最具暴力的方式——使那些不是尚未被拔根的，就是仅有部分被拔根的人拔根的活动中。

罗马人是一小群在一个城市人为聚集起的逃亡者，但他们又剥夺了地中海民众自己的生活，剥夺了他们的故土、他们的传统、他们的过去，这一剥夺达到了这样的程度：后人根据罗马人的说法，把他们当成这片土地上文明的缔造者。希伯来人（les Hébreux）是逃亡奴隶，但他们却将巴勒斯坦地区的人民不是赶尽杀绝就是掳作奴婢。德国人，当他们为希特勒所控制时——正如他不断地对他们所说的——真的是无产者的民族，也就是说被拔根了；1918 年的耻辱、通货膨胀、过度的工业化，尤其是极端严重的失业大军，给他们带来了道德疾病，严重到不再有人为自己的行为负责任。从 16 世纪起屠杀或奴役了大量有色民族的西班牙人和英国人是冒险家，与这些国家的内在生
67 活几乎毫无联系。法兰西帝国的某一部分也是这样，再说法兰西帝国还是在法兰西传统变得虚弱的某一时期建立起来的。已经被拔根的，便要拔他人的根。已经扎了根的，便不会拔他人的根。

同样在革命的名义下，而且常常是在秩序的话语和同样的宣传主题之下，却掩盖着两种截然相反的观念。一个是要改造社会，也就是使工人能够把握根；另一个则要将已然为工人所感受的拔根之疾病扩展至全社会。我们绝不能说、也不能想后者可以是前者的前奏；这是错误的想法。这是两个截然相反的方向，绝不可能汇合。

如今第二种观念要比第一种流行得多，无论是在工会干将们还是在工人大众中间都是如此。自不待言，它会越来越有市场，使拔根状态得以延长，加剧其破坏性。不难理解，随着时间的推移，这种疾病将变得不可疗治。

在保守派那边，有一种模棱两可的相似性。少数人真心实意地希望工人重新扎根；只是他们的愿望伴随着一些形象，其中大部分不是与未来有关，而是借自部分是虚构的过去。另一些人只是希望维持甚或加重无产者所陷入的物质处境。

68 就是那些真心希望善的人，数目已经很少了，又因为被分配在相互几乎毫无共同点的对立阵营之中而削弱了力量。

在各处使所有的人都受到打击的法国崩溃①，只不过表明这个国家的拔根状态已到了何种程度。一棵树，要是根部已被全然侵蚀，一击之下就会轰然倒下。如果说法国比任何其他欧洲国家都表现出更大的痛苦，那是因为现代文明及其毒素在法国比在其他任何地方都更早出现，除了德国。但在德国，拔根状态所采取的形式是好斗的，而在法国，则是昏昏欲睡、僵直麻痹的。造成这一差异的原因多少是深藏不露的，但只要我们去寻找，也还能找到其中几个。相反，面临德国人第一波恐怖浪潮仍然屹立不动的，则是那依然保留着活生生的传统并作了最好防御准备的国家，那就是英国。

在法国，无产者的拔根状态使大部分人陷于麻痹惰性之中，又使另一部分人怀着对社会开战的态度。金钱在工人的圈子中将他们的根拦腰砍断，同样的金钱，在资产者的圈子中也侵蚀了他们的根，因为富人是四海为家的（cosmopolite）；过去曾经未受损害的对国家的稀薄的忠诚，因为对工人的惧怕和憎恨，早已是 69
明日黄花。农民也一样，自从 1914 年以后就被拔根了，因为他们做炮灰（chair à canon）的角色，因为越来越对他们的生活起支配作用的金钱，因为对城市的腐败有太多的接触，他们都已经丧失道德（démoralisés）了。至于理智，它已近乎熄灭。

这一全国普遍的疾病所采取的是一种昏睡的形式，也只有这样，才阻止了内战的爆发。法兰西曾憎恨战争，因为它会威胁到人们的昏睡。被 1940 年五六月的可怕冲击打得半死之后，它便

① 指二战中法国的沦陷。——译者注

投入了贝当（Pétain）① 的怀抱，继续昏睡，看起来与安全也有几分相似。此后，敌人的压迫将这昏睡变成了如此痛苦的梦魇，它狂躁不安，焦虑地期待外来的援救将它唤醒。

在战争的影响下，拔根状态在全欧洲都达到尖锐化的程度，人们完全应当对此感到惊恐。唯一能给人些许希望的迹象乃是，苦难能够在一定程度上复活那不久前已经死亡的记忆，如法国对1789年的记忆。

至于东方国家，几个世纪以来，尤其是这50年以来，白人带来了他们自己所遭受的拔根之病，日本就足以展示这种疾病的主动型达到了何种尖锐的程度。印度支那则是个被动型的例子。
70 印度，固然还存在着活生生的传统，也已经被感染上了，以至于有些人公然以这传统的名义高谈阔论，梦想在这片土地上建立西方式现代国家。中国则神秘莫测。俄国呢？它总是半西方半东方，所以也一样；因为我们不知道那使它赢得荣誉的力量——就像对德国人而言——是否出于一种主动型的拔根，这是过去二十五年的历史首先让人相信的；还是说它会激起千百年来其民众心中的、因埋藏在地下而几乎未受损害的深刻的生命力。

说到美洲大陆，因为几个世纪以来其民族构成首先是建立在移民基础之上的，极有可能出现的主流影响是加重其祸害。

在这几乎绝望的处境下，此时此刻我们只能指望在地球表面

① 贝当（Philippe Pétain，1856—1951）：法国元帅。第一次世界大战时因成功防守凡尔登遏制德军进攻而成为英雄。1940年法国失败后，他奉命组阁，在维希成立政府，出任“元首”。二战结束后被判处终身监禁，死于狱中。——译者注

上残存的过去的若干小岛上找到援救。这并不是说我们赞同墨索里尼（Mussolini）关于罗马帝国的鼓噪，并用同样的方式抬出路易十四（Louis XIV）① 来。征服并不具有生命，只要出现征服，它们所具有的只是死亡。只有活生生过去的点点滴滴，才值得急切地加以保存，无论巴黎还是塔希提（Tahiti）②，到处都一样，因为全世界也不会有太多值得珍藏的东西。

为了不去思考未来而回避过去，乃是徒劳。哪怕以为这样做 71
是可能的，都是一种危险的幻觉。将未来与过去对立起来，乃是荒诞的。未来不会为我们带来任何东西，也不会给予我们任何东西；反倒是我们，为了建设未来，必须把一切都给予它，给予它我们的生命。但要给予就必须拥有，而我们所拥有的，并不是另一种生命、另一种元气（sève），而只是从过去继承来并为我们所消化、吸收且重造的宝藏。在人类灵魂的一切需求中，没有什么比过去更不可或缺。

热爱过去，绝不可被看作是一种反动的政治取向。犹如一切人类活动，革命从某一传统中汲取其全部元气。马克思对此深有体会，当他把阶级斗争作为解释历史的唯一原则时，他坚持追溯这一传统，直至最遥远的时代。直至 20 世纪初，全欧洲很少有什

---

① 路易十四（Louis XIV，1638—1715）：法国国王，1643 年继承王位，此后朝政由首相马扎兰掌控，直至 1661 年马扎兰死去。路易十四信奉绝对主义的君主，相信自己是上帝在人间的代表，不允许任何造反。其名言有："朕即国家"（L'État，c'est moi.）和"我死后，哪管它洪水滔天！"（Après moi，le Déluge!）。——译者注

② 塔希提：太平洋中南部社会群岛中向风群岛的最大岛屿。有"世外桃源"之称，高更曾长期生活于此。——译者注

么东西像法国工会运动那样接近中世纪，这是行会精神在我们当中的独特反映。工会的虚弱残余，则是急需我们加以吹动的火星。

几个世纪以来，白种人愚蠢而盲目地到处毁灭过去，无论是在自己的天下，还是在他人的地界。假如在某种意义上我们可以说在这一过程中仍然有真正的进步，那也不是因为这场狂风暴雨，毋宁说，尽管有这种毁灭，些许依然活生生的过去仍在涌动。

72 被毁灭的过去再也不会重现。毁灭过去也许是最重大的罪行。如今，保存那少数依然存在的事物，已差不多变成一种固执的想法（idée fixe）。必须停止总是由欧洲殖民者用各种方式所产生的可怕的拔根，哪怕是其中最不残暴的方式。胜利以后，必须避免用更能导致拔根的方法来惩罚战败的敌人；从那时起，没有可能、人们也不再愿意彻底消灭他们，加重敌人的疯狂是比敌人更疯狂的举动，同样，我们首先必须在容易引起社会反应的政治、司法和技术创新领域中，维持一种有利于人类重新扎根的秩序。

这并不意味着把它们关禁闭，恰恰相反，从来没有像现在这样需要通风。扎根和相互接触机会的增加是互补的。比如说，如果技术条件许可——在这一方面付出较少的代价就可以做到——工人们分散居住，每人拥有一所房子、一块土地及一台机器；反过来说，如果我们为年轻人恢复过去的“周游全法国”（Tour de France）[1] 的项目，若有需要，甚至是周游全世界；如果

① 以前在法国，许多行业的学徒都会四处外出学艺，徒步穿越全法国，铁路兴起以后，这一做法渐渐式微。这一名称也被用来指环法自行车赛。——译者注

人们常有机会在装配车间得到培训（在那里他们所生产的工件与其他工件一起安装成型），或者有机会去培养学徒；再加上工资上的有效保障——则无产者的不幸状况便能一扫而光。

我们不能用司法的手段，如重要产业的国有化、废除私有财 73
产、为了达到劳资协议（conventions collectives）而限制赋予工会的权力、限制工厂代表或实施雇佣控制，来摧毁无产者的生活状况。人们所能提出的各种手段，不管贴上革命还是改革的标签，都纯粹是司法的，而工人的不幸以及疗治不幸的药方，却不是司法层面的问题。马克思应当完全能理解这一点，在《资本论》最出色的篇章中就闪烁着某种证据。

我们不能在工人请愿（revendications des ouvriers）中寻找疗治不幸的药方。他们的肉体、灵魂，包括想象力，都深陷于不幸，他们如何能够想象，却不带有不幸的印记（marque）呢？假如他们为了摆脱不幸而采取了暴力的形式，他们就堕入了启示录式的白日梦中，或者就是在工人帝国主义（impérialisme ouvrier）中寻找一种补偿，这并不比民族帝国主义更值得称道。

我们能够在他们的请愿活动中寻找的，就是其苦难的迹象（signe）。然而，请愿只表现了全部或几乎全部拔根的苦难。假如说他们希望雇佣控制或国有化，那只不过是因为他们已被全面
拔根、被失业深深困扰。假如说他们希望剥夺私有财产，那是因 74
为他们只要有工作就心满意足了，就像移民蒙恩获准入境一样。这也就是1936年6月占领工厂的心理动机。在那几天，他们在属于自己的地方，感受到一种纯粹的、毫不掺假的欢乐，一种婴儿般的欢乐，婴儿不会去考虑明天。没有人能够合理地相信明天

更美好。

源于大革命的法国工人运动本质上是一种呐喊，与其说是反叛，不如说是抗议，抗议所有受压迫者之命运（sort）的残酷无情。考虑到我们所能寄期望于一集体运动者，该运动则要纯粹得多。它已于1914年终结；此后惟余回声；周围社会环境的毒素甚至腐蚀了不幸感。必须努力重新找回其传统；但人们却不懂得如何去祝愿其复活。痛苦的呐喊，其声调是如此美，我们却不可希望再次聆听到它；祝愿治愈痛苦，则更人道。

工人痛苦的具体清单向我们提供了有待改变之事的清单。首先，必须制止十二三岁该上学的孩童进工厂做工所忍受的打击。假如这种打击没有留下总是很痛苦的伤痕的话，有些工人倒会觉
75 得很幸福；他们自己不知道其苦难来自过去。学校里的孩子，不管是好生还是差生，都还是个人，其生存是得到承认的，人们还希望他有所发展，在他们当中培养出美好的情感来。（在工厂里）日复一日，他变成个机器的补充物，甚至还不如一件物品，只关心服从于最卑劣的动机——只要他们服从。大部分工人在其生命的这一时刻都感到自己不再生存着了，与之相伴的是一种内在的眩晕（vertige intérieure）。知识分子或资产者，即便是处在更大的折磨中，也很少有机会认识到这一点。这最初的打击，来得这么早，通常会留下难以磨灭的印记。它会使对工作的爱荡然无存。

必须改变工作时段的注意条例（régime de l’attention）、各种试图克服懒惰和疲惫的刺激——这种刺激如今不外乎是恐惧和金钱、强加给工人的不需要其独创性灵巧和思考的服从、在工作

集体中不能进行思想和情感合作、有时完全遗忘了所生产之产品的价值以及社会作用和最终用途、工作生活和家庭生活的全然分离……这一清单还可以延长下去。

除了改革的欲望，有三种因素在生产过程中起作用：技术的、经济的、军事的。如今，军事因素在生产中的重要性与战争中生产的重要性相对应，也就是说，是非常重要的。 76

从军事的角度看，将成千上万工人聚集在巨大的工业苦役营（bagnes industriels），而其中真正熟练工人的数目又非常少，乃是双重的荒诞。如今的军事状况所需要的，一方面是工业生产地应当分散；另一方面，大量的工人平时应该是训练有素的职业人士，一有国际危机或战争，就立即能在他们的指导下，组织起妇女、半大小伙子或老人投入生产，扩大生产规模。没有任何因素比缺乏熟练工人对英国战时生产产生更大的阻碍作用。

但既然我们没有足够的高度熟练的工人来从事操纵机器的工作，就必须取消这种工作，除非为战事所迫。

战争的需求不与必须获益的人类最美好的愿望相冲突，这样的情况是非常罕见的。

从技术的角度看，用电流来输送能源的相对便捷性，也的确在很大程度上使非中心化（décentralisation）得以可能。 77

至于机器，它们并不是生产体系改造的要点；然而，在如今所使用的可控自动机器的各种实例，却可能允许我们通过努力来获得成功，既然我们付出了努力的话。

通常说来，比起在社会主义的标签下把一切安排得井井有条更为重要的社会改革，应该是改变技术研究这一概念本身。直到今天，我们也不能设想，一位忙碌于发明新型号机器之技术研究的工程师，心里所考虑的不是某个双重目的：一方面是增加要求他进行这些研究的企业的收益，另一方面则是维护消费者的利益。因为在这一事例上，当我们说到生产的利益，我们所说的是产量更多且价格更低；也就是说，这些利益其实是消费的利益。我们总是用这两个词相互替代。

至于那将要付出力气去开动机器的工人，却没有人考虑到。甚至没有人考虑到应该去考虑这一点。充其量，人们有时会预备些不得要领的（vagues）安全装置，尽管事实上切断手指、工厂楼梯上沾染鲜血的事早已是司空见惯。

78 但这微不足道的关注也是仅有的。人们不仅没有考虑工人的道德健康（bien-être moral）——这是需要很大的想象之努力的；人们甚至没有考虑不要伤害他们的肉体。否则，人们也许就能为矿工找到别的工具，而不是可憎的压缩风镐，这东西八个小时一直不断地在震动着，而矿工却要紧紧地抓住它。

人们也没有想过，某些新机器，增加了资本的投入，并使生产过程更加刻板，是不是也会加重失业的总体危险？

工人为提高工资和减轻约束而斗争所获得的成果又有什么用呢，假如与此同时，某些研究机构的工程师，虽然不是出于恶意，却发明出一些耗尽工人肉体和灵魂，或者加重经济困难的机器来？经济上部分或全部的国有化又有什么用，假如这些研究机构的精神没有改变？而直到如今，就我们所知，进行国有化的地方，什么都没有改变。甚至是苏维埃的宣传，也从来没有夸口说俄国人已造出全新的机器，值得某个无产阶级专政者来使用。

然而，如果说马克思的研究中有某种看起来不容抗拒的确定
性，那就是，假如不伴随着一种技术的变革、一种结晶于新机器 79
的变革，阶级间关系的改变将是一种纯粹的幻觉。

从工人的角度看，一部机器需要具备三种性质。首先，操控它时，既不会损耗肌肉，也不会折磨神经或任何器官——更不会切断或撕裂肉体，除非极罕见的意外。

其次，与失业的总体危险有关，他所在单位的生产设备应尽可能具有柔性，因而他能顺应生产指令的多样性。于是，一部机器必须有多种用途，有尽可能多的变化，甚至是在某种不确定的限度内。这也是军事上的需要，应尽可能快地适应从和平状态向战争状态的转变。最后，这也是有利于从工作中获得愉悦的因素，因为这有助于避免工人所畏惧的厌倦以及由此产生的厌恶。

最后，在正常情况下它应该与一个熟练的职业人士的工作相对应。这里也有一种军事上的需要，进而，它也是工人的尊严和道德健康所不可或缺的。一个几乎全部由良好的职业人士构成的工人阶级，并不是无产者。

自动、可控、具有多种用途的机器的巨大发展，将在很大程
度上满足这些需求。这一领域中最初的成果已然存在，可以肯定 80
地说，在这方向上有着极为广阔的天地。这样一种机器将使在机器上干苦差事的日子一去不复返。在像雷诺公司（Renault）这样的大型企业里，很少有人干活时流露出幸福的神情。在这少数幸运儿当中，就有那些负责看管有凸轮（cames）的可控自动操作机器的人。

但至关重要的是用技术的术语来提出涉及工人道德健康之问

题的想法本身。一旦问题确定了，剩下的就是技术人员如何去解决了。他们已经很好地解决了其他问题。所需要的，只是他应该愿意去解决。制作新机器的场所不应全然陷入资本家的利益网络之中。国家自然应该通过发放津贴来掌握他们。但各种工人组织为什么不可以用奖金来掌握他们呢？更何况其他的影响和施压手段。既然工会组织可以真的变得有活力，在它们与从事新技术发明的机构之间就应该有持续的联系。我们可以在工程师学校营造一种对工人友善的氛围，从而为这种联系做准备。

至今，技术人员所关心的只是制作的需求。假如他们精神中
81 开始关注制作者的需求，生产过程中的全部技术就会一点点得到改变。

这一点必须成为工程师学校和各种技术学校的教学内容——但这种教学必须具有真正的实质。

也许最好从现在起就开始着手研究这一类问题。

这一类研究的主题应该是很容易确定的。有位教皇这样说过：“制作过程使材料升值，却使工人贬值。”马克思用更为严厉的语言，准确地表达了同样的思想。所有为技术进步而从事研究的人，心里必须始终明确地意识到，在当今生产状态的各种可能的弊端中，这一弊端是长久以来最迫切需要得到疗治的；绝不能加重它；必须千方百计使它减轻。从现在起，这一想法必须成为职业义务感、职业荣誉感的一部分，对工业领域中的任何人都是如此。工会组织的基本课题之一——假如他们能够完成的话——那就是使这一思想进入全民的心灵深处。

82 假如大部分工人都是高度熟练的职业人士，常能表现出灵巧

和独创性，对其生产和机器负责任，则现时的工作规章制度就没有存在的理由了。有些工人在自己家里就可以工作，另一些，则可以合作的方式在小车间里工作。在我们这个年代，权威的贯彻在小工厂里并不如在大工厂那么顺利，那是因为小工厂通常模仿大工厂。这样的小车间不该是小工厂，它们应该是一种新型的工业有机体，在这里应有一种新的精神，虽然小，却能像大企业那样存在一种强有力的有机联系。在大企业，尽管有各种各样的缺陷，工人却能体味到一种独特的诗意。

一旦苦役营式的工作环境被取消，计件工资就不是不可接受的。这并不是说立即就钻进钱眼里。它乃是对一种自由完成工资的正常报酬形式。不再是每一秒钟都得战战兢兢地服从。一个工人或一群工人可以在规定期限内完成一定数目的工作指令，在工作安排上允许某种自由选择。与知道他必须无限次地重复一个姿
势，分秒不差，又在难以觉察的时间里按照新的指令完成另一个 83
姿势相比，这就截然不同了。有两种时间关系，一种与惰性事物有关，另一种则与能思考的造物有关。人们常常混淆这两者。

不管是不是合作的关系，这些小车间都不应是苦役营。一个工人可以偶尔带他妻子来参观他工作的地方、他的机器，就像1936年6月他们因为占领工厂而兴高采烈。孩子们放学后会来找他们的父亲，学着干活，在他们这个年纪，干活是最具吸引力的游戏。再大一点，到了该当学徒的时候，他们或许已经掌握一门手艺了，可以选择在这一行里进一步钻研或是另外学一门。正因这种幼时的惊异，一生中工作都会焕发出诗意；而不是为最初的经验所打击，一辈子都摆脱不掉梦魇的色彩。

假如说，即便是在当今丧失道德的氛围中，农民也比工人更少依赖各种刺激剂的激励的话，差异也许就在这里。一个十来岁的孩子在田野里也许已经是不幸的，但总有那样的时刻，他会觉得工作是奇妙的，是为大人而保留的一种游戏。

84 假如要使大部分工人变得稍幸福一点，则不是要去解决而是应该取消许多表面上至关重要及令人焦虑的问题。我们不是要去解决它们，而是干脆就该忘了它们曾被提出过。不幸乃是虚假问题的培养基（bouillon de culture）。它会产生强迫症。平息这些强迫症的方法，不是它们要什么就给它们什么，而是应该消除不幸。如果一个人腹部受伤而觉得渴，就不能给他水喝，而必须治疗他的伤口。

不幸的是，也只有年轻人才是可塑的。应该付出极大的努力去塑造青年工人，首先是学徒。国家责无旁贷，因为社会上再没有别的机构有此能力。

资本家阶层最大的弊病，就是老板无视学徒工的存在。在俄国，它被叫作玩忽职守罪（négligence criminelle）。在这一点上无论怎么强调，无论怎么向公众传播这一简单易懂、无可争辩的真理，都不为过分。二三十年以来，老板全然忘记去考虑良好职业人士的培养。熟练工人的缺乏，像其他因素一样，也是我国失败的原因之一。就在 1934 年和 1935 年，失业的危机已空前尖
85 锐，当生产陷于停顿时，一些机械和航空工厂招收良好的职业人士，却招不到。工人抱怨考试太难；然而，他们却没有接受过能使他们通过考试的培训。在这种情况下，足够的军备又从何而来？退一万步讲，就算没有战争，逐年加重的职业人士的匮乏，

也必然以导致经济生活无以为继而告终。

必须彻底地让全国人民以及有关各方明白这一点：老板已经向我们证明，事实上他们无法承担资本主义体系压在他们肩上的责任。他们有一项需要履行的职能，却不是这一项，因为经验告诉我们，这项责任对他们而言太重也太广。一旦清楚这一点，人们将不再惧怕他们，而他们也将不再反对必要的改革；他们将停留在其自然职能的谦和有度的界限内。这是他们得救的唯一机会；正因为人们惧怕他们，才常常想要摆脱他们。

一个工人喝了杯开胃酒（apératif），他们就会说他缺乏远见，而他们自己的智慧也没有能预见到，假如他们不去培养学徒的话，二十年后就不再有工人了，至少是配得上这一称号的人。显然他们没有能力去考虑两三年后的事。同样确定无疑的是，一种 86
见不得人的倾向使他们更希望在其工厂里做工的工人是一群不幸的牛马，被拔了根、没有任何值得考虑的名分。他们不知道，如果说奴隶之顺从甚于自由人，则奴隶的反抗也比自由人可怕得多。他们对此有所体会，却全然不理解。

从另一个角度看，工会组织在培养学徒方面的失职也同样是一大丑闻。它们没有为生产的前途操过心；但是，由于其存在的唯一理由就是维护正义，它们也该为小伙子们的道德困境而心有所动。事实上，工厂里真正悲惨的那些人：少年、妇女、移民、外国人以及殖民地人，却成了弃儿。工会生活所关注的，首先不是这些人痛苦的总量，而是增加某些原已获得高薪的工人的工资。

没有比这更能说明，一项真正以正义为取向的集体运动是多么困难，以及不幸者应该真正得到保护。他们保护不了自己，因为不幸阻碍了他们；外人也不保护他们，因为人性的倾向就是不去关心不幸者。

87 只有“基督教青年工人”（J. O. C.）[①] 关心青工的不幸。这样一个组织的存在，也许是基督教尚未在我们当中死亡的唯一确定的迹象。

正如资本家不仅罪恶地忽视了人民的利益、民族的利益，也忽视了他们自己的利益，从而背叛了他们的使命；同样，工会组织则忽视了保护工人队伍中的悲惨者，转而争夺利益，从而背叛了它们的使命。再说它们也应该认识到这一点，鉴于有一天它们会发现自己应该承担责任，而且会面对滥用权力的诱惑。将工会改造成独一无二、强迫性的组织，以限制其存在，乃是这一精神转变之不可避免的自然结果。说到底，维希政府在这方面的作用几乎为零。法国总工会（C. G. T.）[②] 并不是强暴的受害者。很久以前它就不处于运作状态了。

国家在保护不幸者方面并不特别有资格。不如说它倒是很无能的，除非受制于某种紧迫的、显而易见的公共安全之需要，以及为舆论所推动。

在与培养青工有关的问题上，公共安全的需要也同样是紧迫
88 和显而易见的。至于舆论的推动，则必须从现在起，利用真正工会有机体的萌芽，利用“基督教工人青年”、各种研究机构和青

① 法文 Jeunesse Ouvrière Chrétienne 的缩写，该组织是由法国一些天主教教士发起的，目的是在职业和社会生活方面给青年工人以帮助。——译者注

② 法文 Confédération Générale du Travail 的缩写。——译者注

年运动，甚至是官方组织，广泛发动舆论。

俄国布尔什维克曾鼓动其人民建设工业化。我们为什么就不可以鼓动我们的人民建设起一支新型的工人队伍？这样的目标应该是与法兰西精神（le génie de la France）相符合的。

青年工人的培养必须超出纯粹职业性的培训。当然，它必须包括教育，就像培养所有的年轻人一样；为此，最好不要把学徒培训放在学校里，在学校效果总是差的，而应该立即投身生产过程。可是我们也同样不能交给工厂。培养青工的地方需要有所创新。应该是某种结合了职校、工厂徒工培训、如今的这种实习工场（chantier de compagnons），以及许多其他方式之优点的机构。

但要培养一代青工，尤其在法国这样的国家，同样需要一种教养，需要理智文化的参与。他们必须熟悉思想的世界。

如何参与，又是何种文化？长久以来人们争论不休。以前，在某些圈子里，人们谈论了很多工人的文化。另一些人则说，并 89
没有什么工人的和非工人的文化的区分，文化就是文化。总之，这种意见的结果就是让最有才智、最渴望学习的工人接受我们给予头脑不开窍的公立中学学生（lycéens）的待遇。有时事情的确变得稍好一点，但总体上说这里有一种通俗化（vulgarisation）的原则，正如我们在如今这个年代里所理解的。这个词和事情本身一样可怕。要是我们想把什么东西表达得更好，就应该另找一个词。

的确，真理只有一个，但谬误则有千千万万；而在每一种文化中——除了在完美的情况下，对人而言这只是极端事例——真理与谬误都是相混杂的。如果说我们的文化要想接近完美的话，那它就该超越社会等级。但由于它如今是平庸的，它在很大程度上是布尔乔亚知识分子的文化，一段时间以来，它更是公务员知识分子的文化。

假如我们愿意在这一意义上深入分析，我们就会发现，马克思的一些思想比乍一看包含了更多的真理；但马克思主义者们是绝不会作这种分析的；因为这需要使他们首先站在镜子前照照自己，这可是难以做到的工作。只有基督教所特有的美德才能提供足够的勇气。

90 我们的文化和民众之所以如此难以沟通，不是因为它太高，而是因为它太低。在它裂为碎片之前，人们又下了一剂烈药，使它降得更低。

有两个障碍，使民众难以获得文化。一个是缺乏时间和力量。民众很少有闲暇作理智努力；而疲劳又使这种努力的强度大打折扣。

这一障碍是无足轻重的。至少它应该是无足轻重的，只要我们不错误地把重要性归于它。真理之照亮灵魂，是与其纯度相对应，而非任何种类的量。金属中重要的不是量，而是其融合的程度。在这一领域，少量纯金与很多纯金同样有价值。少量纯粹的真理也与很多纯粹的真理同样有价值。同样，一座完美的希腊雕像，和两座完美的希腊雕像，所包含的美是一样的。

尼俄柏（Niobé）[①] 所犯的罪，就在于她忘了量与善无关，而

---

① 尼俄柏：希腊神话中吕底亚王坦塔罗斯的女儿，底比斯王安菲翁的妻子。她生有六子六女，并因此在只生了两个孩子的勒托（阿波罗和阿耳忒弥斯的母亲）面前夸耀。为了惩罚她的骄傲，阿波罗杀死了她的所有儿子，阿耳忒弥斯则杀死了她的所有女儿。她自己也变成一块哭泣的石头。——译者注

她所得到的惩罚就是其子女的死。我们每天都在犯同样的罪，我们也受到同样的惩罚。

假如一位工人，经过一年热切而坚韧不拔的努力，学到一些几何学公理，真理就会进入他的灵魂，这和一位大学生在同样的时间内付出同样的努力学习高等数学所获得的真理是一样的。

这真的是很难令人信服的，似乎也不容易得到证明。至少基 91
督徒应该把这看作信条，如果他们还记得真理是诸纯粹善之一，福音书把它比作面包，并且记得：谁需要面包，就不会给他石头。

各种物质方面的障碍——缺乏闲暇、疲劳、缺乏自然天赋、疾病、身体的痛苦——只会阻碍人们获得文化中低级和平庸的成分，却不会妨碍人们获取它所包含的最宝贵的财富。

工人文化的第二个障碍与工人的社会状况有关，像其他阶层的社会状况一样，也对应着一种独特的感受方式。于是，对由其他人以及为其他人所创作的东西有一种陌生感。

要疗治这一点，就需要作翻译。不是通俗化，而是翻译，这是完全不同的两回事。

不是去掌握为知识分子的文化所把持的——已然是太贫乏的——真理，使它们降低格调，使它们变得索然无味；而只是充分地表达出它们，用帕斯卡尔的话说，就是以能为心灵所感受的语言，为了那些其感受性因工人的社会状况而定了型的人们。

这种迻译[①]真理的艺术是至关重要的艺术之一，也是最不为

① 此处法文原文为 transposer，指音乐上的移调，即将一支旋律从一种调性转为另一种调性。为了不在译文中引起歧义，在此姑译为“迻译”。——译者注

92 人所知者之一。使它变得困难的，乃是在实践中必须置身于真理的中心，毫无遮蔽地拥有真理，跟随着那真理偶然采取的形式。

此外，迻译也是一种真理的标准。不能被迻译的便不是真理；同样，其表象不能随视角而改变的，就不是个稳靠的对象，而只是个蒙人的把戏（trompe-l’oeil）。在思维中也同样有一个三维空间。

研究把文化传递给民众的合适的迻译方法，有益于民众，又何尝不是有益于文化？这对它也是一种无限珍贵的刺激。由此，它将走出它所置身的令人窒息的氛围。它将不再为专家们所垄断。因为如今它还是属于专家的，越往下就越低级。就像人们把工人看作是头脑不开窍的中学生，人们也把中学生看作是相当疲乏的大学生，把大学生则看作是患了遗忘症需要接受再教育的教授。文化是由教授所操纵、用于制造教授的工具，而后来者又用它来制造新一批的教授。

在现今各种拔根疾病的形式中，文化的拔根并不是最可忽视的。
93 这一疾病的最初结果就是，在所有的领域都普遍出现这样的情况，各种关系被切断了，每一事物都被看作是自身的目的。拔根产生偶像崇拜。

有关我们现在文化之退化，可以举一个例子。对几何证明之必然性的操心——这绝对是正当的——却使得人们把几何讲述成与世界了无干系的绝对学科。中学生们对几何学感兴趣，只是把它当成游戏，或是为了得个高分。他们又如何能从中发现真理？

如今大部分人可能都不知道，我们几乎所有的行动，无论是简单行动还是精致的复合行动，都是几何概念的应用。我们所身处的世界，是个几何关系的织体（tissu）；而我们，既然受限于时空，事实上也服从几何必然性。他们讲授几何必然性的方法，乃是认为它们似乎是任意的。还有什么比任意的必然性更为荒谬？根据定义，一种必然性就是具有强迫性的。

另一方面，当人们试图普及几何学，使它贴近经验时，却又遗漏了证明。剩下的，不外乎一些全然无趣的秘诀（recettes tout à fait sans intérêt）。几何学变得索然无味、丧尽本质。其本质就是以必然性为目的的研究，事实上，这必然性在此是至高无上的。

这样那样的退化应该是容易避免的，证明和经验之间并不 94
是非此即彼的。用木头和铁来证明，和用粉笔来证明是一样容易的。

也许有一种在职校讲授几何学必然性的简单方法：使研究与车间相结合。我们可以对孩子们讲："这里有若干有待完成的任务（制作一些满足这样或那样条件的物件）。有一些是做得到的，另一些是做不到的。完成那些能做到的。而你们完不成的那些，则要向我证明它们是做不到的。"从这里入手，全部几何学都可以在工作中讲授。完成一项工作，是一种具有足够可能性的经验证据，而对于不可能性，却不存在经验证据；这时必须有证明（démonstration）。不可能性是必然性的具体形式。

至于其他科学，全部经典科学——我们不能把爱因斯坦（Einstein）和量子整合进工人的文化——原则上都源于类似的方法，应用于主导人类工作的各种关系之中，于是，假如我们懂得如何向他们讲授的话，它们也适合劳动者，比向中学生讲授更加自然。

对属于“文学”（Lettres）这一部分的文化而言，这样讲的理
95 由就更充分了。因为其对象始终是人类的状况，并且民众对人类状况的体验最真实、最直接。

大体上说，除了某些例外，二流乃至更差的作品更适合于精英（élite），所有一流的作品则更适合于民众。

例如，民众若是与希腊诗歌（其主题几乎就是一个：不幸）相接触，会产生多么强烈的理解！所需要的，则是懂得如何翻译和讲授。比如说，一个工人，对失业的焦虑已深入到骨髓，当能理解菲洛克特特斯（Philoctète）[1] 的处境：他的弓被人夺走，他绝望地盯着自己无力的双手。他也能理解饥饿中的厄勒克特拉（Electre）[2]，这是任何一位布尔乔亚（除了在如今这个时期）所绝对不能理解的——包括比代丛书（l’édition Budé）[3] 的编辑们。

---

① 菲洛克特特斯：希腊传说中的将领。希腊英雄赫拉克勒斯临死前把自己的弓箭传给了他，于是他就成为一位著名的弓箭手。在去特洛伊的路上，他被蛇咬伤，万分痛苦。见《伊利亚特》第二卷。——译者注

② 厄勒克特拉：阿伽门农和克吕泰涅斯特拉的女儿。克吕泰涅斯特拉勾结奸夫谋害阿伽门农之后，厄勒克特拉把自己的弟弟俄瑞斯特斯送走，从而救了他一命。后她又帮助他杀死其母与奸夫。——译者注

③ 由纪尧姆·比代（Guillaume Budé）学会编辑出版的一套丛书，其目的是向有良好阅读趣味的读者提供由专家翻译校勘的希腊、拉丁和法国文学经典。——译者注

还有第三个因素，阻碍了工人们掌握文化；那就是奴役。当思想真实地被运用时，它本质上是自由而至高无上的。在一两个小时中自由、至高无上、具有思想的性质，而在一天其余的时间中仍然做一个奴隶，这简直是可怕的五马分尸（écartèlement），为了逃避这种处境，人们几乎不可能不放弃思想的最高形式。

如果我们实施一些有效的改造，这一障碍就会一点点消失。进而，不久前的奴役以及正在消失的奴役的残余，在解放的进程中对思想也会是一种强有力的刺激。 96

工人之文化的条件乃是，我们所说的知识分子——可怕的名词，但如今他们也配不上更美好的词——与工人劳动者相融合。要想使这样的融合成为现实是很困难的。但如今的处境却有利于它。大量的青年知识分子陷于奴役、陷于工厂、陷于德国的集中营之中。其他人则和青年工人一起待在实习工场。但前者更具有可贵体验。许多人会被它摧毁，或至少身心交瘁，然而或许有些人会真正得到教育。

这一如此珍贵的体验也会有丧失的风险，即从离开这一处境之后，受到不可抗拒的遗忘屈辱和不幸的诱惑。从现在起，应该去接近从那些地方回来的囚徒，使他们继续与劳动者保持接触（起初他们是被迫与劳动者接触的），让他们重新思考前不久的体验于他们究竟意义何在？这样做，为的是使文化贴近民众，为的是一种文化的新取向。

参加抵抗运动的工会组织也许是这种接触的好场所。但总之，工会组织要想有思想生活，它们与知识分子的接触就必须是另外的一些方式，而不是像法国总工会中把他们归于某些专业团 97

体，以维护他们自身的利益。这种方式是最为荒谬的。

自然的关系乃是，工会接纳他们为荣誉会员，但禁止他们干预工会行动的决定，知识分子可以义务组织课程、准备图书资料。

最可取的是，在逃脱了因被征服的强迫而与劳动者相混合的一代人（因为他们年轻）中，出现一种与五十年前俄国大学生类似的潮流，但其思想更为明确，大学生会去从事志愿而又长久的实习，隐姓埋名，做工人大众中的一员，无论是在农庄还是在工厂。①

总之，无产者社会状况——它的确首先是由拔根而引起的——的改变，可以归结为建设一种工业生产和一种精神文化的任务，这精神文化是属于工人的，工人也对之感到亲切。

当然，工人自己应是这一建设中的重要组成部分。但就事情的本性而言，这一部分应是逐步壮大的，直至他们真正得到解放才算完成。只要他们仍然为不幸所控制，这种解放就不可避免地还是最低限度的。

建设这种新颖的工人社会状况的问题是非常紧迫的，必须立
98 即得到考虑，绝不能拖延。从现在起，就必须决定一种方向。因为战争一结束，我们马上就要开始建设，真正意义上的建设，我们将大兴土木。我们所建造的，将不再被拆毁，除非发生新的战争，而生活将与之相适应。原本应该为许多代人、为全部社会生活而建造的东西，假如我们允许胡乱地用石块垒砌起来，那是不

① 薇依本人就是这么做的。——译者注

合情理的。因此，我们必须对最近的将来工业企业的组织有一种明确的思想。

假如我们因畏惧可能的不和，偶然逃避了这一必须承担的责任，那么，这只能说我们不配对法国的命运说三道四。

于是，迫在眉睫的乃是考虑一个使工人重新扎根的计划，简单地说，眼下就有一个该计划的可能的草案。

大工厂应该取消。一个大企业，应该由一个装配车间构成，它又与许许多多小车间相联系，每个工人或一群工人一个车间，散落在乡间。正是这些工人，而不是一些专家，按照固定的周期轮流到中央装配车间工作，而这种周期就应构成节日。此处的工作应该是半日制的。剩下的时间则用于同伴联谊；用于增进对企业的爱（patriotisme d'entreprise）；用于技术讨论，使每个工人都能掌握他所生产之工件的确切作用以及其他人所克服的困难；用于地理讨论，使他们了解他们所参与制造的产品将销往何 99
处，将在何种环境下、在哪些人的日常生活中使用它们，在人类的生活氛围中这些产品又占有何种的位置。还应加上基础文化（culture générale）。每座中央装配车间附近都应有一所大学。它应与该企业的生产方向有密切的联系，但它不应是企业的财产。

机器不应属于企业。它们应属于分散在各处的小车间，而这些小车间，或者是工人的个人财产，或者是他们的集体财产。此外，每个工人都应拥有一座房子和一小块土地。

这三重财产——机器、房子和土地——应该是国家在他结婚时给予他的赠礼，条件是他成功地完成了一项困难的技术试验，同时，还要证明他具有理智控制力和基础文化。

对机器的选择应该一方面适合于该工人的兴趣和知识，另一方面则适合于生产的一般的需要。不言而喻，最有可能的，是一种可控自动机器，具有多种用途。

这三重财产，既不能作为遗产继承，不能出售，也不能以任何方式加以剥夺。（在某些情况下，只有机器可以交换。）拥有机
100 器的人将只有宣布放弃它的可能。在这种情况下，对他而言，以后获得其他机器也不是不可能，只是会很困难。

若一个工人死了，这一项财产就重归国家，当然，必要时国家也必须保证此人的妻儿能有同等的生活福利。假如他妻子能从事劳动，她就可以保留这财产。

所有这些赠礼都从税收中开支，或者是直接税，即从企业的赢利中获取；或者是间接税，即从产品的销售中获取。它们应由一个管理机构来经营，该机构由公务员、企业老板、工会活动家以及国民议会议员组成。

若法庭裁决一个人缺乏职业技能，这一财产权可被吊销。当然，前提是，若一个企业老板缺乏职业技能，该法庭也应对他采取同样的处罚手段。

一个工人若想成为一个车间的主管，就应获得某个负责提供鉴定的职业组织的批准，然后应给予他优惠条件去购买两、三部机器；但不能再多了。

若没有通过考试，一个工人就仍然拿薪水。但在其一生中，没有年龄限制，他都可以重新参加考试。他一辈子可多次申请到职业学校作免费实习。

101 这些拿薪水的工人，可以在非合作制的小车间工作，可以作

为某个工人的帮工在他家里工作，也可以作为普通工在装配车间工作。但在产业界他们只能是少数。大部分人应被输送到为公共服务业和商业所不可或缺的非技术工或誊写员的工作中去。

在结婚成家立业之前——也就是说，按照不同人的性格，在二十、二十五或三十岁以前——青年工人均应被视作学徒。

童年时，学校应让孩子们有足够的闲暇，使他们有很多的时间围着父亲的工作干点小事情。再往后，半工半读的时间——也就是说部分时间学习部分时间工作——应尽量延长。然后，应该有一种很多样化的生活方式——“周游法国”式的旅行，一会儿在单干工人家，一会儿在小车间，一会儿在不同企业的装配车间，一会儿在年轻人的“实习工场”或“实习营”。这种居留和工作，按照他们的兴趣和能力，可以多次重复，时间可长可短，可以是几个星期，也可以长达两年，如在工人学校。此外，在某些条件下，这种居留应适合于各种年龄，它们都应该是免费的， 102
也不应引发任何社会优越感。

当一个青年工人厌倦了漂泊多变的生活，想要安定下来，那他对于扎根就算是成熟了。一个妻子、几个孩子、一座房子、一方花园，构成其营养的重要一部分；在他喜爱的企业里干一份工作，并以此为豪，这企业是他通向世界的一个窗口；于一个人的尘世幸福而言，这些就足够了。

当然，这种对青年工人的想法，暗含着对现今劳动营生活的全面改造。

至于工资，当然首先是不能低得使人陷于苦难——但在这样一种状况下不大会有这种担心——因为工资会占据工人们的心灵，妨碍他们对企业的爱。

各种行会、仲裁等组织，只能为了这一目的而建立——使每个工人都很少会去考虑金钱的问题。

企业主管，就像医生，必须属于这样一类职业：国家为了公共利益，只在有某些保证的情况下才授权其从事。这种保证必须不仅与能力，也与道德水准有关。

103 所投入的资本应比如今大大减少。某种信贷体系将使一位有能力也有志向成为企业家的贫困年轻人很容易实现自己的理想。

于是企业将再次成为个体的。至于各种股份有限公司（sociétés anonymes），在安排改制时，也许取消它们或宣布禁止它们倒也无妨。

当然，企业的多样性，亟须我们研究非常多样的模式。此处的草案只是个长远努力的目标，为了这些目标，一些技术创新的努力是必不可少的。

总之，这样一种社会生活的模式应该既不是社会主义的，也不是资本主义的。

它将消除无产者这一社会状况，而所谓社会主义，事实上只是使所有的人都陷入这一处境。

其取向不应是如今变得时髦的方式，即为了消费者的利益——这种利益显然只是物质上的——而是工作中的人的尊严，而工作乃是一种灵性价值。

这种社会构想的困境在于，假如没有一些内心深处有着炽烈的意愿并坚定不移地付诸实施的自由人，那么它也不过是纸上谈兵。是否能找到或发动起这样的人，依然是未定之数。

然而，除此以外，我们所能作的选择就是或者各种不同的不幸，或者几乎一样的不幸。

尽管这一构想是要很久才能实现的，但战后的重建却马上就 104
需要为工业分布提出规划。

乡村的拔根状态

乡村拔根问题并不比工人拔根的问题更轻。虽然这一疾病不那么突出，但在某些方面它却更为丑恶；因为由被拔根的人去耕种土地是更违反自然的。对这个问题，必须予以同样的关注。

此外，若不是给予农民以相应的关注，我们就绝不能给予工人以关注的公开标志。因为农民非常胆怯、非常敏感，总是因想到人们遗忘了他们而感到苦恼。毫无疑问，在苦难的处境中，只要确信还有人想到他们，他们就会感到一种安慰。必须承认，当我们忍饥挨饿时，会比我们想吃什么就有什么时更多地想到他们；甚至在那些自信把思想远置于身体需要之上的人中间，情况也是如此。

工人有一种倾向——这是不应该鼓励人们去信奉的——那就是，当人们说到人民时，就必定只与他们有关。这是没有任何
站得住脚的理由的；除非人们去考虑这样一个事实，即他们比农 105
民更会鼓噪。他们终于成功地劝说那些愿意接近人民的知识分子这样想了。结果，在农民中间产生了一种人们称之为左翼政治的

憎恨——除了在他们受共产主义的影响的地方，以及他们受反教权主义（anticléricalisme）激情所驱使的地方。当然还可能有其他几种情况。

在法国，工人与农民的分离由来已久。早在14世纪末就出现了一种怨诉，当时农民言词尖利地列举了社会各阶层，包括工匠，令他们遭受的种种暴行。

在法国民众运动的历史中，几乎没有——除非我记错了——工人与农民精诚团结的情况，就算是在1789年——那似乎也更多的是巧合。

在14世纪，农民远不是最不幸的。但即便他们在物质上稍幸福一些——而在这种时候，他们也体会不到，因为穿村过镇来此度几天假的工人总忍不住要吹吹牛——他们总是为城里所发生的事、为这些事“out of it”（没自己的份）而苦恼不已。

当然，这种精神状态因无线电（T.S.F.）和电影院在乡村安
106 家落户，因《悄悄话》（*Confidences*）和《嘉人》（*Marie-Claire*）[①]等刊物的四处流传而加重了，跟它们相比连可卡因都算不上危险。

处境已然如此，我们首先要做的便是发明且应用某些东西，能够从现在起给农民一种“in it”（有自己的份）的感觉。

也许，令人遗憾的是，从伦敦正式发布的各项文本中，更多的是提到工人，而不是他们。诚然，他们（对德国人）的抵抗要少得多。但这也许是项额外的理由，提出一再重复的证据，即人

① 《悄悄话》和《嘉人》是两份女性画报。——译者注

们知道他们的存在。

必须意识到，我们并不能说法国人民赞成某项运动——假如大部分农民并不赞成的话。

我们必须以此为戒条：假如不能给予农民以同样的允诺，我们绝不可给予工人更新更好的允诺。纳粹党 1933 年前的本事就在于让工人相信它是专属于工人的，让农民以为它是农民的政党，在小布尔乔亚面前，则表现出自己是只替小布尔乔亚说话的，诸如此类，不一而足。这于它是轻而易举的，因为它欺骗所有的人。我们也应该这样做，但不是要欺骗任何人。这倒是困难的，却不是不可能。

在过去这些年里，农民的拔根和工人的拔根一样，于全国都是个致命的危险。这七八年间，最严重的症状之一，就是乡间的 107
人口流失使失业的危机达到高潮。

显然，乡间的人口流失，若达到极端，就会导致社会的毁灭。人们大概会说，到不了这步田地。但我们对此一无所知。到现在为止，我们没有发现任何东西能够使这一过程停止。

关于这一现象，有两件事值得注意。

其一，白人把它带到他们所涉足的所有地方。这一疾病甚至侵袭了黑非洲，而几千年来，非洲都是个由村庄所构成的大陆。至少那儿的人，在白人来此屠杀、折磨或奴役他们之前，是懂得如何在其土地上幸福地生活的。与我们的接触，正使他们不断丧失这一能力。这一点甚至会让我们疑惑：哪怕是殖民地人民中最原始的非洲人，就真的不能教给我们一些东西，而不是向我们学一些东西吗？我们对他们所作的善行，就好比包税人（financier）

对补鞋匠（savetier）① 所作的善行。工作中丧失快乐，是任什么都不能补偿的。

另一件需要注意的事：极权国家所能动用的资源，看起来是无限的，用来对付这种恶却又是无能的。以前在德国，人们曾一次次反复地正式公开承认这一失败。从某种意义上说，这太好了，因为这给了我们一种可能性，比他们做得更好。

危机时粮食储备遭到的破坏，给了公众舆论巨大的打击，
108 这是有道理的。但我们也要考虑到，工业危机期间田野的荒芜——假如这是可能的——则是更为丑恶的现象。显然，若不联系这一点，就绝没有解决工人问题的希望。假如不断地有切断与过去联系的农民汇入工人大军，就没有任何办法能阻止工人大众成为无产者。

战争已然表明，在农民中这一疾病达到了何等严重的程度。因为士兵们是青年农民。1939 年 9 月，我们听到农民们说：“做德国人而活，比做法国人而死强。”人们都对他们干了些什么，使他们相信自己再没有可失去的？

必须意识到最严重的政治困难之一。假如说工人们在这个社会中痛苦地觉得自己是流放者，那么农民们则会认为，恰恰相反，这个社会倒是工人的家园。在农民的眼里，那些为工人呐喊的知识分子，不是在维护受压迫者，而是在维护特权阶层。知识分子对这一精神状态毫不知情。

乡村的自卑情结（complexe d’infériorité）已到了这样的程

① 包税人和补鞋匠：典故出自法国作家拉封丹（La Fontaine）的寓言。——译者注

度，千千万万的农民都觉得退休的布尔乔亚用殖民者面对土著居民的高傲来对待他们是天经地义的。这种自卑感一定是非常强烈的，连金钱都抹它不掉。

于是，我们越是想为工人提供道德满足，就越需要替农民着 109
想。否则，所产生的失衡对社会以及由此对工人自己，都是很危险的。

农民中间扎根的需求，首先是财产渴望的形式。这真的是他们中间的一种渴望，一种健康且自然的渴望。人们清楚，在这一意义上给他们一些希望就会使他们感动；既然人们认为财产需求，而不是决定财产形式的法律条文，才是神圣的，就没有任何理由不这样做。可以有一些法律条文，一点点地把土地转交到没有土地的农民手中。绝不能承认城里人对某块土地有财产权。只有在某些情况下，出于技术的考虑，拥有一宗巨大的农业地产才是可以接受的。就算是这样，我们也可以设想，农民们在自己的一小块土地上精耕细作（cultivant intensément），种些蔬菜之类的东西，与此同时，在一大片土地上，用现代设备，以合作的方式，粗放地耕种。

要想触动农民的心，有一种方法，那就是把土地看作劳动资料（moyen de travail），而不是可作遗产分割的财富。这样，我
们就不会再见到这一类的丑陋现象：一个农民终生都欠着公务员 110
兄弟的债，后者干得少拿得多。

退休金——哪怕是少的——对老年人而言可能也是大数目。不幸的是，退休金是个有魔力的词，吸引青年农民进城。老年人的屈辱在乡下常常更为严重，而稍有点钱，再加上体面些的生活

状况，就会给他们带来荣誉。

由于某种与之形成对比的因素，一种太大的稳定性则在农民中间产生了拔根的效果。一个农民的孩子大约十四岁就独自劳动了，工作于他是一种诗意、一种陶醉，虽然他还力不能及。再过几年，这种孩子般的热情耗尽了，手艺已学到手，体力十分充沛，应付工作绰绰有余；可在许多年里，除了每天所干的活以外，就再也没有别的事可干了。于是，他整整一周都在梦想着星期天的事，以此打发时间。从这时起，他就没指望了（perdu）。

少年农民十四岁时与工作的最初接触、这首度的陶醉，必须通过一项庄严的节庆而得到祝圣，使之永远地深入他的灵魂。在最具基督教影响的村庄，这样的节庆必须有宗教特征。

但同样，三四年以后，又必须为他新产生的渴望提供营养。
111 对于一个青年农民，这渴望只有一个，那就是旅行。该给所有的青年农民一个免费旅行的机会，不仅在法国，也可以去国外，不仅去城市，也要到乡村。这将意味着要为农民组织起一个类似“周游法国”的活动。我们还可以加上教育和指导的工作。因为，青年农民中的佼佼者，在十三岁左右带着几分狂暴辍学去干活，通常到了十八九岁、二十来岁就会对学习重新产生兴趣。顺便说一句，这样的事也发生在青年工人身上。某些交换制度，将使那些为其家庭所倚重的年轻人也能够外出旅行。不消说，这类旅行当全然是自愿的。而父母们则无权干涉。

我们不能想象这种旅行的想法在农民心中所能产生的力量，以及这种改革所能产生的道德意义，即便是在它成为现实之前，或是当它还处在允诺的状态，而若当它成为习俗一部分时就更加如此。一个小伙子，几年间满世界转悠，却始终还是个农民，他会回到自己家里，他不安分的心将平静下来，他会建立起一个家庭。

也许对少女也该设有相似的活动；必须有某种东西来代替《嘉人》，人们不能任她们读《嘉人》。

兵营曾是青年农民拔根的一个可怕因素。正是在这一点上， 112
军训（instruction militaire）的效果最终是与其目的相违背的：年轻人接受了操练，但比操练前更没有投入战斗的准备，因为任何离开兵营的人，都是带着反军国主义心态离开的。这是项实验证据：为了军事机器本身的利益，人们不能让军事因素在两年中，或者哪怕只是一年，成为一个人生命中至高无上的主宰。正如我们不能让资本主义成为年轻人职业培养的主人，我们也不能让军队成为军事培养的主人。地方当局必须在其中起作用，为的是使它成为一种教育而非腐蚀。

服役过程中青年农民与青年工人间的接触根本不能令人满意。后者总想欺负前者，而这无论对哪一方都是种损害。这样一种接触不会产生真正的贴近。只有共同的行动才会使他们变得亲密；而据定义，在兵营不会有共同的行动，因为在那里，人们是在和平时准备战争。

没有任何理由在城市建立兵营。为适应青年农民之需要，人们最好是在远离所有城市的地方设立兵营。

的确，妓院（maisons de tolérance）老板总会完蛋的。但是，
假如我们没有完全决定清除公共权力与这一类人的勾结，取缔这 113
一作为法兰西之耻辱的机构的话，梦想着任何一种改革都是徒

劳的。

也许可以顺便说一句，我们为这一耻辱已付出沉重的代价。作为正式机构的制度化卖淫（prostitution établie），就像法国的这一种，已极大地腐蚀了军队，且完全败坏了警察队伍，它必定会引起民主制度的瓦解。因为，当警察机关——在公民眼里它代表着法律——成为公众所藐视的对象时，民主制度是不可能持存的。英国人不能理解，当警察不再是充满爱意之尊重的对象时，怎么还能有民主制度。但他们的警察是没有一大群妓女供自己消遣的。

假如我们准确地估量引起我们失败的原因的话，也许我们就会发现，所有这些耻辱——比如上面说到的这一个，以及殖民者的贪婪，还有盘剥外国人——都在我们的失败中有对应的效果。我们尽可以大书特书我们的不幸，但不能说这是不应承受的。

卖淫是这一拔根疾病所具有的特质不断增长繁殖成为第二种力量的典型事例。在职业妓女的处境中，拔根的程度已达极致；而对这一拔根的疾病而言，少数妓女就能污染一大片。显然，当国家硬要青年农民和妓女凑在一块，我们将不可能有健康的农民
114 队伍。既然农民队伍不健康，工人阶级也不会健康，这一国家的其他人更不必说。

此外，在农民们中间最得人心的，也许莫过于带着对他们道德健康的关怀去改革兵役制的计划。

对于农民，一如对于工人，也存在着精神文化的问题。也同样需要适合于他们的翻译，这种翻译必不同于为工人所作的翻译。

就所有与精神层面的事物有关的东西而言，农民已被现代世界粗暴地拔根了。从前，他们拥有一种作为一个人所需要的东西，如艺术，如思想，其形式是适合他们的，其质量也是第一流的。当你读当雷斯蒂夫·德·拉·布勒托纳（Restif de la Bretonne）[①] 对其童年的描写时，你会得出这样的结论，当时最不幸的农民，也比如今最幸福的农民不知好多少倍。但我们已不能回到过去，尽管它是这样近。必须发明一些方法，使农民不再对提供给他们的精神文化感到陌生。

向农民讲授科学的方法，应该和向工人讲授的方法很不同。对于工人，一切都由机器所控制乃是自然的。对于农民，一切均应以这样一个奇妙的循环为中心：降临行星的太阳能，为叶绿素
（chlorophylle）所固定，集中在谷子和果实中，通过饮食进入人 115
体，经由肌肉，最后消耗在平整土地的活动中。与科学有关的一切都可围绕这一循环得到安排，因为能量的概念是一切的中心。这一循环的思想，一旦进入农民的心灵，就会给他们的工作增加诗意。

概而言之，村庄中的一切教育，都应以增加对世界之美、自然之美的感受性为基本目的。的确，游客们发现农民对乡村的景色毫无兴趣。但假如人们去分担他们每日里繁重的工作——这也

---

① 原名尼古拉-埃德默·雷斯蒂夫（Nicolas-Edme Restif，1734—1806），法国作家，其作品关注道德问题和社会改革，对巴黎社会和乡村生活有生动的描述，被人称为“贫民区的卢梭”。薇依此处所说的，当指1779年出版的自传性小说《家父生平》（*La vie de mon père*）。——译者注

是使自己的心灵向他们开启的唯一方法——我们就会听到有些人抱怨这工作太艰苦，使他们不能去享受大自然的美。

当然，提高对美的感受性不能靠对他们说："看，多美！"没这么容易。

近来在知识人圈子中兴起的民俗学（folk-lore）热潮将有助于使农民重新感受到自己对人类思想的熟悉。现今的制度一直让农民相信与思想有关的一切都是城市所特有的权利，人们只愿意给予他们一小部分，很小的一部分，因为他们没有能力去设想很大的一部分。

这是殖民者心态，只是程度稍轻一些。正如某个殖民地土
116 著，稍懂一些欧洲的文化，就比有教养的欧洲人更瞧不起他的同胞，一个做小学教师的农民之子，也常常是这样的。

我们农民在道德上重新扎根的首要条件，就是乡村教师的行业应具有独特性，其培养过程不仅是特殊的，而且全然不同于城市里的教师。世上最荒谬之事，莫过于以同样的模式去培养来自贝尔维尔（Belleville）① 和来自乡村的教师。这是我们时代为数众多的荒唐事之一，这一时代的主导性质就是愚蠢（bêtise）。

第二个条件则是，乡村教师认识农民，不轻视他们，光是从农民中招收教师还做不到这一点。在提供给他们的教育中，各国的民间传说必须占有很大的比重，不是作为好奇的对象，而是作为重要的课题；要对他们讲，在人类思维最早的思辨——对星辰的沉思，以及在对各地古代文献的比较研究所显示的，对善和恶

① 巴黎附近一个工人集中的城镇。——译者注

的思辨——中，牧羊人的作用；让他们读农民的文学：《农夫皮尔斯》（*Pier the Ploughman*）①、赫西俄德（Hésiode）②、中世纪悲歌（complaintes），还有当代一些真正由农民所写的作品。当然，所有这些，须不妨碍基础文化。经过这样一种准备，人们就可以 117
派遣他们到另一个省，隐姓埋名做一年农场帮工；然后再把他们集中到师范学校，帮助他们厘清各自的体验。对于工人社区的教师和工厂，也可照此办理。只是这种体验应是在道德上做好准备的；否则它只会引起轻视或反感，而不是同情和爱。

教会将乡村神父（curé）或者牧师（pasteur）的工作转变为一项特别的任务，则也是十分有利的。只要看一看，在某个全部由天主教徒构成的法国村庄，宗教在日常生活中是多么地不重要——宗教只属于星期日的几个小时，再想想基督带着何种偏爱从田野生活中获得其寓言的主题的，就会知道这是一桩大丑闻。但这些寓言中的大部分没有在礼仪（liturgie）中得到反映，而得到反映的那些寓言则引不起任何注意。同样，教师所讲的星星和太阳只在练习本和教科书中，与天空毫无相干，还有，教堂在星期日所提到的葡萄树、麦子、羊群，也与他们在田野里所看见的，他们每天都为之付出一小部分生命的葡萄树、麦子和羊群了无干系。农民基督徒在他们的宗教生活中也同样被拔根了。1937年博览会上展现的没有教堂的村庄的想法，并不像很多人所说的

① 晚期中世纪英国诗人威廉·兰格兰（William Langland，约1330—1400）的作品。该作品原题为 *Piers Plowman*。——译者注

② 赫西俄德：已知的希腊第二位古诗人，小自耕农，留下的作品有《神谱》《工作与时日》。——译者注

那样荒唐。

118 正如基督教工人青年会员（Jocistes）因想到基督是个工人而激奋不已，农民们也应同样因福音书（Évangile）中的寓言与乡村生活的一致性、因面包和葡萄酒的圣事作用而感到自豪，并从中感受到，基督教是属于他们自己的。

有关政教分离（laicité）① 的争论已经是毒害法国乡村生活的主要因素之一。不幸的是，这种论战远未终结。面对这一问题，人们不可能不采取某一立场，更不可能采取一个不太坏的立场。

的确，中立化（neutralité）只是个谎言。政教分离的制度不是中立的，它教给孩子们的哲学，一方面远高于圣叙尔比斯（Saint Sulpice）② 式的宗教，另一方面，又远低于本真的基督教。但这种本真的基督教，如今也非常罕见。许多教师把对宗教狂热的喜爱带到这种哲学中。

教育自由并不是解决之道。这个词是空洞的。孩子的灵性培养不属于任何人：不属于这个孩子，因为他没有为此作决定的能力，也不属于父母，或者国家。人们频繁引用的家庭的权利，只是一种争论的武器。任何一位教士，如在某一合适的场合，该向非基督教家庭的孩子讲述基督却三缄其口，则他就是个丧失信仰
119 的教士。原封不动地维持一个世俗学校，另一方面却允许甚至鼓

① 一译“世俗化”。——译者注

② 指位于巴黎附近的圣叙尔比斯修院，1642 年让-雅克·奥利尔（Jean-Jacques Olier）在此创立神学院，培养普通神职人员。勒南（Ernest Renan）曾在此学习。此处薇依用来代指墨守陈规、缺乏灵性自反性的宗教组织。——译者注

励宗教学校的竞争，无论从理论角度还是从实践角度，都是荒唐的。私立学校，不管是否为宗教学校，都应得到批准，这不是出于自由的原则，而是出于公共利益的动机：在各种情况下，学校总是好的，只是要有监督。

让神职人员参与公共教育并不是解决之道。即便是可行的，它也不是可取的，而在法国，这样做不可能不引起内战。

下令让教师向孩子们讲述上帝——在谢瓦利埃先生（M Chevalier）[①] 的建议下，维希政府曾实行过几个月——只是个趣味低下的粗俗笑话。

维持世俗哲学的官方地位，兴许是一种任性、不义的手段，在于它未能回应各种价值的等级，并且它会将我们径直推入极权主义。因为，虽然政教分离会激起某种程度的几乎宗教性的狂热，根据事物的本性，那也是非常脆弱的；而我们则生活在一个激情已被煽动至白热化的时代。现今对极权主义的偶像崇拜只有在一种本真的灵性生活中才能得到克服。假如我们使孩子们习惯于不思考上帝，他们将会成为法西斯主义者，因为他们需要有什么东西为之献身。

当我们把权利概念替换为与需求相联系的义务概念，我们就能更清楚地看到，在这一领域中是多么需要正义。一颗初次感受 120
到思想的年轻灵魂，渴望人类千百年来聚集起的宝贵财富。当我们在一种狭隘的基督教中培养一个孩子，使他没有能力去感受各

① 雅克·谢瓦利埃（Jacques Chevalier，1882—1962）：曾任格勒诺布尔大学哲学教授，法国被占领期间被贝当元帅任命为维希政府的国民教育部长。——译者注

种非基督教文明中的宝贵财富，那我们就害了他。世俗教育对孩子们的戕害更为严重。它遮蔽了这些宝藏，尤其是基督教的宝藏。

在法国，公共教育针对基督教的既合理又可行的唯一态度，应该是把它看作人类思想诸宝藏之一。最为荒谬的，莫过于一个法国业士（bachelier），了解中世纪诗歌、《波里耶克特》（*Polyeucte*）①、《阿塔丽》（*Atalie*）、《菲德拉》（*Phèdre*）②、帕斯卡尔（Pascal）、拉马丁（Lamartine）③、深受基督教启发的如笛卡尔（Descartes）④和康德（Kant）⑤的哲学、《神曲》（*Divine Comédie*）或《失乐园》（*Paradise lost*）⑥，却从来没有翻开过《圣经》。

---

① 《波里耶克特》：法国古典主义戏剧大师高乃伊（Pierre Corneille，1606—1684）的作品，作于1643年，与《熙德》（1635）、《贺拉斯》（1640）、《西拿》（1641）构成高乃伊的“古典主义四部曲”。——译者注

② 《阿塔丽》《菲德拉》：均为法国伟大的古典主义戏剧大师拉辛（Jean Racine，1639—1699）的作品。——译者注

③ 拉马丁（Alphonse de Lamartine，1790—1869）：法国最早的浪漫派诗人，政治家。著有《沉思集》（1820）、《冥想集》（1839）、《诗与宗教的和谐集》（1830）和小说《葛莱齐拉》（1852）等。在政治方面，他哀叹工人的非人遭遇，揭露富商巨贾对政治的控制，认为工人革命不可避免并促使它来临。1848年革命后曾成为临时政府的实际领导人。——译者注

④ 笛卡尔（Rene Descartes，1596—1650）：法国数学家、哲学家，近代哲学之父。——译者注

⑤ 康德（Immanuel Kant，1724—1804）：德国哲学家，其《纯粹理性批判》（1781）的出版标志着近半个世纪德国古典哲学繁荣期的开始。——译者注

⑥ 《失乐园》：英国清教派诗人弥尔顿（John Milton，1608—1674）的长诗。——译者注

只消对未来的教师、未来的教授说：在所有的时代、所有的国家，除了晚近在欧洲的一些地方，宗教在文化、思想和人类文明的发展过程中都起了主导作用。一种从不提及宗教的教育是荒谬的。另一方面，正如在历史课上，人们会对法国的孩子们讲很多有关法国的事情，那么，作为欧洲人，假如我们提到宗教，首先指的就是基督教。

于是，在各种程度的教育中，对于稍大一些的孩子，必须包 121
含我们可以称为宗教史的课程。可以叫孩子们读点《圣经》，尤其是“福音书”（Évangile）。注释须本着文献本身的精神，恰如一向应该的做法。

人们应把教义作为我国最重要的事物来谈论，而且认为最优秀的人士是全身心信奉它的；也不应否认，众多暴行是以它为借口的；但首先是要孩子们感受到它所包含的美。假如他们问：“这是真的吗？”就必须这样回答：“它是多么的美，它必定包含了许多的真理，至于了解它是否绝对真实，你就要多努力，使得当你长大后能够明白。”应严格禁止包含对教义作肯定或否定的暗示。所有的教师或教授，假如愿意，并且具有必要的知识和教学能力，除了基督教，也可自由地向孩子们讲授——尽管不如对基督教这么强调——任何其他本真的宗教思想。一种宗教思想，若其取向是普世的，便是本真的。（犹太教则不同，它与种族的概念密切相关。）

假如这一解决之道是可行的，那么慢慢地宗教就不再 122
是——我们必须这样希望——人们分成不同的派别不是赞同就是反对的东西，犹如在政治上人们分成不同的党派。这样，两个阵营——教师的阵营和教士的阵营——都瓦解了，这两个阵营在许多法国乡村都造成了一种潜伏的内战。与基督教之美相接触，把它简单地表现为可欣赏的美，它不知不觉地就会渗入我国民众的灵性之中——只要我国有此能力——这比宗教信徒们的教义宣讲有效得多。

美这个词绝不意味着用审美家（esthètes）的方式来看待与宗教有关的事物。审美家的视角是亵渎神圣的，不仅在宗教方面，在艺术方面也是如此。它操控美、端详美，以此自娱。美是某种可以吃的东西；它是一种营养。假如我们把基督教的美纯粹作为美提供给民众，那它就会是一种能带来营养的美。

在乡村学校，认真地学习《新约》——它与乡村生活有关，经常重复、经常加以评论注释，一遍又一遍地温习，将有助于恢复乡村生活中已丧失的诗意。如果，一方面是灵魂的全部灵性生活，另一方面是与物质世界有关的全部科学知识，都以工作活动
123 为取向，则劳动就会在人类思想中维持其正当地位。劳动不是一种桎梏，相反，它是这一世界与另一世界联系的桥梁。

比如说，正在播种的农民，为什么就不可以在思想深处涌现出——甚至不必产生内心独白——基督的这样一些比喻：“假如种子不死……”、“种子就是神的道（parole de dieu）……”、“芥菜种是百种里最小的……”；另一方面又想到植物生长的两种机制：第一种是：在细菌的帮助下，种子消耗了它自身，抵达土壤表面；第二种是：在光线中照射到地面的太阳能，为叶绿素所吸收，在一种不可抵抗的运动中不断上升。于是将这两种机制比作某超自然——假如可以这样表达的话——的镜子的类比，就会

变得很清楚，而劳动的疲乏——照通俗的话说——便能使这比喻进入人的身体。艰辛多少总是与劳动的努力相联系的，它变成一种痛苦（douleur），这种痛苦将使世界之美渗入人的内心深处。

某种与此相类似的方法，也可使工人的劳动充满意义——这是很容易设想的。

这样，兴许只有劳动的尊严才是充分合理的。因为，说到底，要没有属于灵性并进而属于超自然层面的根，就不可能有真正的尊严。

普通学校的任务，就在于通过给劳动输入思想而赋予它极大
的尊严，但不是把劳动划成不同的格间，一会儿工作一会儿思 124
考。当然，一位播种的农民必须专心致志地播撒种子，而不是去回忆学校里读过的课程。但专注的对象并非思想内容的全部。一位幸福的少妇，头一回怀孕，在缝制婴儿的衣物时，想的只是如何把它缝好。但她一刻也不会忘记她怀着的小宝宝。与此同时，在监狱工厂的某处，一个女囚也在想着如何缝好手上的衣物，因为她害怕受罚。我们可以想见，这两个女人同时干着同样的工作，所操心的也是同样的技术问题。她们两人工作的差异，却不亚于一道深渊。有待解决的全部社会难题，就在于使劳动者从一种情景跨入另一种情景。

所必须的乃是，在其双重美感中，此世与彼世属于并相互连接于工作活动之中，犹如将要出生的婴儿与缝制婴儿衣物之劳动的联系。这一连接之实现，可以是通过展现与每一种劳动的独特姿势、独特流程直接相关的思想；可以是通过一种足够深刻的消化配合，使它们渗入生命的实体之中；还可以通过一种印刻在记

忆中的习惯，使这些思想与劳动的具体活动相挂钩。

125 如今我们无论在理智上还是在灵性上，都没有能力完成这样一种转变。我们能够开始为此作准备就已经很了不起了。当然，光靠学校是不够的。所有还存在着类似于思想这样一种东西的圈子——教会、工会、文学界和科学界——都必须共同参与。我们颇不敢在上述圈子中加上政治党派。

我们时代所特有的使命、我们的天职，就是构建一种基于劳动之灵性的文明。与预感到这种天职有关的思想，散见于卢梭（Rousseau）、乔治·桑（Georges Sand）①、托尔斯泰（Tolstoi）、蒲鲁东（Proudhon）②、马克思，散见于教皇们的通谕（encycliques）和其他地方，它们乃是我们时代唯一具有原创性的思想，是我们唯一未借自希腊人的思想。正因为我们过去并没有如此崇高的东西（它们正在我们当中孕育），所以我们才被抛入各种极权主义的深渊之中。但假如德国失败了，那我们还不至于完全破产。或许我们还有一次机会。想到这一点，我们不由得心怀忧虑；就算有这样的机会，平庸如我们，如何能够不丧失它呢？

这一天职是仅有的要务，应推荐给民众，以取代极权主义的

---

① 乔治·桑（George Sand，1804—1876）：法国女作家，本名阿芒丁-奥罗尔-吕西尔·杜德望（Amandine-Aurore-Lucile Dudevant）。——译者注

② 蒲鲁东（Pierre-Joseph Proudhon，1809—1865）：法国社会主义者，第一个自称为“无政府主义者”的人。其思想对俄国民粹派、19世纪60年代意大利的激进民族主义者、19世纪70年代的西班牙联邦主义者和法国的工团主义运动都有一定影响。——译者注

偶像。假如我们没有以使人感受到其伟大的方式推荐这一天职，那他们将为偶像所控制；它就只会被漆成红色而非褐色。假如让 126
人们在黄油和大炮中作选择，尽管他们更喜爱黄油，喜爱得多，但不管他们意愿如何，一种神秘的宿命会迫使他们选择大炮。黄油缺乏太多的诗意——至少在人们有黄油的时候，因为假如一点黄油都没有，那倒是有某种诗意。人们自己的偏爱往往是说不出口的。

如今，联合国（Nations Unies）①，尤其是美国，整天对嗷嗷待哺的欧洲人说：我们要用大炮，为你们带来黄油。这样做只会产生一种反应，即想到他们并不太着急。一旦给了他们黄油，他们就会尾巴翘到天上去；一眨眼工夫，他们就会转向任何能向他们展示美丽大炮的人，不管这些人用哪种意识形态精心包装这大炮。别以为疲惫不堪时他们就会寻求健康福利。由新近的不幸造成的神经疲惫，会使他们不适应健康福利：它会迫使他们遗忘，或是陷入不知餍足的某种酩酊大醉，就像 1918 年以后，或是陷入可悲的盲从。在人心中浸蚀得太深的不幸，会产生对不幸的迷恋，不由自主地把自己和他人推入不幸之中。德国就是个例子。

欧洲大陆不幸的民众所需要的，是比面包更伟大的东西。只有两种伟大（grandeurs）②，本真的伟大属于灵性层面，另一种就 127
是征服世界的古老谎言。征服是伟大的代用品（ersatz）。

---

① 本书写于 1943 年春，薇依未能见到二战结束。此处的联合国当指盟国。——译者注

② 在下文中，依据不同的语境分别将 grandeurs 译作“伟大”、“强盛”或“伟大强盛”。——译者注

本真伟大的当代形式，就是由劳动之灵性所构成的文明。这是一种我们可以付诸实施的思想，没有任何产生分裂的风险。灵性一词并不意味着任何特殊的联合（affiliation）。在如今的环境中，那些共产党人，他们无疑也并不会排斥它。况且在马克思的著作中，很容易找到可归结为指责资本主义社会缺乏灵性的论断；也就是说，在新社会必须有灵性。想必保守派也不敢排斥这一想法。激进派、反教权主义者以及共济会士（francs-maçons）① 也同样不会。基督徒们欢欣地拥有这一思想。它会产生一致同意。

但我们触及这一想法时，不由得浑身战栗。如何能不玷污它，如何能避免将它变成谎言？我们的时代已深中谎言之毒，它会把所触及的一切变为谎言。而我们属于这一时代，没有任何理由相信我们比它更好。

把这些词语轻率地传播给公众，从而使人们不再信任它们，会带来某种无法弥补的损害；这样做会使与之相对应的事物所能产生的希望彻底破灭。它们不能与一项事业、一种运动，甚至一
128 种制度，以及一个民族相联系。绝不能损害这些词语，贝当就戕害了“劳动、家庭、祖国”这些词语，第三共和国则戕害了自

① 共济会：世界上最大的秘密团体，旨在传授并执行其秘密互助纲领。起源于中世纪的石匠和教堂建筑工匠的行会。随着教堂建筑行业的不景气，一些投入施工的石匠分会开始接受名誉会员，以便维持他们衰落的行会。近代的象征性共济会就是由一些这样的分会演变而来的。该组织带有宗教色彩，其纲领强调道德、慈善以及遵守当地的法律。会员必须是相信上帝存在与灵魂不灭学说的成年人。——译者注

由、平等、博爱。绝不能把它们变成口号（mot d’ordre）。

当我们把这些词语传播给民众时，它们只能作为一种思想的表述——这种思想远远地超出了现今所有的人和所有的集体——而我们保证谦卑地将它们铭刻在心中，作为一切事物的指南。假如这一谦逊态度在发动群众方面不如那些更为通俗的态度有力，那也没有什么大不了的。重要的是阻止而不是造成损害。

但是，要想一点点地渗入人们的精神，这一思想却不需要大张旗鼓地宣传，因为它是对现今所有人之焦虑的一种回答。每个人都不断地在说——只是用词稍有不同——我们因技术的纯物质方面发展所造成的失衡而吃苦头。失衡只能通过同一领域中灵性的发展来矫正，那就是劳动的领域。

唯一的困难，乃是民众对此的怀疑，这一怀疑是痛苦的，但不幸的是，它又是非常合理的，他们把任何稍稍崇高一点的想法都看作是引他们上当的圈套。

一种由劳动的灵性所构成的文明，应是人在宇宙中最高程度的扎根，于是它就是与我们所处的状态针锋相对的，我们身处几
乎连根拔起的状态下。同样，这种文明就其本性而言也是与我们 129
的苦难相对应的憧憬。

拔根状态与民族

为了了解我们的主要疾病，另一种拔根必须加以研究。这种拔根可以叫作地理上的拔根，也就是说，它与对应于地理区域的

集体有关，这些集体的意义已几乎消失，除了唯一的一个：民族。但是，现在有，过去也有过许多其他的集体。有些很小，有时只有一丁点大：一个城镇，或一片村落、省、行政区；有些则由许多个民族合并而成；另一些则由许多个民族的一部分地区合并而成。

只有民族才可替代上述所有集体。所谓民族（nation），指的就是国家（État）；因为我们所能找到的民族的定义，无非是承认同一国家的各区域的集合。我们可以说，在当今这个时代，金钱和国家，已取代了一切其他形式的爱慕感。

长久以来，只有民族扮演了这样一个角色，它由集体对个人的最高使命所构成，也就是说，保证了现在与过去和未来之间的
130 联系。在此意义上，我们可以说它是存在于现实世界中的唯一集体。家庭并不存在。我们今天所谓的家庭，乃是围绕着每个人的小人群：父母、丈夫或妻子、孩子们；兄弟姐妹已经稍远一些了。最近几年，在普遍的困境中，这一小人群已变成几乎无法抗拒的吸引力，有时让人遗忘了所有的责任。在突然降临的冰冷世界中，只有在此还能找到生命的温暖。这是一种近乎动物的反应。

但如今，没有人会想到在他出生前五十年、前二十年乃至前十年死去的先人，也不会去想在他死后五十年、二十年乃至十年出生的后裔。于是，从集体及其特有的角度看，家庭是不算数的。

从这一角度看，职业也同样不算数。行会曾是在同一种工作范围内，联系死者、生者以及尚未降临人世者的纽带。稍稍带

有这种行动取向的行会，如今都已荡然无存了。1900 年前后的法国工会运动也许可能还带有些许这样的痕迹，但很快就被抹去了。

最后，村庄、城市、地区（contrée）、省、大区，所有这些比民族小的地理单元，都几乎不算数了。那些由许多民族或许多民族的某些部分合并而成的集体也是如此。比如说，当几百年前 131
的人们说“基督教世界”（la chrétienté）时，这个词就比如今的欧洲更能引起情感的共鸣。

总之，人类在此世层面上——也就是在时间流程中——最宝贵的财富、在两层意义上超越人类生存之限制的财富，是全然交给国家保管的。

然而，就是在这只剩下民族的时代，我们却目击了民族顷刻间令人目眩的瓦解。这令我们大惊失色，几乎不再能对此进行反思。

1940 年六七月间，法兰西人民并不是被躲在暗处的骗子突然偷走的自己的祖国。是法兰西人民自己松开双手，任由祖国掉落地上的。此后——但已经过长长的间隔——他们竭尽全力，越来越绝望地想要再捡起它，但别人的脚已经踩在上面了。

如今，爱国情感又回来了，我们又听到 1918 年以后再没听到的“为法兰西而死”的话语。但是，在激励起法兰西人民的抵抗运动中，饥饿、寒冷、外国士兵趾高气扬地发号施令、家庭失散——对于有些家庭甚至是流亡、被征服，所有这些苦难，都起了很大的、差不多是决定性的作用。最好的证据，也许就是沦 132
陷区与其他地区精神状态的差异。出于人的本性，卢瓦尔河（la

Loire）[①] 以北并不会比卢瓦尔河以南有更多的爱国情感。处境的不同产生了精神状态的差异。英国人抵抗的范例、对德国战败的希望，也同样是重要的因素。

除了回忆和希望，如今的法国再没有别的现实。共和国从来没有像在帝国统治下显得那么美好，祖国也从来没有像在征服者的压迫下显得那么美好，假如我们希望她得到光复的话。正因为如此，在如今民族情感炽烈的情况下，我们着实无法判断，解放以后，这种情感对于公共生活的稳定性究竟能起多大的作用。

这种情感在 1940 年 6 月瞬间风化，是一段充满耻辱的记忆，我们宁愿不去想它，将它置于脑后，而是想着以后这一情感能得到恢复。在私人生活中，情况也是如此，每个人总想把自己的某种失误用括弧括起来，扫到杂物堆里，找到某种计算美德的方法，可以不考虑这些失误。屈从于这种诱惑，就是败坏灵魂；这是最需要克服的诱惑。

对于这一公共耻辱，我们都抵御不住其诱惑，这一耻辱是如此之深，它已伤害了我们对自身荣誉的隐秘感觉。若没有这一诱
133 惑，对这一非常事件的思考或许早已产生一种全新的学说，一种对祖国的新看法。

从社会角度看，我们尤其不能避免思考祖国的概念。不是再次思考；而是第一次思考，因为——除非我错了——这一概念从来就未被思考过。对于一个起过重要作用并仍然起着重要作用

① 卢瓦尔河：法国最长河流。源出临地中海岸的塞文山脉南麓，西北流至奥尔良，折向西流，在南特形成长而宽的河口湾，于布列塔尼半岛南面注入大西洋。——译者注

的概念，这不是十分奇怪的事吗？这倒让我们看清楚在我们当中思想究竟占据了什么样的地位。

过去四分之一世纪里，在法国工人中间，祖国的概念早已丧失一切信誉。1934 年后，共产党人又大肆宣传它，还伴以三色旗和《马赛曲》。但在战争爆发前夕，它被轻率地重置梦乡。开始抵抗运动时，人们也并没有以祖国的名义。法国沦陷差不多大半年以后，他们才重新接纳这一概念。慢慢地，他们完全接受了这一概念。但要说工人阶级和祖国真正和解了，那是太天真了。工人们为祖国而献身，这是千真万确的。可我们生活在一个充斥着谎言的时代，哪怕是甘洒热血的美德也不足以将我们领回真理的畛域。

在许多年间，人们教育工人：国际主义是神圣的责任，而爱国主义则是资产阶级的偏见中最为可鄙的。再过几年，人们又教
育他们：爱国主义是最神圣的责任，不是爱国主义者，就是叛 134
徒。到头来，他们又如何能不被各种基本冲突和宣传所左右呢？

假如在其理论中不给予祖国一个位置，一个明确的亦即确定的位置，就不可能有一种健康的工人运动。此外，这一需求在工人圈子中格外明显，因为长久以来祖国的问题在他们当中是广泛讨论的。然而，这其实是个全国的共同需求。令人不能接受的是，这个如今总是与责任成对出现的词，几乎从来没有成为任何研究的对象。充其量，在这一主题下，我们能找到的不外乎勒南（Renan）① 平庸无奇的短短一页。

---

① 勒南（Ernest Renan，1823—1892）：法国哲学家、历史学家和宗教学家。以宗教起源史研究而闻名，著有《耶稣传》（1863）等。——译者注

民族是一个晚近的事实。在中世纪，人们对领主或城市或二者效忠，并扩展到对并不十分明确的领土效忠。我们称为爱国主义的情感当然是存在的，有时还非常强烈，但其对象却并非明确限定在领土上的。在不同的情况下，其情感涵盖各种不同的地理幅员。

说实话，爱国主义自古就有，和历史本身一样久远。韦辛格托里克斯的确是为高卢而死的；反抗罗马人入侵而几遭灭族的西班牙各部落，也是为西班牙而死的，并且他们知道这一点，他们就是这么说的；马拉松（Marathon）[1]和萨拉米斯（Salamine）[2]
135 战役中的死者也是为希腊而死的；当希腊还不是罗马的一个行省，与罗马的关系犹如维希法国与德国的关系时，希腊各城市的孩子们，在大路上公然向（与罗马人）合作者投掷石头，骂他们是叛徒，其愤怒程度与我们今天一模一样。

真正只在晚近才存在的，乃是与爱国情感始终相伴的凝固结晶的对象。爱国主义是会扩散、漂移的，随亲疏福祸而增大或缩小。它混杂着许多不同的忠诚：有些是针对人（领主或国王）的，有些是针对自治市（cités）的。所有这一切，形成了一种非常混杂的东西，然而，却很合乎人性。为了表达每一个人都感受到的对其国度（pays）的义务感，人们更常说的是“公众”（le public）、“公众利益”（le bien public）。这种表达可以指一个村庄、一座城市、一个省、法兰西、基督教世界，乃至全人类。

---

① 马拉松战役：公元前 490 年 9 月，希波战争期间，雅典军队在阿提卡东北部的马拉松平原组织的一次反击战。波斯军队损失 6400 人，雅典军队损失 192 人。——译者注

② 萨拉米斯战役：历史上最著名的战役之一。公元前 480 年，面对波斯人的第二次进攻，雅典人在狭窄的萨拉米斯湾设计全歼波斯水师。见希罗多德《历史》卷八。——译者注

人们也会说法兰西王国。在这一词中，对国度的义务感和对国王的效忠就混为一谈了。但有两个障碍，使得这一双重情感不可能是纯粹的，哪怕是在圣女贞德的时代。别忘了，巴黎民众可是反对贞德的。

第一个障碍是，自查理五世（Charles V）①之后，法兰西——用孟德斯鸠（Montesquiu）②的话说——已不是个君主国，它已堕入专制的状态，直到 18 世纪才告结束。我们今天都觉得向国家纳税是天经地义的，我们想象不出，这一制度刚建立时曾引起了多大的道德混乱。在 14 世纪，除了为战争所支付的特别供奉，交税被看作是不光彩的事，是被征服国度所特有的耻辱，是被奴役的明显标志。这一情绪表达在西班牙的《罗曼采罗》（*Romancero*）③中，在莎士比亚的作品中，我们同样能够看到："这片土地……可耻地被它自己征服了。"④ 136

① 查理五世（Charles V，1338—1380）：法国国王，1364 年即位。他改组军队，创建新海军，实行税制改革，与佛兰德、西班牙和葡萄牙结盟。——译者注

② 孟德斯鸠男爵（Charles-Louis de Secondat，baron de la Brede et de Montesquieu，1689—1755）：18 世纪法国政治哲学家。著有《波斯人信札》《罗马盛衰原因论》等。其名著《论法的精神》（*De l'esprit des lois*，1748）首度提出立法、行政和司法三权分立，对后世影响极大。——译者注

③ 罗曼采罗：一译"谣曲"，西班牙民间谣曲的总称，——译者注

④ 莎士比亚《理查二世》（*King Richard the Second*）第二幕第一场兰开斯特公爵刚特的台词。其中"土地"在原文中为"英格兰"。朱生豪译："那一向征服别人的英格兰，现在已经可耻地征服了它自己"（That England，that was wont to conquer others，/Hath made a shameful conquest of itself）。参见《莎士比亚全集》（第四卷），人民文学出版社 1988 年，第 328 页。——译者注

查理六世（Charles VI）[①] 年幼时，由他叔父们辅佐，借助腐败的官吏和凶残的暴政，强迫法国人民接受绝对任性、随意翻新的税赋，使穷人陷入彻底的饥馑，而搜刮来的钱款又被大大小小的领主糟蹋殆尽。正因为如此，亨利五世（Henri V）[②] 手下的英国人才被人们视为解放者，无论是阿马尼亚克的（Armagnac）[③] 富人，还是勃艮第的（Bourguignon）[④] 的穷人。

法国人民突然被这重负粗暴地压弯了腰，直到 18 世纪之前，他们所具有的无非一阵阵追求独立的震颤。在整个这段时期，他们被欧洲其他国家人民视为最受奴役的民众，被其主子当作牲口随意使唤。

与此同时，在法国人民心灵最深处，产生了一种对国王的强

① 查理六世（Charles VI，1368—1422）：法国国王。1380 年 11 岁即位，由叔父们监护，1388 年亲政。1392 年患疯癫，周期发作，终生未愈。1420 年查理签署特鲁瓦条约，将女儿瓦卢瓦的凯瑟琳嫁给英王亨利五世，宣布亨利为法国摄政和王位继承人。查理死后，卢瓦尔河以北地区由英国控制，南方大部效忠太子查理七世。——译者注

② 亨利五世（Henri V，约 1387—1422）：英格兰国王，1413 年登基。在其九年的统治中重新挑起百年战争，把法国打得落花流水，使英格兰成为当时欧洲最强大的王国。特鲁瓦条约签订后，其权势达到顶峰，但不久便死于斑疹伤寒。——译者注

③ 阿马尼亚克：法国西南部历史上的著名地区，现属热尔省。在墨洛温和加洛林时代，阿马尼亚克是加斯科涅公国的一部分。百年战争期间，英国取得了此地的宗主权。15 世纪末法国国王路易侵入，1607 年，阿马尼亚克永久归属法国王室。——译者注

④ 勃艮第：法国中部规划区，首府为第戎（Dijon）。5 世纪时，早期勃艮第人从波罗的海沿岸南迁并在此建立强大王国。534 年王国为法兰克人所灭。15 世纪勃艮第家族东山再起。1678 年该领地全部归属法国王室。——译者注

忍的也是最苦涩的恨，这种恨在历史传统中从没有熄灭过。早在 137
查理六世时农民尖利的怨诉中我们已经感受到这种恨了。在巴黎联盟（Ligue à Paris）① 神秘的名望中，它必定起了某种作用。在亨利四世（Henri IV）② 被暗杀后，一个十二岁的小孩被处死了，因为他公开说他也会这样去对付小国王路易十三（Louis XIII）③。黎塞留（Richlieu）④ 通过一篇论文开始了他的仕途，在论文中他要求教士们诅咒所有的弑君者（régecides）下地狱。他的理由是，所有酝酿这种计划的人，都为某种狂热的激情所支配，任何尘世的刑罚都不足以惩治。

这种恨在路易十四统治的末年达到了最强烈的程度。经受了同样强烈的恐怖的压制之后，它终于爆发了——出于历史那令人捉摸不透的习惯，这一爆发迟到了八十年；遭受打击的是倒霉的路易十六（Louis XVI）⑤。还是因为这种恨，君主制在 1815 年

---

① 巴黎联盟：也许是指 16 世纪法国内战中的天主教联盟，史称“神圣联盟”（La Sainte Ligue）。——译者注

② 亨利四世（Henri IV，1553—1610）：信奉新教的法国国王，波旁王朝的第一代国王。1589 年登基。1610 年被人刺杀。——译者注

③ 路易十三（Louis XIII，1601—1943，1610—1643 在位）：亨利四世的长子，路易十四的父亲。

④ 黎塞留（Cardinal de Richelieu，1585—1642）：本名阿尔芒-让·迪·普莱西（Armand-Jean du Plessis），后任黎塞留地方的枢机主教和第一任黎塞留公爵。1624 年任国王路易十三的首相。他是 17 世纪强大法国的缔造者，主张法国国王有绝对专制的权力，在宗教上则大力镇压新教徒。——译者注

⑤ 路易十六（Louis XVI，1754—1793，1774—1793 在位）：法国大革命前的最后一位君主。记忆力极好，擅长拉丁语和英语，对历史和地理颇感兴趣，又有狩猎、制锁、作泥瓦匠等爱好。1793 年 1 月被判处死刑，21 日上断头台。——译者注

不能得到真正的恢复。到今天，这种恨使得巴黎伯爵（comte de Paris）[①] 绝不可能为全法国人民所自由接受，虽然诸如贝尔纳诺斯这样的人会接受。从某些方面看，这是令人遗憾的。有许多问题有待解决，这个问题也一样。

另一个毒害法国人对法国王室之爱的因素是这一事实：在每个时代，法国国王统治下的各个地区，总有一些觉得自己是被征
138 服的国度，感到自己是亡国奴。必须承认，一千年来造就法兰西的四十位国王 [②] 常犯堪与我们时代相提并论的暴行。如果说什么树结什么果，那么，大可不必诧异这果子离完美还差得很远。

比如说，我们在历史上可以发现同样酷烈的暴行，但是，除极罕见的例外，最酷烈的莫过于 13 世纪初法国人征服了卢瓦尔河以南地区。在这些地区，曾有过很高水准的文化、宽容、自由和灵性生活，对他们的“语言”有一种强烈的爱国情感，语言于他们就是祖国。在他们看来法国人是外邦，是蛮族，犹如我们如今看待德国人。为了使恐怖立即刻入人心，法国人开始对贝济耶

---

① 巴黎伯爵（Louis-Philippe-Albert d’Orléans，comte de Paris，1838—1894）：法国国王路易–菲利普死后（1850）的王位追求者，路易–菲利普的王储奥尔良公爵费迪南之子。1842 年费迪南死后，他成为王储，并封巴黎伯爵。1886 年共和政府通过法律，将所有以前的统治家族的首领都赶出法国。巴黎伯爵退隐英国。——译者注

② “造就法兰西的四十位国王”：这是法国保皇派杂志《法兰西行动》封面上的标语，该杂志由莫拉斯（Charles Maurras）、作家都德的儿子莱昂 · 都德（Léon Daudet）等人编辑，他们坚持激进的民族主义立场，反第三共和国、反议会制，标榜“法兰西的利益高于一切”。1926 年，教皇庇护十一世正式谴责该杂志，并将它列入《教廷禁书目录》（*Index librorum prohibitorum*）。——译者注

（Béziers）①实行屠城。他们的目的也的确达到了。一旦某地被征服，他们就设立宗教裁判所（Inquisition）。一种隐隐的不安始终笼罩了那里民众的头上，稍后又推动他们热情地投入新教的怀抱，虽然它们在教义上有许多差异，可照奥比涅（d'Aubigné）②的说法，新教可直接追溯至阿尔比派（Albigeois）。通过他们对因反抗黎塞留而被处决的蒙莫朗西公爵（duc de Montmorency）③在图卢兹（Toulouse）④所作的炽烈的宗教见证，我们可以看到，这些地区对中央政权的恨有多强烈。还是这种潜在的抗议，使他们投身于法国大革命的热潮之中。更晚一些，他们又成为激进的 139
社会主义者、平信徒斗士——亦即反教权主义者。到了第三共和国时代，他们不再憎恨中央政权，他们在很大程度上已经控制了它并利用了它。

我们能够觉察到，他们的每一次抗议都带有更强烈的拔根状态，每抗议一次，他们的灵性和思想水准就降低一步。我们也能觉察到，自从它们被征服以后，这些地区对法国文化的贡献非常弱，而以前它们的文化是多么辉煌。法兰西思想得益于阿尔比派

① 贝济耶：法国南部埃罗省城市，位于省会蒙彼利埃西南，奥尔布河和南运河汇流处，距地中海 14 公里。1209 年该城超 2 万阿尔比派成员作为异端被屠杀。——译者注

② 奥比涅（Théodore-Agrippa d'Aubigné，1552—1630）：16 世纪法国诗人、新教胡格诺派（Huguenot）领袖、历史学家。——译者注

③ 蒙莫朗西公爵（Henri II，duc de Montmorency，1595—1632）：法国反对枢机主教黎塞留的叛乱分子。1630 年加入奥尔良公爵加斯东的派别活动，企图发动朗格多克反对枢机主教黎塞留。1632 年兵败被俘，在图卢兹受审，后被处决。——译者注

④ 图卢兹：法国西南部重要城市。——译者注

和 12 世纪的行吟诗人（troubadours）——他们不是法国人——远胜于这些地区在以后各世纪的贡献。

勃艮第伯爵国（comté）曾是某种原创且异常灿烂之文化的所在地，当伯爵国消失后，这种文化也佚亡了。14 世纪末，佛兰德（Flandre）[①] 各城市与巴黎和鲁昂（Rouen）[②] 之间曾有一种兄弟般的秘密关系，但受伤害的佛兰德人（Flammands）宁愿死，也不肯接受查理六世手下士兵的眷顾。这些士兵常洗劫荷兰边境，虏获一些他们打算处死的富人，只要这些富人愿意做法国国王的臣民，就格外开恩饶他们不死。荷兰人回答道，就算他们死了，他们的骨头也拒绝——假如它们能拒绝的话——服从法国国王。在叙述西西里晚祷（Vêpres siciliennes）[③] 时，一位加泰罗尼亚（catalan）[④] 历史学家说："这些法国人在他们所控制的地方，要多残暴有多残暴……"

① 佛兰德：中世纪公国，在低地国家西南部，包括今法国、比利时和荷兰的部分地区。——译者注

② 鲁昂：法国西北部上诺曼底大区滨海塞纳省省会和港口。位于巴黎西北，塞纳河畔。——译者注

③ 西西里晚祷：1282 年 3 月 30 日复活节后的第一个星期一在巴勒莫城外教堂晚祷时发生的一次暴动。愤怒的西西里人把一些污辱他们的法国士兵杀死，当夜又屠杀了该城的 2000 名法国居民。由此开始了西西里人对那不勒斯—西西里安茹国王查理一世的叛乱。西西里人向阿拉贡人求援。战争结束后阿拉贡人取得了该王国，西班牙人在该岛上的数百年统治从此开始。——译者注

④ 加泰罗尼亚：西班牙一自治区，包括西班牙东北部赫罗纳、巴塞罗那、塔拉戈纳和莱里达四省。在历史上大部分时间，该地区与法国南部有较密切的联系。——译者注

当布列塔尼人（Bretons）的女公爵安娜（Anne）① 被迫嫁给 140
法国国王时，他们非常绝望。假如这些人回到现在，尤其是回到前几年，他们是否有很强烈的理由觉得他们受骗了？尽管由某些人操纵的布列塔尼自治运动及其不可告人的目的是不得人心的，这一宣传却的确无论在事实上还是在民众的情感中都与某些实在的东西相符合。在这些民众心中，有某些潜在的宝藏，它们并未消失。法国文化并不适合他们；他们自己的文化也不再能萌发；从那时起，他们便已全然处于下层社会的最底层。在军队里，文盲士兵中布列塔尼人占了很大一部分；据说，巴黎的妓女中布列塔尼人也有很多。自治不是个好药方，但这也不意味着疾病不存在。

远离其西班牙宗主国的弗朗什-孔泰（la Franche-Comté）②，享有自由和幸福，17 世纪时它却为拒绝归顺法国而殊死战斗。

---

① 布列塔尼的安娜（Anne de Bretagne，1477—1514）：布列塔尼女公爵（duchesse），十一岁时继承了其父的爵位，但其领地的未来取决于她的婚姻。她与奥地利的马克西米连（Maximilian）订婚，并于 1490 年通过代理人结亲。法国国王查理八世担心布列塔尼从此落入外国之手，于是派兵攻打。安娜被迫解除与马克西米连的婚姻，于 1491 年嫁给查理。查理死于 1498 年，没有留下后嗣，所以按照当初的协议，她又嫁给查理的继承人路易十二。终其一生，安娜都在争取布列塔尼的法兰西王国中的自治地位。——译者注

② 一译“自由伯爵领地”。勃艮第的一个伯爵领地，15 世纪时归属西班牙的哈布斯堡王室，此后长期太平无事，17 世纪法军侵扰该地，1674 年终于将它征服。直到 18 世纪，该地民众始终反对法国，而有亲西班牙情绪。——译者注

而斯特拉斯堡（Strasbourg）[①] 人，当看到路易十四的军队不宣而战——其背信弃义堪与希特勒比肩——在和平时期开进他们的城市时，一个个痛哭失声。

最后的科西嘉英雄保利（Paoli）[②]，以其英雄主义气概反对法国吞并其国家。在佛罗伦萨（Florence）的一座教堂内，有一
141 尊纪念他的雕像，而在法国人们几乎从不谈论他。科西嘉（la Corse）便是拔根所造成传染之危险的例子。在科西嘉被征服、殖民、腐蚀和败坏以后，我们强迫他们接受警察局长、公安干警、军事官员、小兵卒子（pions）等诸如此类的东西，通过上述这些东西，这个岛上的民众反过来觉得法国人多少是被征服的。让法国人在各殖民地土著中间拥有野蛮凶残的名声，也有他们的份。

人们会赞扬法国历代国王同化了被征服的国家，但事实的真相却首先是他们在很大程度上使它们拔根了。在他们每个人的能

① 斯特拉斯堡：法国下莱茵省（前阿尔萨斯省）省会。842 年西法兰克国王秃子查理二世和东法兰克国王路易一世在此举行同盟宣言，这份斯特拉斯堡宣言为旧法国最古老的书目文件。《马赛曲》即谱写于此。17 世纪时该地区在法国有很大影响。18 世纪时，在法国具有广泛的自治权。法国大革命时它在行政上完全并入法国。普法战争后，德法两国一直在争夺阿尔萨斯–洛林地区。德国统治 47 年后，一战后归还给法国。二战时被德国人重新吞并。1945 年又交还给法国。——译者注

② 保利（Pasquale Paoli，1725—1807）：科西嘉爱国者。1735 年开始领导科西嘉人反对热那亚的统治。1769 年法国人在科西嘉岛登陆。他逃往英国，此后 20 年一直住在伦敦。法国大革命期间返回科西嘉，再次领导争取独立的斗争。——译者注

力范围之内，这种同化的方法再容易不过了。那些被剥夺了自己文化的民族，或者从此毫无文化，或者只接受了我们想要教给他们的文化的少许碎屑。无论是哪种情况，他们都没有任何出挑的色彩了，他们看起来都被同化了。真正的奇迹乃是，同化一些民族，而他们仍旧保留着自身的活生生的文化。尽管他们的文化也必将有所改变。这是极少实现的奇迹。

的确，在旧制度（Ancien Régime）下，在法国最辉煌的时刻，法兰西意识是很强烈的：13 世纪时，全欧洲人都跑到巴黎大学来读书；16 世纪，已经熄灭或尚未再次点燃的文艺复兴（la Renaissance），其中心在法国；路易十四在位的早期，文人的才情和武士的军功得到了很好的结合。同样真实的是，使各互不协 142
调之领域融为一体的并非国王们，而只是大革命。

18 世纪的法国，虽然有可怕的腐败，但在差异甚大的社会各阶层，就已经有一种炽烈且纯粹的爱国主义火焰。且看这位极有天赋的青年农民，雷斯蒂夫·德·拉·布勒托纳的兄弟，还是个孩子就出于对公共利益的爱参了军，又在十七岁时被处死了。但那已经是大革命了。人们整个世纪都在预料、期待、渴望大革命的到来。

通过狂热的主权在民（souveraineté nationale）思想，大革命将臣服于法国王室的各界民众融合为单一的大众。过去因暴力而成为法国人的，如今却是出于自由的一致同意（libre consentement）；许多人以前不是法国人，如今希望成为法国人，因为从这时起，做法国人，就意味着属于一个主权民族。假如各国人民在各处都成为主权者——正如人们所希望的——法国作为始创者的荣耀便会永远为人们所铭记。再说，边境将不再重要。外国人只是仍为暴君所奴役的人。真正具有共和精神的外国人会以被法国接纳为荣。

于是，在法国有这样一个爱国主义的悖论，这爱国主义不是建立在对过去的爱，而是建立在对本国历史最粗暴的决裂之上的。然而，大革命本身的根却是法国历史中多少有些隐秘的
143 那一部分：所有这一切都与解放农奴、给城市以自由、社会斗争有关；还有 14 世纪的起义、勃艮第运动的兴起、投石党（la Fronde）①、诸如奥比涅、泰奥菲尔·德维奥（Théophile de Viau）②、雷斯（Retz）③ 等思想家。弗朗索瓦一世（François 1er）治下，某个民众自卫队（milice populaire）的计划流产了，因为领主们反对，说要是实施这一计划，自卫队员的儿子就会变成领主，他们自己的儿子倒要沦为农奴。隐隐地激起民众的上升力量是多么强大。

但百科全书派（Encyclopédistes）——他们都是被拔根的知识分子，都着迷于进步观念——的影响，却使人想不起革命的传统。另外，路易十四长久的恐怖统治，造成了一段难以跨越的空白。正因为这一恐怖统治，尽管有孟德斯鸠在作与此相反的努

---

① 1648—1653 年法国反专制的政治运动。——译者注

② 泰奥菲尔·德维奥（Théophile de Viau，1590—1626）：法国前古典时期的诗人和剧作家。生于胡格诺派家庭，直至 1622 年才正式放弃新教信仰。自由思想者，为逃避迫害而终生奔波。——译者注

③ 雷斯枢机主教（cardinal de Retz，1613—1679）：原名让-弗朗索瓦-保罗·德贡迪（Jean-François-Paul de Gondi），17 世纪法国投石党运动领导人之一。——译者注

力，18 世纪的解放潮流仍感到自己没有历史根源。1789 年真正是一种断裂。

当时人们称为爱国主义的情感，其对象只是现在和未来。这是对主权民族的爱，在很大程度上以能成为其中一分子而自豪。身为法兰西人的特质似乎并不是一个事实，而是一种意志的选择，就像如今人们入党或信教。

至于那些仍然热爱法国之过去的人，他们的爱其实是对国王个人及其王朝的效忠。他们没觉得寻求他国君主派兵干预有何不妥。他们不是叛徒。他们仍然效忠他们确信必须效忠的东西，在 144
这一点上，他们和处死路易十六的人并无二致。

在这个时代，真正后来意义上的爱国者，是那些被当时以及后人视为大法奸（archi-traîtres）的人，诸如塔列朗（Talleyrand）[①]，此人并不是如人们所说的去伺候各国君主，而应该说，在这些君主背后，他所效忠的是法兰西。但于他们，法兰西既不是主权民族，也不是国王，而是法国这个国家。以后的一系列事件证明他们是正确的。

因为，当主权在民的幻觉被证明不过是个幻觉，它就不再是爱国主义的对象；另一方面，王室犹如被砍断的植物，人们不再重新种植。爱国主义必须改变其意义，并以国家为取向。然而一旦这样，它就不再得人心了。因为国家不是 1789 年的创造物，它 12 世纪初就有了，民众对王室的恨也有它的份。于是，由于

---

① 塔列朗（Talleyrand，1754—1838）：法国政治家和外交家，在法国大革命时期、拿破仑时期、波旁王朝时期和路易-菲利普时期都任过高官。——译者注

某种乍一看令人吃惊的历史悖论，爱国主义改变了社会阶层和政治阵营：它以前属于左翼，现在却成了右翼。

在公社（la Commune）[1]以后以及第三共和国初期，这种转变已完全实现。1871 年 5 月的大屠杀是一场道德上的巨大打击，法国工人也许并未从中恢复过来。这一事件并不太遥远。如
145 今上了五十岁的工人，可能就从父亲的口中听到过这一可怕的回忆——当时他父亲还是个孩子。19 世纪的军队是一种法国大革命的特别造物。即便是听命于波旁王朝（Bourbons）[2]——路易·菲利普（Louis Philipphe）[3]或拿破仑三世（Napoleon III）[4]——的军队，也会觉得向民众开枪是极其严重的罪行。1871 年，法国大革命以后的第一次——除了 1848 年短暂的插曲——法国拥有

---

① 指巴黎公社。——译者注

② 波旁王朝：波旁家族是欧洲历史上最重要的统治家族之一。该家族产生过 1589—1792 年和 1814—1848 年间的法国国王，1700—1808 年、1814—1868 年以及 1874—1931 年间的西班牙国王或女王，还有帕尔马、那不勒斯-西西里等地的君主。——译者注

③ 路易·菲利普（Louis Philipphe，1773—1850）：法国国王（1830—1848 在位）。法国大革命时，他加入进步贵族团体，翌年参加雅各宾俱乐部，后至瑞士避难。1793 年其父奥尔良公爵被雅各宾派处决，他成为奥尔良公爵。1830 年查理十世退位，路易·菲利普加冕。1848 年革命后，他被迫逊位，后死于隐居地英格兰。——译者注

④ 拿破仑三世（Napoleon III，1808—1873）：法国皇帝（1852—1870 在位），拿破仑一世之弟路易·波拿巴的第三子。1848 年波拿巴主义者争取选票，使他当选为法国总统。1852 年，总统任期届满后，他发动政变，解散了立法会议，使元老院通过了恢复帝制的决议，由此他成为法兰西皇帝。1870 年普法战争失败后被废黜。——译者注

一支共和派的军队。这支军队——由法国乡村最骁勇的年轻人组成——带着施虐快乐之闻所未闻的泛滥，投入屠杀工人的行为。这就足以引起一场冲击了。

其主要原因也许是一种补偿其失败之耻辱的需求，同样是这一需求，不久又驱使我们去征服不幸的安南人。所有这些事实都表明，一旦对应的心理机制起作用，除非恩典的超自然力量进行干预，否则这些骁勇的人没有什么卑鄙残暴的事是干不出来的。

第三共和国则是第二场冲击。人们会相信主权在民，只是被坏国王和坏皇帝压制住了。人们会想：要是没有他们！……可要是他们不在了，当民主制度得以建立而民众却显然不是主权者，混乱就是不可避免的。

1871 年是这种诞生于 1789 年的独特的爱国主义的最后一年。德国的腓特列皇太子——后来的腓特列三世（Frédéric
III）①——是个富有人情味、通情达理且有很高智力的人。他真 146
的为他在乡间各处所见到的这种爱国主义的炽烈程度而大吃一惊。他不能理解那些阿尔萨斯人（Alsaciens）——他们几乎不懂法语，讲一种更接近德语的方言，是不久前被法国人粗暴征服的——不愿意听别人谈德国。他注意到他们以归属于法兰西大革命的国度、归属于主权民族为荣。脱离法国而被德国吞并，又使

① 腓特列三世（Frédéric III，1831—1888）：普鲁士国王，当过 99 天德意志皇帝。威廉一世之子。第一个受过大学教育的普鲁士王子。他不赞成俾斯麦的“铁血”政策，1888 年 3 月 9 日即皇位，不久即患喉癌死去。——译者注

这一精神状态维持到 1918 年。

巴黎公社起初并不是一场社会运动，而是一种爱国主义乃至强烈的沙文主义的大爆发。此外，在整个 19 世纪，法兰西爱国主义的好斗性，闹得全欧洲鸡犬不宁。1870 年的战争是其直接结果，因为法国并未为此战争作好准备，而它却不肯承认这场战争是没有任何站得住脚的理由的。在这 19 世纪，帝国主义征服的梦想始终活在民众的内心。同时，人们却在为世界的独立而干杯。征服世界与解放世界事实上是两种不相容的荣耀，但在梦想中两者却调和得很好。

所有这些民众情感的气泡都在 1871 年后吹破了。然而，有两个原因维持着这种爱国主义表面上的延续性。首先是对失败的
147 怨恨。当时真的还没有站得住脚的理由怨恨德国人：他们并没有侵略；他们自己尽量避免暴行；自从我们最初远征安南之后，我们就没有资格谴责他们侵犯了阿尔萨斯–洛林（Alsace-Lorraine）地区民众的权利——这些人大部分倒都是日耳曼血统。可我们怨恨他们战胜了我们，好像他们窃取了法兰西的某项神圣、永恒、绝不失效的胜利权。

在我们如今的各种恨——不幸的是，它们是有许多合理原因的——当中，这种情感也是一部分。它也同样是沦陷之初某些（与德军）合作者的心理动机；他们觉得，假如法国落入失败者的阵营，那只是因为发生了差错、失误、隔阂，它本该是胜利的；要想作必要的纠正，最简便、最不费力、最无痛苦的方法，就是改投阵营。这一精神状态，在 1940 年 7 月主导着维希的某些圈子。

但是，在第三共和国期间，当它差不多已全然丧失生命本质以后，使这种法兰西爱国主义不至于消灭的，首先是因为没有其他东西。法国人只有法国可效忠；当他们在 1940 年 6 月某段时间将它弃之不顾的时候，我们看见民众对它毫不效忠的景象是多
么可怕又可怜。正因为如此，后来，他们又重新只紧紧抓住法兰 148
西。但要是法国人民获得如今以主权名义所诉求之物，与 1940 年前相同的困难仍会出现；那就是，法兰西一词所指涉的实在，首先是一个国家。

国家是冷冰冰的东西，不能为人所爱；相反，它会杀死一切可爱的东西；于是，我们是被迫爱它的，因为除了它别无其他。这真是我们当代人的道德酷刑。

这也许是领袖现象的真正原因，在任何地方都会出现领袖，愚弄着众多的人。如今，在每个国度，在一切事业中，都会有那么一个人，人们以他个人的名义宣誓效忠。被迫拥抱金属般冷冰冰的国家，反过来促使人们急切地去爱一具血肉之躯。这一现象远未臻终结，并且，尽管直到如今其结果已经是灾难性的，它还为我们保留了许多痛苦的打击；因为，在好莱坞已广为人知的以任何材料都能用来制造明星的艺术，能让任何人现身于民众面前，为大众所仰慕。

如果我没记错，国家作为忠诚之对象，在法国、在欧洲，都是黎塞留的首创。在他之前，人们会带有一种宗教般的情感，谈论公共利益、国土（pays）、国王、领主。正是他，首度确立了这一原则：任何承担公务者，在公务中其全部效忠，不是给予公
众、不是给予国王，而只是给予国家。很难用严格的方法为国家 149

下一定义。但不幸的是，我们不能怀疑这个词的确是指涉某一实在的。

黎塞留具有那一时代常见的明晰理智，他用明确的概念区分了道德和政治的差异，此后，人们又在这种差异周围播撒了众多的混乱。他差不多是这样说的：我们必须遵守同样的规则，像对待灵魂的拯救那样对待国家的拯救（salut）；因为灵魂的拯救有待来世，而国家的拯救则只在此世实现。

这很残酷，却是真的。一位基督徒也许会得出这样的结论：在灵魂得救问题上，也就是说在涉及上帝的问题上，需要的是完整、绝对、无条件的忠诚；而在国家得救（安全）的问题上，这忠诚是有限的、有条件的。

但虽然黎塞留相信他是基督徒，可能还是真诚的，其结论却截然不同。他的结论是：对国家及其附属物之安全负有责任的人，必须为此目的使用一切手段，毫无例外，且不惜牺牲他们自己、他们的统治者、人民、其他国家，以及一切义务。

把它提得更高的，那就是莫拉斯（Maurras）① 的主张："政治挂帅"（Politique d'abord）②。但莫拉斯——很合乎逻辑——是无

---

① 莫拉斯（Charles Maurras，1868—1952）："法兰西行动"（l'Action Française）的领导人，后创建杂志《法兰西行动》，见第 104 页注释。莫拉斯于 1938 年被选入法兰西学院（Académie Française）。在第二次世界大战中德国占领法国时，他积极支持贝当政府。盟军登陆后，他于 1944 年 9 月被捕，次年 1 月被判处终身监禁，并被逐出法兰西学院。1952 年在疗养地去世。早在 1939 年，教皇庇护十二世（Pius XII）就接受了莫拉斯的归顺，解除了对《法兰西行动》杂志的禁令。——译者注

② 一译"政治第一"。——译者注

神论者。而这位枢机主教①，在把这一点确定为其全部实在居住 150
于此世的绝对原则时，却犯了偶像崇拜的罪。再说，真正危险的并不是金属、石块和木头。偶像崇拜之罪的真正对象总是类似于国家的东西。魔鬼希望基督犯的就是这桩罪——它允诺给他世上的万国。②基督拒绝了。黎塞留接受了。他也得到了报偿。但他总相信这是出于献身，而在某种意义上这倒是真的。

其献身于国家，使法国被拔了根。其策略就是要系统地扼杀我们的全部自发生活，为的是阻止一切可能反对国家的东西。假如说其作用在某些方面看来还是有限的，那是因为他只是始作俑者，并且他很狡猾，采取的是渐进的方式。只消读读高乃伊的献词，就知道黎塞留对时人精神所施加的卑鄙奴役到了何种程度。打那以后，为防止我们国民荣誉受耻辱，人们读到这段献词时，自以为这只是当时的礼貌用语。但这是谎话。要相信这一点，只需读读泰奥菲尔·德·维奥的作品。只是泰奥菲尔蒙冤入狱，后来过早地夭亡了，而高乃伊却得享高寿。

文学之旨趣，无非符号（signe），但它却是一种不会骗人的符号。高乃伊奴颜婢态的语言表明，黎塞留想要奴役人的精神。不是被他这个人所奴役，因为他的自我奉献十有八九是真诚的，
关键是他所代表的国家。他所设想的国家已然是极权的。他竭尽 151
所能，实施这一国家观念，靠的是当时所能采用的一切手段，使全国各地置于一套警察制度的控制之下。如此，他极大地毁灭了我国的道德生活。如果说法兰西服从于这一高压政策，那是因为

① 指黎塞留。——译者注

② 见《马太福音》4：1—11；《路加福音》4：1—13。——译者注

贵族们荒唐而又凶残的内战已使它满目疮痍，它只能以此为代价换取内部的和平。

投石党运动——起初，它在许多方面都预示了 1789 年——爆发后，路易十四以更像独裁者而非合法君主的精神登基了。这一精神体现在他的名言中："朕即国家！"（L'État，c'est moi!）这不是个国王的想法。孟德斯鸠用隐晦的语言，极好地解释了这一点。而在那个时代他所不能领会的是，法兰西君主制的衰落分为两个阶段。查理五世以后的君主制就已经蜕化为个人专制了。但从黎塞留起，它便被某种倾向于极权的国家机器所取代，而后者——如马克思所言——非但不随王朝更替而消亡，相反，每次改朝换代都只会使它更茁壮蔓延。

在投石党运动期间，以及在马扎兰（Mazarin）[1] 治下，尽管有政治危机，法兰西仍能表现出道德。路易十四发现法国有的是杰出才俊，他欣赏他们，鼓励他们。但同时，他也延续着黎塞留
152 的政策，且有过之而无不及。就这样，在短短的时间内，他就把法国变成一个道德荒芜的国度，更不必说物质上的极度贫乏。

假如我们去读读圣西门（Saint-Simon）[2]，不是出于文学和历史的好奇，而是把它当作一份记录那些曾经活过的人们的生

---

① 马扎兰（Jules，Cardinal Mazarin，1602—1661）：法国枢机主教黎塞留的继任者。1638 年成为枢机，1642 年黎塞留死后任首相。——译者注

② 圣西门（Louis de Rouvroy，duc de Saint-Simon，1675—1755）：法国最伟大的散文家之一。其流畅、生动和透彻的叙述天才使他的《回忆录》（*Mémoires*）成为对路易十四在位最后 25 年奥尔良公爵摄政时期最有影响的见证。——译者注

命档案，面对如此强烈的致命厌倦（mortel ennui），如此普遍的精神、道德和智力低下，必定会感到恐怖和恶心。拉布吕耶尔（La Bruyère）①、丽泽洛特（Liselotte）②的书信，那一时代所有的文献，只要我们带着同样的精神去阅读，都会产生同样的印象。再往前回溯一小段时间，我们必定会想到，比如说，莫里哀（Molière）③的《愤世嫉俗》（*Misanthrope*）就不是为了消遣而写的。

路易十四的制度真的已经是极权主义的。恐怖和告密肆虐全国。对由主权者所代表的国家的偶像崇拜，得到了厚颜无耻的组织安排。这种厚颜无耻是对全部基督徒良知的藐视。宣传的手法已炉火纯青，正如在警察局长对丽泽洛特所作的缺心眼的供词中所透露的那样——此公接到命令，只要不是对国王极度阿谀奉承的，任何主题的任何书籍都不许出现。

在这种制度下，法国各省的拔根、地方生活的毁灭，已到了极其严重的程度。18 世纪是一场暂时的平静。通过革命使主

---

① 拉布吕耶尔（Jean de La Bruyère，1645—1696）：法国写讽刺作品的道德学家。以法国文学杰作之一《品格论》（*Les Caractères*）一书著称于世。——译者注

② 丽泽洛特：即巴伐利亚的伊丽莎白-夏洛特（Élisabeth-Charlotte de Bavière，1652—1722）。后嫁给路易十四之弟奥尔良公爵菲利普一世（Philippe d'Orléans）。丽泽洛特（Liselotte）是她在娘家时的小名，由伊丽莎白和夏洛特各取一半拼成。她留下的通信真实记载了 17 至 18 世纪的法国宫廷生活，是巴洛克时期重要的德语文献。——译者注

③ 莫里哀（Molière，1622—1673）：17 世纪法国最伟大的剧作家。——译者注

权在民取代了主权在君的行动只有一个缺点，那就是并不存在主权在民。就像罗兰的牝马，这就是它的唯一缺点。①事实上，153 没有任何已知的方法，可以产生与该词相对应的真实事物。从那时起，就只剩下国家了，它自然会从统一的狂热——“不统一就死亡”——中获益，这一狂热围绕着对主权在民的信仰而产生。由此，地方生活的领域又遭到了新的毁灭。战争——从一开始战争就是这段历史的原动力——帮助了国家，而在国民议会（Convention）和帝国（Empire）时期，国家变得越来越全能。

通过个人崇拜和强迫人们在宗教事务方面服从于他，路易十四削弱了法国教会的地位。这种使教会受制于主权者的做法，在很大程度上促成了之后一世纪的反教权主义。

但当教会将自己的命运托付给各种君主制度从而犯下不可弥补的错误时，它就切断了与公共生活的联系。再没有什么能够比这更好地服务于国家的全能图谋了。由此必定产生一种世俗制度，它是如今所盛行的公然对国家表示崇拜的前奏。

面对世俗精神，基督徒们毫无招架之力。因为或者他们完全投靠某一政治行动、某一党派，将尘世权力置于一群教士、或教士身边的人手中；或者他们甘心在其自己的生活中完全没有宗

---

① 罗兰（Roland）或曰奥兰多（Orlando），是查理曼（Charlemagne）手下的大将，曾与西班牙的穆斯林作战。他的事迹，是法国中世纪武功歌（Chanson de Geste）《罗兰之歌》（*Chanson de Roland*）和意大利诗人阿里奥斯托（Ariosto）的《疯狂的奥兰多》（*Orlando Furioso*）的主要内容。薇依在此所用的典故出自《疯狂的奥兰多》：奥兰多（罗兰）有一匹马，在任何方面都是完美无瑕的，唯一的缺点就是它不巧死掉了。——译者注

教——这就是如今的普遍状况——其程度之深，就连相关人士
自己都意识不到。在这两种情况下，宗教的正当功能都被抛弃 154
了，这一功能就是使全部世俗、公共和私人生活充满光明，却绝不是去控制这种生活。

在19世纪，就拔根的意义而言，铁路造成了可怕的灾难。乔治·桑还在贝里地区（le Berry）[①]看到过也许已有数千年历史的风俗，要不是她的简短记载，对这些风俗的记忆恐怕早已无影无踪了。

过去历史——无论是集体的还是个人的——的失落，是巨大的人类悲剧，而我们已经扔掉我们的过去，就像一个孩子撕碎一朵玫瑰。各民族绝望地抵御外来征服，首先就是为了避免这种失落。

但国家的极权主义现象由各种公共权力施加在民众头上的征服而构成，由他们来承担，却不能使他们避免与所有征服相伴的各种不幸，为的是造就最好的对外征服的工具。过去的法国和晚近的德国就是这样的，更不必说俄国。

但国家的发展使国民筋疲力尽。国家吞食着国民的道德养分，以此为生，养肥自己，直到营养耗尽，直到它自己因饥馑而衰竭。法国早就到这一步了。在德国则相反，国家的中心化是晚
近的事，国家拥有大量高能量营养物所提供的侵略性。至于俄 155

① 贝里地区：法国旧省。曾为子爵领地，1101年被卖于王室，1601年成为王室领地。居民多为凯尔特人后裔。该地区民间文化深受来自奥弗涅、布列塔尼、苏格兰和爱尔兰的凯尔特人影响。——译者注

国，民众的生命力具有如此的强度，人们不禁要问，到头来是不是民众将吞食国家，或者不如说，消灭国家。

在法国，第三共和国很是奇怪，最奇怪的特征乃是：其全部结构——除了议会生活中的游戏——都源于帝国。法国人对抽象逻辑的嗜好，使得他们很容易为各种标签所唬弄。英国人有一个王国，其内容是共和的；而我们的共和国，骨子里却是帝国。在共和国之上，通过不间断的联系，这帝国还与君主制相勾连，不是古代的法兰西君主制，而是17世纪极权主义、差佬肆虐的君主制。

富歇（Fouché）① 其人便是这一延续性的象征。法国的国家专政工具历经数朝代仍毫发未损，还始终有能力分蘖蔓延。

由此可知，在当时由王朝向暴政的转变过程中，法国的国家始终是仇视、憎恨、反感的对象。我们已经经历了这种奇怪的矛盾，奇怪得甚至人们当时都意识不到：这样一种民主制，该制度中所有的公共机构以及与此相关者，都受到民众公开的仇恨和蔑视。

156 每个法国人都毫不迟疑地在关税、国税、津贴或一切其他途径上偷窃或欺骗国家。必须排除某些公务员圈子，但他们是公共机器的一部分。如果说资产阶级比其他国民在这条路上走得更远，那只不过是因为他们有更多的机会。在法国，警察是一种深刻蔑视的对象，竟至于在许多法国人心目中，这一情感是正直人

---

① 富歇（Joseph Fouché，duc d'Otrante，1758—1820）：法国政治家和警察组织的建立者。由于圆滑多变及掌握其他人的秘密材料，成为1792—1815年间历届政府中的不倒翁。——译者注

士永恒道德结构的一部分。吉尼奥尔（Guignol）[①] 是本真法国民间传说中的角色，他可追溯至旧制度，至今也未过时。在法语中，被人叫做“差佬”（policier）乃是奇耻大辱，看看其他语言中是否有对等的词，倒是件饶有趣味的事。然而，警察无非公共权力的行动器官。如卢梭所观察到的，当农民被迫掩藏家中一点点火腿时，法国人对这一行动器官的态度丝毫没有改变。

同样，所有政治机构的把戏，也是反感、嘲讽和蔑视的对象。甚至政治一词也带有一种在民主制度中不可思议的强烈贬义。“这是个政客（politicien）”，“这些玩意，不过是政治”，这些话表达了终极谴责（condamnations sans appel）。在一部分法国人看来，议员的职业——因为这是一种职业——是丢脸的。某些法国人以从不与“政治”打交道为荣，除了选举日，或者也包 157
括选举日；另一些人则把他们的代表视为奴仆，是为了服务于他们的一己之利才被创造并投入世界的。唯一能抑制对政治事务之蔑视的情感，便是党派精神，在没怎么染上这一疾病那些人身上。

人们会徒劳地寻求公共生活的某种面貌，它会在法国人中激起最轻微的忠诚、感激和友爱感。在世俗化热潮的美好时光，曾有过教育；但长远以来，在父母——一如在孩子们眼中，教育无非是发文凭——也就意味着提供职位——的机器。至于社会法条，如若他们对之满意，法国人无不视其为用暴力压迫从三心二意的公共权力手中夺来的特许权。

---

① 吉尼奥尔：法国木偶戏中的角色，如今已是法国木偶戏的同义词。在俗语中也是宪兵警察的代名词。——译者注

没有任何利益能替代对公共事务缺乏关怀的利益。一个又一个朝代以越来越快的速度摧毁着局部及地区生活，末了它就全然消失了。法国就像那种病人，四肢已经冰凉，只有心脏还在跳动。几乎任何地方都没有生命的搏动，除了巴黎；从巴黎的郊区起，道德死亡就开始使人难以忍受了。

158 在战前这一外表祥和的时代，法国外省小城的厌倦也许构成了与一些更有形的暴行同样真实的严酷性。一些人从生到死，注定要在一种沉闷的厌倦中度过这独一无二不可替代的年月，这难道不是与饥馑和大屠杀同样的残酷吗？最早使这厌倦的迷雾笼罩在法国的，正是黎塞留，而这迷雾变得越来越令人透不过气来。在战争爆发时，它已达到窒息的程度。

如果说国家在道德上扼杀了疆域小于它的一切事物，它也同样把领土边界转变为禁锢思想的狱墙。只要在教科书以外稍稍细看一下历史，我们就会感到吃惊：有这么多时代，尽管极端缺乏交往之物质手段，但在更为广阔的疆土内思想交流之富饶、多样、丰富和密集上，却远远超过了我们的时代。那就是中世纪、罗马以前的古代，以及进入历史纪元前夕的时代。如今，有了无线电、飞机、各种发达的交通工具、印刷术、新闻，而民族之现代现象分割成相互隔绝的小格间却是与科学一样普遍的东西。当
159 然，格间不是不可穿越；但是，正如穿越国境需要无数令人厌烦的手续，同样，不管在哪个领域，与异邦思想的接触也需要付出跨越边界的精神努力。这是种艰巨的努力，许多人不愿付出，就算在愿意付出的人当中，不得不付出努力这一事实本身，就妨碍了边界内外有机联系的建立。

诚然还有教会和一些国际政党存在。但说到各教会，它们最不可宽恕的丑事就是，战争中敌对阵营每一方的教士和信徒，在同一时间，以同样的礼仪、同样的言词——还必须假定——本着同等的信仰和纯洁心灵，为己方的军事胜利而乞求上帝。这一丑事由来已久，但在20世纪，宗教生活比以往任何时候都从属于民族生活。至于各政党，或者其国际性根本是虚构的；或者所谓国际主义就是全然服从于某一特定民族。

最终，国家同样取消了一切在公共生活以外提供忠诚之取向的联系。法国大革命越是通过取消行会来推动技术进步，在道德上它就越是造成损害，或至少它也认可、成就了某种已经部分实现的损害。千真万确，我们如何重复都不为过分的是：如今，在任何行当 160
里，当我们用这一词时，它所指涉的，都与行会毫无共同之处。

一旦行会消失，在人们的个人生活中，工作就变成挣钱的工具。在国际联盟（Société des Nations）[1]宪章文本中，有这么一句话，说从此劳动应不再是商品。这是最低俗的笑话。我们生活在这样一个世纪，其中有许多人以为他们自己已远离列维-布留尔（Lévy-Bruhl）[2]所说的前逻辑精神状态，可他们却比澳洲深处任

① 国际联盟：第一次世界大战末，由胜利的协约国建立的国际合作组织。联盟在阻止日、意、德法西斯扩张方面软弱无力。第二次世界大战期间停止活动。1946年联合国成立，取代了国际联盟。——译者注

② 列维-布留尔（Lucien Lévy-Bruhl，1857—1939）：法国哲学家、社会学家、人类学家。著有《伦理学和道德科学》（*La Morale et la science des moeurs*）、《原始思维》（*Les Fonctions mentales dans les sociétés primitives*）等。——译者注

何一个野蛮人都更相信言语的魔力。当人们从商业流通中获得一件必需品，人们就考虑以另一种方式分配它。这一类考虑从来不包括针对劳动的，尽管它依然是一种商品。

从此职业良心就纯然是诚实经商（probité commerciale）的一种样式。在以交换为基础的社会中，最严厉的社会谴责落在偷窃和诈骗上，尤其是以次充好的商人的欺诈行为。同样，当人们出售劳动时，诚实的原则要求他提供与价格相应的质量。但诚实并非忠诚。两种德性相去不可以道里计。

161 在工人的同志友谊中有一种强烈的忠诚因素，长久以来它曾是工会生活的主导动机。但有许多障碍使得这种忠诚不能成为道德生活的坚实基础。一方面，社会生活的商业主义也已渗透进工人运动中，将有关金钱的问题提到第一位；然而，对金钱的操心越盛行，忠诚精神就越会瓦解。另一方面，如若工人运动是倾向于革命的，那它就避免了这一弊端，却又会带上一切反叛所固有的弱点。

黎塞留——他的一些观察是异常明晰的——宣称，根据经验，他认识到，在其他方面情况都相同的条件下，反叛者始终只有官方权力维护者一半的力量。就算他自认为是在从事一项正义的事业，一想到自己是反叛者，不免就气短了三分。没有这样一类心理机制，人类社会就不可能有任何稳定性。这一机制能够解释共产党的控制力。有国家在背后撑腰的革命工人太幸福了——有一个国家为他们的行动提供官方色彩、合法性和实在，这些只有国家能够赋予，而国家在地理上又远离他们，不会招致他们的厌恶。同样，对与自己的统治者相冲突深深感到不安的百

科全书派，便渴望普鲁士或俄罗斯统治者的厚待。由此类比，我 162
们可以理解，那些抵御住俄国名望之吸引而多少具有革命性的工人活跃分子，却毫不迟疑地向德国之名望屈服了。

除了那些全然献身于共产党的人以外，工人便不能在有关其阶级的效忠中找到一个足够清晰、得到明确限定的对象，以获得其内在的稳定性。很少有概念像社会阶级这一概念这样不明确。马克思的全部体系都建立在这一概念之上，但他从来没有想到应该对此下一定义，甚至根本没有去研究过它。从他有关社会阶级的著作中我们唯一能得到的情况就是：它们是处于斗争之中的。可这并不够。它也不是那种在言语中不能定义而在思想中却很明确的概念之一。对此不加定义，而要设想或感受它，也会比对它下定义困难得多。

在现代生活中，至为奇怪的是，由入教所包含的忠诚也少得可怜。尽管有明显而巨大的差异，比较英国民族教会体制和法国的教会与国家分离的体制，可产生出一种类似的结果。只是后者显得更具破坏性。

人们已经宣布，宗教是一种私人事务。按照当今的精神习性，这并不意味着宗教居住于灵魂的秘密之中，在某个深深隐藏的地点，甚至每个人的良知都不能穿透。而只是说，宗教是种选 163
择、意见、趣味、近乎奇思的事务，就像是选择加入某个党派，或者甚至是选择一条领带；或者就是说它是家庭、教育、环境的事务。变成这种私人事务之后，宗教就丧失了属于公共事务的义务特征，于是它就不再有获得人们忠诚的无可争辩的资格。

大量启示性的言语表明，情况就是这样的。比如说，我们什么时候听不到这样的老生常谈："不管是天主教徒、新教徒、犹太人还是自由思想者，我们都是法国人"？这就好像是与不同的地区有关："不管是马赛人、里昂人，还是巴黎人，我们都是法国人。"在教皇发布的文件中，我们可以读到："不仅是从基督徒的角度，也是从更普遍的人类的角度……"；说得好像基督徒的角度——它或者毫无意义，或者不过是把一切不是装入这个世界就是装入另一世界——之普遍性亚于人类的角度。我们不能设想，还有什么东西比这种自认失败更为可怕。于是连 anathema sit[1] 都是要付钱的。总之，降格为私人事务的宗教，就变成了在星期日去度过一两个小时的地点选择。

164 具有喜剧性的是，宗教——也就是人与上帝的关系——如今不是被看作一种神圣的、容不得任何外在权威干预的事务，而是国家允许每个人寄托奇思的众多事物之一，与公共事务相较不具重要性。至少在最近的过去，确乎如此。这就是"宽容"一词如今的意义。

于是，除了国家，没有任何东西能为忠诚所附着。所以，直到 1940 年，忠诚仍然没有离弃国家，因为人们觉得，一种缺乏忠诚的人类生活是可憎的。在与道德概念相关的法语词汇普遍贬值的情况下，叛徒与变节这两个词却丝毫没有丧失其力量。人们也觉得，自己生来就是要献身的；而在公众的想象中，所谓献身，无非就是军事上的献身，就是说把自己交付给国家。

剩下的也只有国家了。民族的幻觉——在 1789、1792 年人

---

[1] 拉丁文，意为"绝罚令"，指将某人革除教籍，从此他不再属于该宗教团体。这是天主教会最严厉的惩罚。——译者注

们所使用的意义上，民族一词曾激起多少欢乐的泪水——早已是明日黄花。民族一词的意义已然改变。在 20 世纪，它已不再指主权人民，而是承认同一国家权威之民众的集合；这就是由国家以及国家所统治之国民所构成的整个结构。如今，当我们说到民族主权时，它所指的也就是国家主权。一位当代人与一位 1792 165
年的人之间的对话，定会导致极富喜剧性的一连串误解。然而，我们现在所说的这个国家，非但不是主权人民，而且它就是那个非人性的、粗暴的、官僚主义的、差佬肆虐的国家，它由黎塞留传给路易十四，由路易十四传给国民大会，由国民大会专给帝国，又由帝国传给第三共和国。比以往有所增加的，那就是，人民本能地认识到且憎恨这样的国家。

于是我们见识了这样一件咄咄怪事：一个作为憎恨、反感、嘲讽、蔑视和忧虑之对象的国家，从 1914 年到 1918 年，以祖国的名义吁求绝对的忠诚、完全的自我奉献、最高的牺牲，并且超出了所有人的期望值。它硬充此世的绝对者，也就是某个偶像崇拜的对象；而它也接受了人民的崇拜和侍奉，惹得无数人为它牺牲自己的生命。一种缺乏爱的偶像崇拜，还有什么比这更可怖又可悲的事？

当一个人的献身远远超出其心灵的能力，其结果就是他不可避免地将产生一种狂暴反应，某种情感上的厌恶。这常能在家庭中看到，当一个病人要求得到的照顾超出了他所激起的爱意时，情况就会是这样的。他是某种积怨的对象，这种积怨因难以启齿而受到压抑，但它始终都存在，犹如一种隐秘的毒素。

1918 年以后，同样的东西也出现在法国人和法国之间。他

166 们为它付出得太多了。他们为它付出的，远多于他们内心里想要为它付出的。

1918年以后，所有反爱国主义（antipatriotique）、和平主义、国际主义的思想潮流，都是倚靠战争中的死者和退伍军人的名义提出的；而对于他们，这些思想在很大程度上实实在在地是产生于其生活际遇的。诚然，也有一些带有强烈爱国主义色彩的退伍军人协会。然而，其爱国主义的表现，是空洞而全然缺乏说服力的。它像是这样一类人的语言，他们受尽了苦难，却始终觉得需要提醒自己，这些苦不是白吃的。因为与心灵的冲动有关的太大的苦难，会产生两种不同的态度：或者人们就此狂暴地拒斥他曾为之付出太大牺牲的事物；或者人们带着某种绝望与它靠得更紧。

最能损害爱国主义的——这已是老生常谈——莫过于回想起后方警察们的行径；最能伤害法国人的，莫过于令他们观察到，在祖国背后的，是一个差佬国家——它一直是他们所憎恨的对象。与此同时，1918年前耸人听闻的新闻报道，若过后冷酷且带着厌恶的态度去重读，再联系警察们的所作所为，就会让人们觉得受了愚弄。法国人是不大会原谅的。甚至表达爱国主义情

167 感的词语也都信誉扫地了，这种情感已被归入羞于启齿者之列。曾有某个时期，离现在并不太远，在工人圈子中，至少是在某些工人圈子中，表达爱国主义情感是被视为不合时宜的。

许多证据表明，1940年最勇敢的，是上一场战争中的老兵。我们只能得出这样的结论：他们在1918年后的反应在他们周围孩子的心灵中比在他们自己身上所产生的影响要深刻得多。这是

常见的，也是容易理解的现象。1914 年 18 岁的人，其性格特征是在此前若干年中形成的。

有人说，世纪初的年轻人在学校受的是崇尚胜利的教育，而 1918 年以后，学校则制造了失败的一代。诚然这在很大程度上很有道理。可 1918 年以后的教师，却曾经是老兵。很多在 1920 年至 1930 年间满 10 岁的孩子，他们的老师都参加过那场战争。

假如说法国比其他国家更多地遭受这种反应的后果，那是因为在法国有一种更为尖锐的拔根，对应于一种更为古老更为强烈的国家权力集中，对应于胜利的败德效果，对应于肆无忌惮的宣传。

围绕祖国概念同样还有一种失衡，以及在相反的意义上作为
这种失衡之补偿，发生在纯粹思维领域中。因为，在一全然空洞 168
的环境中，国家始终是唯一有资格要求人忠诚和牺牲的东西，祖国概念在思想中就处于绝对者的位置。祖国超越了善与恶。英国谚语说：“right or wrong，my country”（好也罢，坏也罢，我的国家）。但人们常走得更远。人们不承认祖国也会犯错误。

如果各个不同圈子的人都很少会作批判性的审查，那么尽管他们可能意识不到，一种明显的荒谬也会使他们处于某种不健康的状态，削弱他们的灵魂。事实上，再没有什么比哲学（然而是一种隐而不露的哲学）更与人们共同的日常生活相混杂了。

将祖国置于某种绝对的不受玷污的地位，显然是荒谬的。祖国是民族的另一种说法；而民族则是由历史事件而造成的领土与民众的集合体，就人类理智所能判断者而言，在这一历史过程

中，偶然因素起了很大的作用，其中总是善恶相杂的。民族是一事实（fait），而事实便不是绝对者。它是各种类似事实中的一个。世上并不是只有一个民族。我们的民族诚然是独一无二的。但其他人的民族，考虑到他们对它的爱，也同样是独一无二的。

1940年以前，曾时兴讲“永恒的法兰西”。这几个词是亵渎的。对于那些由伟大的法国天主教作家所写的有关法国的使命、
169
法兰西的永恒拯救以及类似主题的感人至深的篇章，我们也必须同样说它们是亵渎的。黎塞留看得更清楚，他说各国（États）的拯救只在此世完成。法兰西只是现世的、世俗的东西。假如我说的没错，从没有人说过基督为拯救万国而死。所谓上帝为了某一民族而选定该民族的观念，只属于旧律法（ancienne loi）①。

所谓的古代异教徒（païenne），从没有犯过如此严重的混淆概念的错误。罗马人相信自己是优选民族，但只是在尘世领域。他们对彼岸世界并不感兴趣。没有任何地方表明，某一城邦或某一民族是为某种超自然的命运而被选定的。各种奥义——在某种程度上它们构成了拯救的正规方法，犹如今日的各教会——曾是各地的惯例，但人们认为它们在各处都是相等的。柏拉图（Platon）描述过，获得恩典庇佑的人是如何走出世界的樊笼的；但他并没有说一个城邦能使人摆脱此世的束缚。相反，他指出，诸如动物那样的集体有碍灵魂的拯救。

人们常指责古人只承认集体的价值。事实上，犯这一错误的只是罗马人（他们是无神论者）和希伯来人；而对于后者，也仅

---

① 旧律法：指犹太教律法。——译者注

限在巴比伦流放（éxil à Babylone）[①]之前。但假如我们误把这一错误归于前基督教的古代社会，那我们也就同样犯了错误，即看 170
不到我们也在继续犯着这样的错误，我们被罗马和希伯来的双重传统所败坏，这传统在我们身上太频繁地压倒纯正的基督教启示。

若赋予祖国一词尽可能强的意义，就会妨碍如今的基督徒清楚认识到一种完整的意义，认识到对于基督徒而言，只有一个超越此世的祖国。因为只有一位父，他不居住在此世。“要在天上建立你们的宝藏……因为一个人的宝藏在哪里，他的心也就在哪里。”于是，他不得将心放在地上。

如今的基督徒不爱提有关他们对上帝的心与对其国家的心之相互权利的问题。德国的主教结束了他们最具勇气的抗议，说他们始终拒绝在上帝和德国之间做选择。可他们为什么要拒绝？环境始终会产生在上帝和不管何种世俗之物之间做选择的处境，而选择从来都不是含糊不清的。但法国的主教也会说同样的话。在19世纪最后二十五年圣女贞德的深孚众望，并不是全然健康的事情；这是一种忘记法兰西与上帝之间差异的方便法门。然而，面对祖国概念之优先地位，这种内在的怯懦并不能使爱国主义更有力量。圣女贞德的雕像矗立在每座乡村教堂中，非常显眼，就 171
在这段可怕的日子里，法国人抛弃了法兰西。

---

① 一译“巴比伦囚掳”。在犹太教历史上，指犹大国于公元前598/597年、公元前587/586年先后被征服后，犹太人被大批掳往巴比伦。公元前538年波斯的居鲁士大帝征服巴比伦，准许犹太人返回迦南地，此次囚掳乃告结束。——译者注

“人到我这里来，若不恨自己的父母、妻子、儿女、弟兄、姐妹和自己的性命，就不能作我的门徒。”① 假如注定要恨上述种种（在恨一词的某种意义上），那么人就不得爱他的国（在爱一词的某种意义上）。因为爱的对象是善，而“唯有上帝是善”。

这一切是不言而喻的，但是，由于某种魔法，这些道理在20世纪全然被忽视了。否则，就不可能有福柯神父（Père de Foucauld）② 这样的人，他一方面出于明爱（charité），选择在非基督徒民族中为基督作见证，同时却相信自己有权利向第二局（2e Bureau）暗通有关这些民族的情报。

深入地思考魔鬼对基督说的可怕的话当是有益的，它向基督展示世上的万国，并且说：“这一切权柄……原是交付给我的。”③ 没有一个国家是例外。

没有冒犯基督徒的话，却冒犯了工人。一种相对晚近仍未完全死亡的传统，使对正义的爱成为法国工人运动的主导思想。在19世纪上半叶，它是一种炽烈的爱，站在全世界受压迫者一边。

172 当祖国就是构成主权民族的人民时，人们就绝不会提出它与

① 见《路加福音》14：26。中文圣经和合本将“恨”译为“爱我胜过……”。天主教中文圣经则译为“恼恨”。按新约希腊原文为“恨”（μισει），拉丁文“武加大本”（vulgata）亦作“恨”（odit）。——译者注

② 福柯神父（Charles de Foucauld，1858—1916）：法国贵族军官、探险家、地理学家，后成为天主教修士，长期生活在阿尔及利亚的撒哈拉地区，学习图阿雷格部落（les Touaregs）的语言文化，曾翻译图阿雷格诗歌。1916年遇刺。2005年被教廷宣列为真福，2022年教宗方济各为其封圣。——译者注

③ 参见《路加福音》4：6。——译者注

正义的关系问题。因为人们会同意——完全任性地，并且是出于对《社会契约论》(*Contrat Social*）的肤浅解释——一个主权民族不会对其成员也不会对其邻邦行不义；人们会假定，一切不义都与非主权在民有关。

但从那时起，在祖国背后的仍是一个旧国家，正义仍很遥远。在现代爱国主义的表达中，没有太多正义的问题，尤其是它没有说出任何能导致思考祖国与正义之关系的东西。人们不敢肯定两个民族是相等的；尤其是，人们不敢对工人肯定这一点——他们处于社会压迫中，感觉到国家金属般的冰冷，误以为这种冰冷也存在于国际关系中。人们大谈祖国时，对正义却近乎三缄其口；而正义感在工人中是如此强烈——虽然他们是唯物主义者——乃因为他们总处于被剥夺正义的压迫状态中，因为几乎不涉及正义的道德教育抓不住他们的心。当他们为法兰西而死时，他们始终需要感受到他们是为更为崇高的东西而死的，需要感受到他们也参加了对不义的普遍斗争。于他们，照一句如今变得著名的话，那就是，光有祖国是不够的。

对于任何有灵性生活的火焰，甚至是不可觉察的火星的地 173
方，情况也是这样。对于这火苗，光有祖国是不够的。而对于那些心中并无这火焰的人，就其最高需求而言，爱国主义则太高不可及了；它只会构成最盲目的民族狂热的刺激。

的确，人们可以把自己的心灵分成不同的格间，在每一间一种观念都有某种生命，与其他格间的观念了无干系。他们既不爱批判的努力，也不爱综合的努力，除非外力强迫，两样都不会做。

但在恐怖、焦虑中，面对死亡、面对巨大的苦难、面对超常的危险而身体退缩时，在他们心中——哪怕他们全然没有文化教养——也会出现一个推理的制造者，根据证据，证明何以避免这种死亡、苦难与危险是正当的，是善的。根据不同的情况，这些证据可以是善的或恶的。无论如何，在那个时刻，血肉的慌乱会向他们传递一种强烈的说服力，这是任何演说家都从来不会获得的。

有那么一些人，在他们当中，事情不是这样的。这或者是因为他们天性无惧，他们的肉体、他们的血、他们的心肠感受不到眼前的死亡或痛苦；或者是因为他们灵魂中有一种极高程度的统
174 一性，这种推理的制造者根本不可能起作用。在其他人心中它依然在工作，它使人感受到它的说服力，但这说服力受到了藐视。其前提同样是，或者有一种很高程度的内在统一性，或者外在的刺激很强。

希特勒对宣传的天才发现，即认识到光有暴力是不足以压制思想的，但若加上任何粗鄙的思想，它就能达到目的——这一现象也提供了开启内心生活的钥匙。肉体的喧闹，哪怕它再强烈，也不能在灵魂中战胜思想——假如只有这喧闹的话。但假如它们将其说服力与另一种思想相联系，尽管这可能是一种坏思想，那它就能轻易得逞。关键就在这。没有一种思想会平庸得不能与肉体结盟。但必须有某些思想与肉体结盟。

正因为如此，当日常生活中人们——哪怕是最有教养的人——在极端危急的时刻，尽管有巨大的内在矛盾也活得很自在时，内心世界最细小的缺陷也会获得同样的重要性，犹如有一位

最明晰的哲学家站在旁边，狡猾地随时准备从中获益。这对任何人都是一样的，哪怕他再无知。

在危急时刻——不必是最危险的时刻，而是人们所感受到的最危急的时刻——面对心肠、血肉的喧闹，又没有外在的激励，就只有那些其内在生命全然源于同一种思想的人才能抵御。这就 175
是为什么各种极权体制都在培养一些经得起各种考验的人。

只有在希特勒式的制度中，祖国才会成为这一独一无二的观念。这很容易证明，直至每一个细节，但这样做没有任何用处，既然证据是如此触目惊心。假如祖国不是这样的观念，又假如它仍然有其位置，那么，或者在灵魂中有一种内在脱节，有一种隐藏的虚弱，或者就该有另一种观念，主导着其余的一切，相对于它，祖国占有一种明显得到承认的地位，一种有限而从属的地位。

在我们的第三共和国却不是这样的。在任何社会阶层中都不是这样的。到处出现的，乃是道德脱节。于是，内心的推理制造者就在 1914 年至 1918 年人们的灵魂中运作了。大部分人咬着牙参加抵抗，这种反应常驱使人盲目献身，通过这种反应，通过对名誉扫地的恐惧，从相反的一极到为恐惧所推动的一极。但是，面对痛苦与危险，却只靠这一种力量的激励，灵魂很快会衰竭。这种为焦虑所滋养的推理——它非但不能对人的行为有所影响，反倒会在最深处腐蚀灵魂——日后则给它点颜色瞧瞧。这就是 1918 年以后所发生的。而那些什么也没付出过和那些曾有过
耻辱的人，则出于别的动机，很快就被感染了。这种气氛环绕着 176
孩子，稍后，人们又叫他们去送死。

法国人中间的内在瓦解已经到了何种程度？只要想一想，如今与敌人合作的思想尚没有完全丧失市场，就能明白这一点了。另一方面，假如我们在这抵抗运动的壮观场面中寻求安慰，假如我们对自己说抵抗战士在对爱国主义和众多其他动机的信仰中获得激励时不会感觉到任何困难，那么我们也必须同时反复地对自己说，法兰西作为一个民族，如今是站在正义、普遍幸福以及诸如此类的东西一边，也就是说，是在并不存在的这类美好事物一边。盟军的胜利会使它走出这一类事物，并重新回到事实的层面；许多看似已一笔勾销的困难又会重新浮现。在某种意义上，不幸使一切都简单化了。比起其他被占领的国家，法国走上抵抗的道路既慢且晚这一事实，表明我们或许犯了不为未来操心的错误。

只要想想学校，就能清楚地看到我们制度的道德脱节已到了何种地步。道德是课程的一部分，而哪怕是不愿意把它当作教条式教育的教师，也不可避免地以唠叨的方式进行道德教育。这道德的中心概念，乃是正义以及它所施加给众人的义务。

177 但涉及历史，就和道德没有关系了。从不存在法兰西对外国的义务。有时我们说它是公正慷慨的，就好像是额外的赞誉、帽子上的一支羽毛、一顶荣耀的冠冕；迫不得已时，它所征服又丧失的土地会引起少许疑惑，就像拿破仑所征服的国家；这些地方它从来没有守住。过去只是法兰西成长的历史，人们主张这种成长从各方面看都始终是善的。人们从来不去想一想，在成长的过程中它是否毁灭了什么东西。查问它是否毁灭了一些有价值的东西，在人们看来简直是可怕的亵渎。贝尔纳诺斯说，在“法兰西行动”的人眼中，法国是个小男孩（marmot），我们只要求他长大，长得血肉丰满。但不只是他们。这是种普遍思想，它从来没有明确地表达过，而总是隐藏在人们看待我国历史的方式中。而用一个小男孩作比喻，至今仍是十分讨巧的。我们只希望其快快长大的生灵，乃是兔子、猪、小鸡。柏拉图把集体比作动物，说得再好不过了。而那些被（祖国的）声望蒙蔽了眼睛的人——也就是说所有的人，除开某些预定有禀赋的——“把必要之物称为正当与美好之物，没有能力分辨并告诉他人必需之本质与善之本质之间的距离有多大”。①

人们千方百计使孩子们感觉到，再说他们也自然地感觉到
了：与祖国、民族之成长有关的事物具有某种程度的重要性，使 178
它们有别于其他事物。而正是在这些事物上，正义（涉及他人的正义）、对野心和贪婪施加限度的严格的义务，所有这些我们令孩子们在生活中遵循的道德，却从来没有出现过。

在此还能得出什么结论，不就是说，它与那些不太重要的事物，与宗教、职业、选择医生或商店为伍，其位置在于私人生活的低级层面吗？

但假如严格意义上的道德就这样贬值了，是不可能用另一个体系来替代它的。因为最高的民族声望是与战争的召唤联系在一起的。在和平时期，它并不能提供动力，除了一直在为战争作准备的制度，如纳粹的制度。若不是这样一种制度，则太过频繁地提醒孩子们民族——它对他们的生活提出要求——还有另一副

① 见柏拉图《理想国》493C。——译者注

面孔，即国家，以及税赋、海关、警察，乃是十分危险的。人们小心翼翼地避免这样做；于是，没有人会认为恨警察、偷漏关税国税就是缺乏爱国主义精神。在某种意义上，英国这样的国家是个例外，那是因为公共权力所保障的上千年的自由传统。于是，在和平时期，道德的双重性就削弱了永恒道德的力量，又没有提供任何东西来替代它。

179 这种双重性以某种方式持续存在着，不管什么时候，不管什么地方，也不仅是在学校。因为差不多在法国人每天的正常生活中，当他读报时、当他在家里或小酒馆讨论时，都会为了法国、以法国的名义而思考。从那时起，直到他回到其私人生活，他就多少以模糊和抽象的方式，把他对被视为个人之义务的美德的记忆忘到脑后了。涉及他个人，甚至他家庭时，他多少会承认，不能太自我吹嘘，当一个人既是法官又是一方当事人时不能太信任自己的判断，必须想一想别人与自己相反的意见是不是也有几分道理，不可太招摇，不可只想着自己；一句话，必须限制自我中心和自负。但对于民族自我中心和民族自负，不光是有无限制的执照，而且，某种类似义务的东西使它们提升到无以复加的地步。面对其他国家时，承认自己的错误，保持谦和的态度，自愿节制自己的欲望，所有这一切，都成了罪行，是大不敬。在埃及人《亡灵书》(*Livre des Mortes*)[①]出自死后义人之口的话语中，最感人的也许是："对正当及正确的话，我从未充耳不闻。"但在

---

① 《亡灵书》：古埃及陪葬文集，包含符咒，用以在阴间保佑死者，约可追溯至公元前两千多年，文集约于公元前 16 世纪编订。——译者注

国际层面上，每个人都把对正当正确的话充耳不闻视为神圣的责 180
任，假如这些话与法国的利益相抵触。莫非我们得承认与法国利益相抵触的话从来不可能是正确的？同样的事情会原封不动地重新出现。

有那么一些坏趣味（fautes de goût），有时虽然缺乏道德，但良好的教育也会在私人生活中阻止人们犯下；但在民族层面，这些坏趣味似乎是绝对自然的。哪怕是最可憎的贵妇人，也不大敢把由她赞助的艺术天才召集起来，对他们高谈阔论他们所得到的恩惠，并要他们知恩图报。但一个印度支那的法国总督却敢，甚至就在一场血腥镇压或一次最丢脸的大饥荒刚刚发生过后；说完之后他还期待回应，并且强迫人家做应声虫。

这是罗马遗风。他们每一次暴行、每一份好意，都伴随着对其宽宏仁慈的夸耀。人们向他们请求任何东西，哪怕仅仅是减轻那可怕的压迫，也无不需要以同样的赞歌作开场白。就这样，借由谎言和奉承，他们已使恳求名誉扫地，而以前，这是高尚体面的行为。在《伊利亚特》(*Iliade*)①中，没有一个特洛伊人跪倒在希腊人脚下用最轻微的奉承话讨一条生路。

我们的爱国主义直接来自罗马人。这就是为什么，人们鼓励
法国孩子到高乃伊的作品中获取教益。这是种异教的美德——假 181
如这个词成立的话。异教一词，用在罗马人身上，的确具有早期基督教论战者所赋予的带有恐怖的意味。罗马人真的是个无神论

① 《伊利亚特》：相传为古希腊盲诗人荷马的长篇史诗，共24卷，描述特洛伊战争。一译《伊利昂纪》，特洛伊又名伊利昂。——译者注

和偶像崇拜的民族：不是对石头和青铜制品的偶像崇拜，而是对他们自己的偶像崇拜。以爱国主义之名遗赠我们的，就是这种自我偶像崇拜。

假如人们以为基督教美德——世俗道德只是它的大众版——而非世俗道德才是一种稀释品，那么，这种道德的双重性就是最刺眼的丑事。基督教美德的中心、本质以及独特风味乃是谦卑，即自由接受自上而下的运动。圣徒们与基督的相似之处就在于此。“他本有神的形象，不以自己与神同等为强夺的；反倒虚己……他虽然为子，还是因所受的苦难学了顺从。”①

但当法国人想到法国，自负却是他的责任——照该词如今的理解；谦卑倒成了背叛。这背叛兴许是人们最尖刻地抨击维希政府的词。人们说得对，因为它的谦卑是成色最次的，是靠奉承和谎言以逃避打击的奴隶的谦卑。但在此领域成色最好的谦卑乃是
182 不为我们所知的。我们甚至不能设想其可能性。哪怕仅仅设想其可能性，就已经需要我们付出创新的努力了。

在一个基督徒的灵魂中，爱国主义之异教美德的出现就是一种腐蚀剂。它从罗马人那里传到我们手上，没有经过洗礼。奇怪的是，蛮族，或人们如今称为蛮族的人，在入侵时几乎毫无困难地受洗了，但古罗马的遗产却从未受洗，也许是因为它不能接受洗礼，虽然罗马帝国将基督教定为国教。

此外，我们也难以想象比它更残酷的侮辱。至于蛮族，哥特人（Goths）轻易地接受了基督教，那是毫不令人吃惊的，假

① 以上分别为保罗书信中的两段话，见《腓利比书》2：6—7及《希伯来书》5：8。——译者注

如正像时人所相信的，他们与盖塔人（Gêtes）即最公义的色雷斯人（Thraces）[①]——希罗多德（Hérodote）[②]称他们为自信不会死的人（immortaliseurs）[③]，因为他们对永恒生命有强烈的信仰——有着同样的血缘。这些蛮族的遗产与基督教精神相混合，形成了一种独特的、不可模仿的产物，与我们所说的骑士精神完全同质。但罗马精神与基督精神从来没有融合。假如这种融合曾是可能的，那么《启示录》（*Apocalypse*）把罗马比作骑在野兽身上的女人、遍体有亵渎名号的女人，就该是谎言了。[④]

文艺复兴首先是希腊精神，其次是罗马精神的复活。只是在
这第二个阶段，它才是基督教的腐蚀剂。正是在这第二个阶段， 183
才出现了现代的民族性和现代的爱国主义。高乃伊把他的《贺拉斯》（*Horace*）题献给黎塞留，并且这么做的时候，把卑躬屈节作为激发他创作该悲剧的近乎谵妄之自负的对称物，倒是十分合理的。这种卑躬屈节和这种自负是不可分离的，我们如今在德国看得很清楚。高乃伊本人就是这类精神窒息的出色范本，它通过与罗马精神的接触以把握基督教美德。他的《波里耶克特》在我们看来是滑稽的，假如我们尚未被习惯蒙住眼睛的话。在他笔

① 色雷斯：位于巴尔干半岛东南部。在古典希腊，色雷斯文化相对落后，该地民众骁勇善战。——译者注

② 希罗多德（Hérodote，约公元前 484—前 430/420）：希腊第一位历史学家，著有记录希波战争的《历史》。——译者注

③ 见希罗多德：《历史》，第四卷第 93 节。——译者注

④ 《启示录》17：3 曰：“我被圣灵感动，天使带我到旷野去，我就看见一个女人骑在朱红色的兽上；那兽有七头十角，遍体有亵渎的名号。”——译者注

下，波里耶克特是这么一个人，他突然明白有这么一个国度，征服它比征服地上各王国要荣耀百倍，并且也有了实现这一目标的技术手段，于是他立即就认为有责任开始这一征服，别的任何事情都没有去想，与他以前为皇帝效劳投入战争处于同样的精神状态。有人说，亚历山大（Alexandre）① 因为只有这么一个世界让他征服而哭泣。高乃伊显然相信，基督正是为了填补这一空白而降临人世的。

假如说爱国主义在和平时期对无论是基督教美德还是世俗美德都起了一种腐蚀剂的作用，那么战争时期情形则正好相反；这是很自然的。只要有道德的双重性，为环境所迫的美德总是要受损害的。求方便的倾向会很自然地给予那些事实上没有机会
184 实施的美德以便利；和平时给予战争道德，战争时则给予和平道德。

在和平时期，因为那道把正义、真理与爱国主义分离开来的水密舱壁，它们被降格为纯粹私人领域的美德，诸如礼貌；但当祖国要求它们最大程度地作出牺牲时，这种分离却剥夺了爱国主义的全部正当性——而原本只有这一正当性才能激发人们投入全力。

当人们陷于某种习惯，将法国吞并并且融合众多领土的成长扩张过程视为绝对的善和理所应当的事，那么，某种出于同一思想的宣传——只不过把法国一词替换成欧洲——何以就不会渗

① 亚历山大（Alexandre，公元前356—前323）：马其顿国王，古代最著名的世界征服者，十余年间率数万士兵征服了当时西方人已知的绝大部分土地，直至印度。曾拜亚里士多德为师。——译者注

入灵魂的某一角落呢？如今的爱国主义在绝对的善与某一片领土（即法兰西）相对应的集体之间画上等号；不管何人改变了这一等式的领土那一项，或者把它换成小一点的领土如布列塔尼，或者换成更大的如欧洲，均被视作叛徒。这又是为什么？这完全是任意的。习惯会使我们看不清楚这任意性有多大。但到了危急时刻，这一任意性就会招致内在的诡辩论（sophismes）机制。

如今的（与德军）合作者[①]，涉及由德国人的胜利所铸造的新欧洲时，表现了人们要求普罗旺斯人（Provençaux）、布列塔 185
尼人、阿尔萨斯人、弗朗什-孔泰人（Francs-Comtois）具有的态度——过去，对应的是法国国王对他们国家的征服。为什么年代的差异就改变了它的善恶？1918 年至 1919 年，我们常能听到那些和平的正直人士说："以前，省与省之间相互开战，后来，它们统一成民族（nations）。同样，每一大陆上各个民族，然后是全世界都将统一。到那时，一切战争都将结束。"这是流传甚广的共识，它产生于 19 世纪、甚至 20 世纪盛行的外推法（raisonnement par extrapolation）。讲这种话的正直人士也粗浅地知道法国历史，但在这么说的时候，他们却没有想一想，民族的统一几乎都是通过最野蛮的征服才得以完成。要是他们在 1939 年还记得自己说过的话，他们也该记得，现在的这些征服，在他们当初看来总是善的。假如在他们灵魂中至少某一部分曾经想过："为了进步，为了成就历史，也许就该过这一关"，这又有什么令人吃惊的呢？他们很可能对自己说："1918 年法国胜利了，

① 本书写于 1943 年。——法文版原注

当时它却没能成就欧洲的统一；现在德国想要这么做；我们别妨碍它。”的确，德国体制的暴行兴许能阻止他们。但也许是他们
186 没有听到，也许是他们认定这些暴行是有谎话连篇的宣传捏造出来的，或许是他们觉得这没什么大不了的，因为受害的是下层民众。忽视德国人对犹太人或捷克人（Tchèques）的暴行，难道就比忽视法国人对安南人的暴行更困难？

佩玑（Péguy）[①]说过：死于正义战争的人是有福的。紧接着他必须说，被不义地杀死的人是不幸的。如果说 1914 年的法国士兵死于正义战争，那么对于韦辛格托里克斯也是一样的，至少是同一程度的。假如我们这样想，那么，对那个把他关在漆黑一片的牢房里整整六年，又将他当众交给罗马人，最后割断他喉咙的人，我们又该抱有何种情感呢？但佩玑是罗马帝国的狂热仰慕者。假如我们仰慕罗马帝国，那我们又为什么要责怪试图重建罗马帝国的德国人呢？他们打下的地盘更大，所采用的方法也几乎是一样的。这一矛盾并没有阻止佩玑 1914 年去战死。但这一矛盾，尽管没有明确表达出来，尽管没有为人所意识，却阻止了许多年轻人以佩玑的精神状态去迎接炮火。

或者征服总是恶的；或者征服总是善的；或者它有时善有时恶。如果是最后一种情况，就必须有分辨的标准。若以此为标

---

① 佩玑（Charles Péguy，1873—1914）：法国诗人、哲学家，将基督教、社会主义和爱国主义与深刻的个人信仰相结合，并付诸实践。1914 年 41 岁的佩玑入伍任中尉，在前线观察时被撤退中的德军击中额头。他曾写道：“在正义战争中死去的人多么幸福，成熟的、成捆收获的麦子多么幸福。”——译者注

准：某种征服能带来民族成长就是善的（自己由于出生的偶然性而成为该民族的一员），某种征服导致自己民族地位缩减就是恶 187
的；那么，这标准就是极端违反理性的，只有对于那些下定决心且一劳永逸地驱赶理性的人，才是可接受的，就像如今德国的情形。但德国人可以这样做，因为它靠一种浪漫传统而活着。法国就不能，因为迷恋理性是其民族遗产的一部分。有些法国人可以自称对基督教抱有敌意；但无论是 1789 年以前还是以后，所有在法国出现的思想运动都倚仗理性。法国人不可以为了祖国而将理性一笔勾销。

这就是为什么法国在其爱国主义中觉得不自在，虽然就是它自己在 18 世纪时发明了现代爱国主义。我们不能相信他们所说的法兰西的普遍使命，对于法国人比对于其他人更能使爱国主义与普遍价值相协调。事实的真相恰恰与之相反。于法国人而言难度更大一些，因为他们既不能成功地勾销这一矛盾中的第二项，也不能用水密舱壁将两项分隔开。就在其爱国主义中，他们就能找到内在的矛盾，但由此事实，他们似乎觉得有义务发明一种新爱国主义。如果是这样，它就会在某种程度上填补过去法兰西的作用，即设想为世界所必需的东西。如今的世界需要一种新的爱 188
国主义。而就是现在，需要付出这一发明的努力，如今的爱国主义正在使人淌血。我们不能期待它重新变成人们在沙龙、学院、露天咖啡馆的谈资。

像拉马丁那样说倒是很容易：“法兰西的光芒照到哪里，哪里就是我的祖国……真理，就是我的国度。”不幸的是，这句话要想有意义，除非法兰西和真理是同义词。过去、现在、将来，法兰西都可能撒谎行不义；因为法兰西不是上帝，而且相差得实在太多。只有基督能够说："我是真理。"地上的一切，无论是人还是集体，都不可这么说，尤其是集体。因为一个人倒有可能达到极高的圣洁性，乃至于活在他身上的，不再是他自己，而是基督。相反，没有一个集体是圣洁的。

过去曾有一个民族自认为是圣洁的，所产生的结果却对它很坏。有关这一点，非常奇怪的是，我们想到法利赛人（Pharisiens）倒是该民族中的抵抗者，而税吏（publicains）① 则是合作者，这让我们转念去想基督与这两类人的关系到底是什么样的。

看来这倒迫使我们去思考，我们如今的抵抗运动可能处于灵性上危险的地步，甚至在灵性上是坏的，若是在各种激励动机中
189 我们不懂得将爱国主义动机约束在正义的限度内的话。在我们时代极其流行的言语中，所表达的就是这种危险，那些人，不管是否真诚，都担心这场运动转向法西斯正义；因为法西斯正义总是与爱国主义情感的某一变种纠缠在一起。

法兰西的普遍使命并不能——除非是谎言——因纯粹的自负而唤起。如果我们欺骗自己，那我们甚至以我们所要召唤的词语来作背叛它的勾当；如果我们想起真理，那我们就必须始终认为自负是羞耻的，因为人们所能提供的所有的历史事例中都有约束的一面。在13世纪，法国曾是全部基督教世界的中心（foyer）。但就在该世纪初，它在卢瓦尔河以南彻底摧毁了一种

① 耶稣时代巴勒斯坦地区为罗马人所征服，后成为罗马的一个行省。早期追随耶稣者中有许多"罪人"，相传《马太福音》的作者马太就是个税吏，法利赛人往往不屑与之结交。——译者注

新生的文明，这文明已经十分灿烂；而在这一军事行动过程中，并与该过程有关，最早的宗教裁判所建立了。这是个洗刷不去的污点。13 世纪是个哥特文化取代罗马风、复调音乐取代格列高利平咏（chant grégorien）[1] 的时代，而在神学中，则是源于亚里士多德的结构取代了柏拉图式的灵感；由此我们大可怀疑：法兰西对该世纪的影响到底是否对应着一种进步。到了 17 世纪，法兰西的光芒再次普照欧洲。但与此光芒相联系的军功是通过令人羞于启齿的方式获得的——除非人们不爱正义；此外，法国古典主义观念越是用法语创造出美妙的作品，它对外国的影响就越 190
是具有毁灭性。1789 年，法兰西成了人民的希望。但三年之后，它就发动了战争，自最初的胜利起其解放的行动就改变成征服的行动。若没有英国、俄国和西班牙，它就要向欧洲强加一种统一性，其令人窒息程度可能也就稍逊于如今德国所允诺的统一性。在上个世纪后半叶，当人们感知到欧洲并非世界，知道在这一行星上还有许多块大陆，法国又再一次扮演世界性角色。它效仿英国，建立一个殖民帝国，而在一些有色人种人们的心目中，法兰西的名字如今是与某些一想起来就受不了的情感联系在一起的。

因此，法国爱国主义所固有的矛盾贯穿于全部法兰西历史。我们不能得出结论说，既然有这种矛盾，法国仍然存活到如今，它还是会继续生存下去的。首先，只要我们认识到矛盾，再容忍它就是可耻的。其次，因为法国爱国主义的危机，事实上法国差

---

[1] 格列高利平咏：一译格列高利圣咏，天主教会单声部或齐唱弥撒音乐，用于弥撒或各类礼仪中的伴唱。得名于教皇格列高利一世（Gregorius I，590—604 年间任罗马天主教教皇）。——译者注

一点就灭亡了。要不是因为英国的爱国主义幸好具有强烈的稳固性，所有的一切都使人相信它已经完蛋了。但我们不能把英国人
191 的爱国主义搬回家。我们自己的，必须我们去重建。它也的确需要重建。它重新表现出一些生命迹象，因为占领法国的德国士兵是法国爱国主义的最佳宣传员；但他们不会总是在这里的。

在此有一种可怕的责任。因为这不啻是重建国民的灵魂；并且又有很强烈的诱惑，吸引人们用谎言和片面真理去重建它，而不是用热爱真理的英雄主义。

爱国主义的危机曾是双重的。用政治的词汇说，有一种左派的危机，也有一种右派的危机。

在右派一边，布尔乔亚青年当中，爱国主义与道德的裂隙，再加上其他原因，已使所有的道德完全丧失信誉；但爱国主义也没赢多少。“政治挂帅”这句话中所表达的精神，其影响远远超出了莫拉斯本人。然而这句话所表达的内容是荒谬的，因为政治无非是一种技术，一套手段。这就好比说：“力学挂帅”（mécanique d'abord）[①]。马上要问的问题是：政治又为了什么？黎塞留八成会这样回答：为了国家强大。可为什么是这一目的而不是别的目的？对于这一问题，没有任何答案。

这是提不得的问题。所谓现实主义的政治学，从黎塞留一路
192 传到莫拉斯，并非没有造成损害。只有在没有提出这一问题时，这种政治学才是有意义的。要想不这样，只有一个简单的条件。当那乞丐对塔列朗说：“老爷，我总得活下去呀。”塔列朗回答

① 一译“机械挂帅”。——译者注

道："我看不出有何必要性。"可那乞丐，他却看得很清楚这必要性。同样，路易十四也看得很清楚人们为国家奉献全身心的必要性，因为国家就是他。黎塞留只想做国家的第一仆人；然而在某种意义上，他又占有了它，出于这一理由国家与他合而为一了。黎塞留的政治观念只对那些人有意义，他们无论顶着个人还是集体的称号，都觉得自己或者是国民的主子，或者就是极有能力成为主子。

1924 年以后，法国布尔乔亚青年已不再能感觉到法国是他们的产业（domaine）。工人们闹得太凶了。另一方面，这些布尔乔亚青年也遭受了 1918 年以后突然袭至法国的神秘莫测的疲惫，其原因很大程度上是身体方面的。不管是否该责怪酒精中毒、生育及抚养这代青年时其父母的神经状态，还是其他原因，总之，法国青年长久以来就显露出疲乏的迹象。而德国青年，在 1932 年，尽管公共权力机构并不关心他们，却有一种最强烈的生命力，哪怕他们所遭受的贫困是非常严酷和长久的。

这种疲惫阻碍了法国布尔乔亚青年感受到成为国家主人的 193
状态。从那时起，有关"政治为了什么？"这一问题的答案必定是："为了由别人把自己安置在我国权力机构。"由别人，就是说由外国人。这一代年轻人道德体系中，没有任何东西能阻止这一欲望。1936 年的打击，使这一欲望深入其内心，以至不可弥补。人们并没有损害他们；但他们却恐惧；他们觉得丢了脸，在他们眼中看来罪无可赦的是，那些他们认为社会地位低于他们的人侮辱了他们。1937 年，意大利报纸提到一篇法国大学生杂志上的文章，在该文中，一位法国姑娘祝愿墨索里尼（Mussolini）在百忙中拨冗前来法国重整秩序。

尽管这些圈子是如此缺乏同情心，由此态度而产生的结果是如此罪过，他们也还是人，而且是不幸的人。有关他们的问题该这样提：若不把法国交到他们手上，如何使他们与法国和解呢？

在左派一边，也就是说尤其是在工人以及为他们说话的知识分子一边，有两股泾渭分明的潮流，尽管有时候——但并不总是如此——这两股潮流会在同一个人身上一起出现。一股潮流源于法国工人传统，它可明确追溯至 18 世纪，当时许多工人在阅读
194 让-雅克[1]，但它似乎也可隐约追溯至最初的公社自由运动。[2]受此潮流吸引的人，全然投身于正义思想。不幸的是，这种情况如今在工人中已很罕见，在知识分子中更是难觅踪影。

在一切所谓左翼圈子中——基督教的、工会运动的、无政府主义的、社会主义的——都有这一类人存在；尤其是在共产主义工人当中，因为共产主义的宣传大谈正义。这一宣传追随的是列宁（Lénine）与马克思的教导，但奇怪的是，它也会出现在那些对该学说理解并不深刻的人身上。

在和平时期，这些人骨子里是国际主义者，因为他们知道正义并非国籍，而在战争时期，假如没有失败，他们也一直是国际主义者，但己方的溃败马上就会使他们心灵深处产生至为坚实且纯粹的爱国主义情感。只要人们向他们呈现一种服从于正义的爱国主义观念，这些人将始终与祖国相和解。

---

① 即卢梭。——译者注

② 指早期手工业者商人等城市平民从贵族手中争取自治权。——译者注

另一股潮流，则是布尔乔亚态度的复制品（réplique）[①]。马克
思主义以貌似科学的态度，允诺工人，说他们马上就将成为全世
界的最高主人，这样却引起了一种酷似民族帝国主义的工人帝国
主义。俄国似乎就提供了一种实验证明，人们尤其指望它承担那 195
颠覆政权的行动中最艰巨的任务。

对于那些在道德上处于流放和移民状态的人（尤其是在与国家专政机关打交道时）——出于世俗传统他们就被归入为警察所要弄者之列，每一次他们所受到的待遇都表明国家越来越反动——上述思想的诱惑力是不可抗拒的。某个至高无上、庞大无比、强而有力、控制着其领土比他们自己国度广袤得多的国家，对他们说："我属于你们，我是你们的财富、你们的财产。我之所以存在，只是为了帮助你们，明天我会让你们成为你们自己国度的绝对主宰。"

在他们看来，拒绝这一友爱之情，差不多就如同渴了两天之后推开别人送到嘴边的水那样容易。有些人曾为此付出了极大的努力，终于筋疲力尽，刚面对德国人的压力，还没有投入战斗便屈服了。另外有许多人，只是表面上在抵抗，其实却在一旁观望，因为他们害怕一旦卷入行动便会惹上风险。这些人，不管人数多寡，永远都成不了气候。

在俄国以外，苏联（U.R.S.S.）才真正是工人的祖国。要想

① réplique 兼有"反驳""复制品"之意，英译本译作 retort（反驳、针锋相对），考虑到中文的词义，再联系上下文，我们在此译为"复制品"，尽管该词未能传达出"反面的"这一层意思。——译者注

196 知道这一点，只消去看看报亭周围法国工人注视着有关俄国最初大溃败的标题时的眼神。并不是因为想到这些溃败对法德关系的影响才使他们眼中现出绝望的，因为英国人的失败从来没有如此牵动他们的心。他们害怕失去的不仅是法国。他们的精神状态颇有些像早期基督徒——假如人们能向后者提供实实在在的证据，说基督复活只不过是虚构的。总之，早期基督徒与许多共产主义工人之间在精神状态上无疑有很大的相似性。他们也同样在期待一场将要到来的、尘世的大结局（catastrophe），一成永成地在此世建立绝对善，与此同时实现他们自己的荣耀。早期基督徒比之后各世纪更容易殉教，比起基督周围的人更是要容易得多——对于后者，在危急时刻，这原是不可设想的。① 同样，如今一位共产主义者也会比一位基督徒更容易作出牺牲。

苏联是一个国家，围绕它的爱国主义也像在其他国度那样包含着矛盾。但它却没有产生同样的衰弱。情况正相反。一种矛盾的存在，当它被感受到时，哪怕是隐隐地，也会腐蚀情感；但假如它根本没有被感受到，情感反倒会更加强烈，因为它会从对各
197 种不相容之动机的信仰中获益。于是苏联就拥有一个国家的全部声望，以及渗透于国家，尤其是极权国家的声望；然而，它也有正义的全部声望。假如说这矛盾未被感受到，那部分是因为它的遥远；另一部分是因为它向那些爱它的人允诺了全部权力。这样一种希望并非减少对正义的需求，但却蒙蔽了它。正如每个人都自信有足够的能力去行正义，同样，每个人都相信，他在其中越

① 耶稣受难后，其门徒曾一度彷徨失望，直至耶稣复活并向他们显身。——译者注

有能力的体制就是越有正义的体制。这是魔鬼曾令基督承受的诱惑。人类不断屈服于它。

虽然这些受到爱国主义鼓舞的工人与法西斯主义布尔乔亚青年很不相同，构成了一种美得多的人性种类，但是，他们也面临着相似的难题。若不将国家交到他们手上，又如何能使他们充分地爱他们的国度呢？因为人们不能把国家交到他们手里，也甚至不能使他们处于特权地位；对民众中的其他人，尤其是农民，这样做会是一种不义。

如今工人对德国的态度，绝不应蒙蔽我们认清这一难题的严重性。碰巧德国是苏联的敌人。在它成为苏联的敌人之前，在他们中间就已经有骚动了；但对于共产党而言，始终维持骚动是绝对必要的。这一骚动乃是“打倒德国法西斯和英帝国主义”。
倒没有法国什么事。另一方面，在 1939 年夏至 1940 年夏这决 198
定性的一年当中，共产主义在法国的影响全然是反对本国（leur pays）的。要想使这些工人重新爱戴本国，倒不是件容易事。

在其余的民众中，爱国主义危机不曾如此尖锐，不曾为了其他东西而否认国家；有的只不过是一种消退。在农民中间，这八成是因为觉得指望不上本国，除了为其他人的利益去当炮灰；在小布尔乔亚中间，肯定主要是因为厌倦。

在造成不满的所有特殊原因中，还可加上一个非常普遍的原因，那就是逆向的偶像崇拜（rebours de l’idolâ trie）。以民族和祖国的名义，国家（État）不再是一种无限的善（un bien infini）——在全身心为之服务的善的意义上。相反，在所有的人眼中，它已变成一项供无限消费的财富（un bien illimité à consommer）。与偶像崇拜有关的绝对性还附着在它身上，一旦偶像崇拜不存在了，这一绝对性就获得了这一新的形式。国家像是一个源源不绝的丰收角（corne d'abondance）[①]，人们施加多大的压力，就能倒出多少财富来。于是人们总抱怨它付出得不够多。凡是它不提供的，似乎都是它拒绝提供。当它提出要求时，那就好像是不近情理的苛求。当它下达强制性命令时，那简直就是不可容忍的限制。人们
199 对国家的态度，不是小孩对其父母，而是对那些他们既不爱也不怕的成年人的态度；孩子们不断提出要求，却不愿服从。

如何使这一态度突然转变为战争所急需的无限奉献？可就在战争中，法国人也曾以为国家在保险箱里藏着胜利，和其他财富一道，只是它不愿意费力把它们拿出来。人们千方百计促成这一观念，正如那句口号所说的："我们必胜，因为我们最强。"

胜利将解放一个国度，在这国度中，所有的人——不管出于卑劣还是高尚的动机——都忙于不守规矩。人们听伦敦的电台、阅读传递受禁的报刊、走私、藏匿麦子、工作时尽可能偷懒使坏、做黑市交易、在朋友和家人面前自吹自擂。如何能让他们明白：结束了，从现在起要守规矩？

会有这么几年，人们将梦想着吃饱喝足。这是乞丐的白日梦，那是说人们只想得到好东西，却没有对应物。事实上，公共

① 丰收角：对应于希腊文中的 cornucopia，又作"丰饶羊角"，源于古希腊的一种装饰纹样，形状为一支弯曲的山羊角，内装大量水果和谷物，直至溢出角外。是宙斯的奶妈（牝山羊）阿马尔提亚（Amalthaea）之角，象征富饶，持有者想要什么就有什么。——译者注

权力机构将保障分配；可如何避免这种蛮横的乞丐态度——在战前这就是公民们对国家的态度——变得无限突出呢？而假如这一态度以某一外国，比如美国，为对象，其危险性则将严重得多。

第二个广泛传播的梦想，就是杀人。以最美好的动机去杀 200
人，但却是卑劣的，然而又不冒任何风险。或者国家屈从于这一弥漫性恐怖主义的传染，正如我们所担心的；或者国家试图加以限制；无论哪种情况，国家的专政和警察手段这一面——传统上它在法国是如此为人所憎恨和蔑视——都将是首当其冲的。

领土解放后将在法国出现的政府，会因为这种嗜血、这种乞讨情结、这种缺乏守规矩的能力，而面临三重的危险。

疗治之药，却只有一味。给法国人可以去爱的东西。而首先给他们去爱的，是法兰西。以其现实状态、以其真相，去设想与法兰西之名相对应的实在，它便可得到全心全意的爱。

爱国主义固有矛盾的中心就是：祖国是有限的，而其要求却是无限的。在极度的灾难中，它要求一切。为什么人们要把一切给予一个有限者？另一方面，在必要时不果断地把一切都给予它，那就是彻底抛弃它，因为要想保卫它不付出很大的代价是不可能的。对于必须做的事，似乎人们所做的不是尚不及就是有过之；而一旦他做得过头了，其反应定然就是稍后他会更加不及。

这一矛盾只是表面的。或更确切地说，它是实在的，但究其实质而言，它又可归结为人类处境的基本矛盾之一，我们必须承 201
认、接受、利用它们，作为超越单纯人性的阶梯。在这一宇宙中，在一种义务与其对象之间，从没有一种尺度上的平等。义务是无限的，其对象却不是。这一矛盾影响到每个人的日常生活，毫无例外，也包括那些甚至完全没有能力哪怕含混地表达自己思想的人。人们以为找到的一切走出这一困境的方法，都是谎言。

它们当中的某一种，只承认人对不在此世者所负的责任。该手段的某一变种构成了伪神秘主义、伪冥想。另一种则是由那种精神——如人们所说，“为了爱上帝”——所完成的善功的实践，获救助的不幸者只是行动的材料，见证对上帝之爱的匿名机会的材料。在这两种情况下，都存在着谎言，因为“眼中能见到的兄弟他都不爱，看不见的上帝他又如何会去爱?”只有通过对此世的事物和人，人类的爱才能抵达那居住于彼岸者。

另一种手段则是承认在此世有一种或多种对象，包含着这种绝对性、无限性和完善性，它们本质上是与义务相联系的。这就是偶像崇拜的谎言。

202 第三种手段乃是否定一切义务。我们不能用几何学的方法来证明它是一种错误，因为义务的确定性远远高于居住于证据中的确定性。事实上，这种否定是荒谬的，它构成一种灵性的自杀。而人又是这样被造成的：在他身上，灵性的死亡总是伴随着其本身是致命的心理疾病。事实上，自我保护的本能会阻止灵魂接近这一状态；但即便如此，灵魂也会被一种能使它变得荒芜的厌倦所左右。几乎毫无例外的，或不如说确乎没有例外的是：否定一切义务的人，对别人、对他自己都撒了谎；事实上他也知道这一点。若不是时而作好坏善恶的判断，那他就不是人，哪怕他所作的仅仅是指责他人。

必须接受为我们而设的这一处境：它让我们对相对、有限和不完满的事物负有绝对的责任。要想认清哪些是上述事物，它们对我们的要求又会如何构成，只消了解它们与善的关系为何。

对于祖国，扎根的概念、生命环境（milieu vital）[①] 等概念，就足以达到这一效果。这些概念不需要靠证据来建立，因为几年来它们已得到实验的验证。正如对于某些微观动物要有培养环境，对于某些植物要有必不可少的土壤，同样，在每个人灵魂中也有某一部分，某种思考和行动的方式，在人与人之间进行沟 203
通——它们只能存在于民族环境中，当国家被毁灭了，它们就会消失。

如今，所有的法国人都知道，当法兰西失败之后，他们所丧失的是什么。他们知道这一点，正如没吃饭的人知道自己缺乏的是什么。他们知道自己灵魂的一部分紧紧地依附在法兰西身上，即便当法兰西从他们手中被夺走，他们的灵魂也仍然依附着它，犹如皮肤贴在滚烫的物体上，又硬生生被剥下来。于是存在着某个东西，每一法国人灵魂的一部分都依附着它，它对于所有的人都是同样的、独一无二的、实在的（虽然不可把握），它是实在的，好像我们可以触摸到它。因此，谁威胁要毁灭法国——在某些情况下，入侵就是毁灭的威胁——对所有的法国人、他们的子子孙孙而言，就等于是一种身体伤害的威胁。因为有一些民族，一旦被征服，就再也恢复不了元气了。

这足以说明，对祖国的义务是自明的。它与其他义务共存；它不强迫人们始终奉献一切；但它强迫人们有时奉献一切。同样，一位矿工有时会奉献一切——当矿上出事故他的工友们有生

① 一译“生命圈”。milieu 一词，根据不同的语境，我们分别译为“环境”或“圈子”。——译者注

命之虞时。这是为人们所接受、承认的。一旦祖国具体可感，犹如一种实在时，对祖国的义务于所有的人而言都是自明的。如今
204 它就是这样的。因为它不存在了，法兰西的实在就变得对所有的法国人都是可感的了。

要说人们敢于否定对祖国的义务，则历来不外乎否定祖国的实在性。依照甘地（Gandhi）的学说而推行的和平主义并非否定这一义务，而是履行该义务的特殊方法。据我们所知，这一方法从来没有施行过，尤其是没有被甘地施行过，他太现实主义。假如把它施行在法国，法国人就不会出兵抵抗侵略者；但他们也不会在任何领域做帮助占领军的任何事，他们倒是会尽力阻碍敌军，并且他们会不屈不挠地坚持这一态度。显然很大一批人会很痛苦地丧失生命。这是在民族的层面效仿基督的受难。

假如一个民族整体上离完善十分近，人们可以建议他们效仿基督的受难，这诚然是值得做的。它会消亡。但这种消亡会比最荣耀的存活不知要好上多少倍。可事情不会是这样的。八成、近乎确定的是，它不可能是这样的。只有个体灵魂，在其最深沉的隐秘之处，才可能是以这种完善为取向的。

但是，假如有那么一些人，其使命就是为这不可思议的完
205 善作见证，则公共权力机构就有义务许可他们这样做，进而，还应该向他们提供帮助。英国人就承认良心反战（objection de conscience）①。

但这并不够。为了这样一些人，我们必须费心创造某些工作

① 指出于道德或宗教的原因而拒服兵役。——译者注

机会，虽然不是直接间接地卷入战事，却是为真正的战争所需要的。而且，应比战士的工作更艰巨更危险。[①]

这将是对和平主义宣传之缺陷唯一的疗治之方。因为这样做可以使那些宣扬完整或近乎完整的和平主义、却又拒绝去践行的人丧失名誉，而又不会产生不义。和平主义之可能造成损害，只是因为混淆了两种厌恶：对杀人的厌恶和对死亡的厌恶。前者是高尚的，但很弱；后者几乎是难以启齿的，但很强；它们的混合形成了一种具有很大能量的推动力，连羞耻心也抑制不了它——当只有第二种厌恶真正起作用时。过去几年法国和平主义者厌恶死亡，而根本不是厌恶杀人，要不然 1940 年 7 月他们就不会这么快与德国合作。因真正对杀人的厌恶而进入这些圈子的人，乃是可悲的受骗者。

区分了这两种厌恶，我们就消除了所有的危险。对杀人的厌恶所产生的影响是没有危险的；首先它是好的影响，因为它源于善；其次它是弱的，而不幸的是，它没有任何可能不是弱的。至 206
于那些面对死亡而软弱的人，他们倒值得同情，因为，所有的人，只要不是狂热分子，至少有时也会有这种软弱的倾向；但假如他们把这种软弱作为意见加以宣传，那他们就变成罪犯了，因此必须，也很容易使他们丧失名誉。

把祖国定义为某种生命环境，我们就避免了腐蚀爱国主义的各种矛盾和谎言。它是一种生命环境；但还有其他的生命环

① 这也是薇依本人的真实写照。西班牙内战期间，她冒险上前线为战士服务。有一次天黑做饭时，她一脚踩进滚烫的油锅里。——译者注

境。它产生于各种错综复杂的原因，其中混杂着善与恶、正义与不义，由此它不是各种可能环境中最好的。它由另一种更富生命气息的结合而得以建立，假如是这种情况，对它的惋惜便是合理的。但过去的事件已经过去了；生命环境存在着，而它现在的样子必须作为一座宝库而加以保护——因为它所包含的善。

被法国国王的士兵所征服的民众在许多时候遭受了损害。但在几个世纪中已建立起这么多的有机联系，外科手术式的疗法只会是旧病之上再加新创。过去的历史已不可纠正，要想弥补，只能靠一种（为国家）所承认的当地和区域生活，并且公共权力机构须在法兰西民族的框架内毫无保留地鼓励这种生活。另一方
207 面，法兰西民族要是消失了，过去的征服所造成的损害非但远不能得到弥补，反倒会更严重地造成新的损害。如果说几个世纪前法国士兵令许多地方的民众遭受了生命力的丧失，那么德国军队所造成的新创伤更会在道德上杀死他们。只有在此意义上这一老生常谈才是正确的：对一小故乡与对一大祖国的爱不是不相容的。因为这样，一个图卢兹人会痛惜他的城市从前被并入法国，痛惜这么多雄伟壮丽的罗马式教堂被拆了重新建造平庸的哥特式舶来品，痛惜宗教裁判所扼杀了生机勃勃的灵性活动；而他也会带着更强烈的感情断言，这座城市绝不能落入德国人之手。

在对外关系上也是这样。若祖国被视为生命环境，那么除了在维护其存在的范围内——即不是绝对的——否则它就不能避免来自外部的影响。国家不再出于神圣权利而成为其控制之领土的绝对主宰；在这些土地上的一种合理而有限的权威，在国际事务中由国际组织来行使，也就不再显得是欺君犯上（lèse-

majesté）之罪。也可以建立一些思想交流的圈子，比法兰西的范围更大并包含法兰西，或者将法兰西的某些领土与非法兰西的领土相联结。比如说，在某个领域，布列塔尼、威尔士（Galles）、 208
康沃尔（Cornouaille）[①]、爱尔兰（Irlande）就觉得自己属于同一环境，这难道不是很自然的吗？

但再一次，人们越是属于这些非民族性的圈子，就越是愿意维护其民族自由，因为这样一些超国界的关系不可能存在于受奴役的民众之中。同样，地中海沿岸国家间的文化交流在它们被罗马人征服之前要强烈、活跃得多，而当它堕入罗马行省的不幸状态之后，就呈现出沉闷的千篇一律。只有维持自身的特性，才可能有交流——离开自由，这就是不可设想的。

总之，如果我们承认存在着许多承载生命的圈子，那祖国只是其中的一个；然而，当它面临丧失的危险时，一切由忠诚所隐含着的对这些圈子的义务，都统一到救助祖国的独一无二的义务之中了。因为受某一外邦国家奴役的民族的所有成员，都同时被剥夺了这些圈子，而不仅仅是民族的圈子。于是，当一个民族处于这一灾难程度时，军事义务就变成一切此世忠诚的独一无二的表达。甚至对于良心反战者，情况也是这样的——只要人们费心使他投身于战争活动的等价物之中。

一旦承认这一点，当民族处于灾难时，思考战争的方式就应 209

① 康沃尔：不列颠古王国，在现英格兰西南部。康沃尔语属凯尔特语族。在语言文化上康沃尔与布列塔尼、爱尔兰等地关系很密切。中世纪爱情传说特里斯丹与腐色的故事就发生于康沃尔。——译者注

产生某些调整。首先，军人与平民的区分——环境的压力已经使这种区分变得近乎模糊了——必须全然取消。正是这种区分，在很大程度上造成了1918年以后的反应。民族中的每个个体都必须将自己的全部力量、全部资源甚至他自己的生命，交给本国（au pays），直至战争结束。苦难和灾害应该分摊到所有的社会阶层：青年人和老年人、男人和女人、身体好的和身体差的，要尽可能调动一切可能的技术手段，甚至更多一些。最后，荣誉应与履行该义务相挂钩，而外在的强迫则是与荣誉相对立的，于是人们应允许那些想逃避这一义务的人。对他们的处罚或者是开除国籍，进而驱逐出境，永远禁止他们返回这一国度；或者是永远羞辱他们，公开设立告示，告诉大家，他们是丧失名誉者。

对丧失名誉者施以与偷窃和谋杀同样的处罚，是不近情理的，不愿保卫祖国的人所应该丧失的，既不是生命也不是自由，而仅仅是祖国。

如果一个国度的状况已到了这一步：对于很多的人而言处罚已经没有意义，则军事法也同样会丧失功效。这一点切不可忽视。

210 假如说军事义务在某些特定时刻包含了一切尘世忠诚，那么，与此形成对照的是，国家却始终有责任保护所有这些——无论是领土内还是领土外的——圈子，不论其范围大小，人们总是从这些圈子中汲取灵魂之生命的。

国家的最明显的责任，就是始终要有效地看护民族疆域的安全。安全并不意味着不存在危险，因为在这世界上危险总是存在的；安全意味着在危机时摆脱困境的合理机会。而这只是国家最基本的责任。假如它只做到这一点，那它就什么也没做到，因为要是光做这一点的话，它甚至连这一点都做不好。

它有责任尽可能地将祖国变为一种实在。在 1939 年，对于许多法国人，祖国并非一种实在。因为丧失了它，它才重新变得实在的。拥有它之后，它必须仍然是实在的，由此，它必须真正成为事实上的生命提供者，它必须真正成为扎根之地。同样，它必须是一个令人喜爱的框架（cadre）[①]，从中人们可以参与并忠诚地依附于它自身以外的其他各种圈子。

如今，在法国人感觉到法兰西是一种实在的同时，他们也比以前更多地意识到地区差异。法国被分为许多块、将思想交流限制在一小片区域的通信检查（consure de la correspondance），都起了一定的作用，然而是很荒谬的作用；而强迫的人口混杂也同 211
样起了很大的作用。如今，人们比以前更持续更尖锐地感受到自己是布列塔尼人、洛林人、普罗旺斯人、巴黎人。在这种感情中有一丝必须加以消除的敌意；此外，同样急需消除的是排外性（xénophobie）。但相反，这种感情本身是不可打消的。为反对爱国主义而主张这一感情，将是不幸的。在法国人所身处的困境、惶恐、孤寂、拔根中，所有的忠诚、所有的眷恋都像是极为罕见无限珍贵的宝藏而需要维护，像是患病的植物需要浇水灌溉。

维希政府或已推行一种地方主义学说，这没什么大不了的。在这一方面，其唯一过错就是没有实施它。我们所要做的，远不是所有与这口号相对立的事，而是必须维护许多由国民革命

---

① 一译“背景”“环境”。——译者注

（Révolution Nationale）[1] 的宣传所产生的思想，并且使之成为现实。

同样，在其对外隔绝中，法国人意识到法国很小，在内部感到窒息，他们需要有更大的空间。欧洲、欧洲统一性的观念，在战争初期合作派宣传的成功中起了很大的作用。同样，我们也不能太多地鼓励、助长这些情感。若使它们与祖国相对立，将是很具灾难性的。

212 最后，我们不能太多地鼓励那些并不构成公共生活之齿轮的思想圈子的存在；因为只有在这样的条件下它们才不会死气沉沉。我们所说的是各种工会组织——假如它们不在经济组织中承担日常责任的话。还有各种基督教组织（不管是新教还是天主教的），尤其是诸如“基督教工人青年”的组织；但假如国家哪怕稍稍屈从于那些具有教权主义愿望的人的影响，那它就肯定扼杀它们。还有就是法国失败以后冒出来的各种集体，有些是官方的，如青年实习营、实习工场，另一些则是地下的，即抵抗组织。前者虽然具有官方色彩[2]，也仍然有那么一点生命力——多亏了环境超乎寻常的凑巧；但假如维持这种官方色彩，它们就会消亡。后者产生于反抗国家的斗争，而假如人们屈从于诱惑，赋予它们在公共生活中的官方地位，就会对它们在道德上产生极为严重的破坏。

另一方面，假如这些圈子被排除出公共生活，它们就将不复

① 这里所谓的国民革命，指的是维希政府为了转移法国民众的矛头，而提出来的“国民振兴”计划。——译者注

② 此处的官方指的是维希政府。——译者注

存在。因此必须既不使它们成为公共生活的一部分，又不远离它。有一个方法或许能达到这一效果，比如说，国家从这些圈子中经常挑选一些人，给予他们临时称号，以完成一些特殊使命，但需要一方面是应由国家来挑选，另一方面所有的成员都能从中感觉到自豪。这样一种方法可以慢慢成为一项制度。 213

同样是在这里，在试图消除恨意的同时，也必须鼓励差异的存在。各种思想百家争鸣绝不会对我们这样的国度造成损害。只有精神惰性对它才是致命的。

落在国家（l'État）身上，保证民众能够真正拥有祖国的责任，不应该是在民族危难时落在民众身上的军事义务的条件。因为就算国家玩忽职守，就算祖国日趋衰败，但只要民族独立性还没有丧失，总会有复兴的希望；如果我们更仔细地观察，在各国的历史中，在更晚近的年代，我们就会发现一些令人吃惊的衰败和复兴。但要是本国（le pays）被外国军队征服了，那就不再有任何的希望，除非很快又得到解放。只有希望——当别的一切都丧失时——才值得我们为了维护它而献身。

因此，尽管祖国是一个事实（fait），且如此地受一些外部条件、偶然因素的制约，在生死存亡的危急时刻援救它的义务也同样是无条件的。但显然，事实上民众越是感受到祖国的实在性，他们就越是会炽烈地去保卫它。

如此定义的祖国，与如今对我国历史的观念、与如今对民族
强盛的观念，都是不相容的，尤其是与如今人们谈论帝国的方式 214
不相容。

法兰西有一个帝国，于是，无论采取何种原则立场，它都造

成了事实层面上的问题，在不同的地方其复杂和差异程度不等。但我们不能把一切混为一谈。首先提出的是个原则问题；以及不那么明确的，是个情感问题。大致上说，一个法国人是否因法国有一个帝国而感到幸福，并且快乐地、自豪地想到这一点，谈论这一点，带着一种合法物主的口吻？

是的！——假如这个法国人是在黎塞留、路易十四或莫拉斯意义上的爱国者。不！——假如基督教的影响，假如1789年的思想已深深地糅合在他那爱国主义精神的实质之中。所有别的民族严格地说都有权利雕凿出一个帝国来，法兰西却不能这样做；出于同样的理由，在基督教世界的眼中，教皇拥有最高世俗权力乃是一件见不得人的丑事。假如人们承担了——正如法兰西在1789年所承担的——为宇宙而思考、为宇宙而探求正义的工作，那他们就不能成为人类肉身的拥有者。哪怕的确如果没有我们，其他人就会征服这些不幸的民族[①]，而且对他们更坏——这也不是个正当的动机；说到底，总体的损害应越少越好。这一类的动机几乎总是坏的。一位教士不能因为想着皮条客对妓女们更
215 坏，就自己去当妓院老板。法兰西并不需要出于同情而丧失它的自尊。此外，它也没有这样做。没有人敢于严肃地声称，它去征服这些民族，是为了阻止其他国家虐待他们。更进一步说，在很大程度上，正是它自己，在19世纪带头使殖民冒险再次流行起来的。

在被它征服的民族中，有些人非常强烈地感觉到，使他们遭

---

① 指法国殖民地土著人民。——译者注

受苦难的恰恰是法兰西——这是多么丑陋的事；他们对我们的恨，因一种极其惨痛的苦涩以及一种麻木，而加重了。

如今，法兰西可以在对帝国的眷恋和对重获新灵魂的需求之间作出选择。更笼统地讲，它必须在灵魂和罗马式、高乃伊式的伟大观念之间作出抉择。

假如它选错了，假如我们自己促使它选错了——这是很有可能的——它所能拥有的不是别的，而只能是最可怕的不幸，它就会十分吃惊地承受着这不幸，却没有人能察觉原因何在。而那些为之鼓噪、为之舞文弄墨者，将永远承担这一罪责。

贝尔纳诺斯明白这一点，并且说，希特勒主义就是再次降临的异教罗马。但他难道忘了、我们难道忘了，罗马的影响对我们
的历史、我们的文化以及如今我们的思想曾有过多大的作用？假 216
如出于对某种恶的恐惧，我们下定决心要发动一场战争，带有这样一场战争所蕴含着的一切暴行，那是不是可以因我们使这一战争的残暴程度低于我们灵魂中这同一种恶而使我们得到宽恕呢？假如高乃伊式的伟大以英雄主义的魔力诱惑着我们，德国也同样完全可以诱惑我们，因为德国士兵的确是“英雄”。在如今围绕着祖国观念的思想与情感之混乱状态中，难道我们能保证，一个法国士兵在非洲的牺牲就比一个德国士兵在俄国的牺牲出于更纯粹的理想之激励？确乎不能。假如我们感觉不到它所产生的是何种可怕的责任，在这波及全世界的罪恶大爆发的氛围中，我们就不能保持清白。

要说有什么东西，我们出于对真理的爱必须蔑视它对抗它，那就是这一（伟大观念）。我们都聚集在祖国的名义下。我们算

什么、哪种蔑视又是我们不该得的，① 假如在对祖国的思想中混杂了少许谎言的痕迹？

但假如这种高乃伊式的情感并没有激发起我们的爱国主义，我们就可以问一问，何种动机可以替代它们？

有那么一种，同样有能量、绝对纯粹并且完全能回应当前的
217 环境。那就是对祖国的同情。有一个富有荣耀的回应者。贞德曾说她怜悯法兰西王国。

但我们还可以援引无限高的权威。在福音书中，没有迹象表明基督对耶路撒冷（Jérusalem）与犹大国（Judée）② 抱有任何与爱相似的感情，除非是包容在同情之中的爱。对他的国家，他从来没有另一种眷恋。但同情，他却不止一次地表露过。他曾为该城哭泣，预见到——在当时这并不困难——毁灭正在迫近它。他把它当成一个人来对它讲话。“耶路撒冷啊，耶路撒冷啊，我多次愿意……” ③ 即便背负十字架时，他仍然对它充满怜悯。④

---

① 见《诗篇》8：5：“人算什么，你竟顾念他？世人算什么，你竟眷顾他？”——译者注

② 犹大国：约公元前935年希伯来统一王国分裂，大卫家族继续统治南部，称“犹大国”，以耶路撒冷为都城，北部则是以色列国。——译者注

③ 参见《马太福音》23：37;《路加福音》13：34：“耶路撒冷啊，耶路撒冷啊！你常杀害先知，又用石头打死那奉差遣到你这里来的人。我多次愿意聚集你的儿女，好像母鸡把小鸡聚集在翅膀底下，只是你们不愿意。”——译者注

④ 参见《路加福音》23：27—31：有许多百姓跟随耶稣，内中有好些妇女，妇女们为他号啕痛哭。耶稣转身对她们说：“耶路撒冷的女子，不要为我哭，当为自己和自己的儿女哭。因为日子要到，人必说：‘不生育的和未曾怀胎的，未曾乳养过婴孩的，有福了！’那时，人要向大山说：‘倒在我们身上！’向小山说：‘遮盖我们！’这些事既行在有汁水的树上，那枯干的树将来怎么样呢？”——译者注

可不要以为对祖国的同情就不包含作战的能量。它曾激励迦太基人（Carthaginois）① 创造出历史上最不可思议的战功之一。他们被西庇阿·阿非利加努斯（Scipion l’Africain）② 所征服，沦落至悲惨的境地，紧接着又经历了五十年丧失道德的过程，与之相比，法国在慕尼黑（Munich）的妥协简直算不了什么。他们孤苦无助，受尽了努米底亚人（Numides）③ 的凌辱，并且由于通过协定放弃了发动战争的自由，他们就恳求罗马人允许他们自卫，却徒劳无功。当他们没有得到许可而自卫时，他们的军队遭到了灭顶之灾。于是只能恳求罗马人开恩。他们同意交出三百名贵族孩子和他们的全部军队。后来他们的代表又得到命令，要他 218
们全城人干净利落地撤出该城，罗马人要将它夷为平地。他们爆发出愤怒的吼叫，然后又是充满泪水哭泣。“他们叫着祖国的名字，把它当成一个人来对它说话，表达了最为悲伤的感情”。他

---

① 迦太基：古代最著名的城市之一，相传系推罗的腓尼基人于公元前 814 年所建，城址在今突尼斯市郊区。迦太基曾是海上强国。与罗马爆发三次布匿战争，薇依这里所说的是第三次布匿战争（公元前 149—前 146 年）。

② 西庇阿·阿非利加努斯，指小西庇阿，本名西庇阿·埃米利安努斯（Scipio Aemilianus，公元前 185/184—前 129），罗马名将，大西庇阿·阿非利加努斯（Publius Cornelius Scipio Africanus）之养孙。在第三次布匿战争中摧毁迦太基城，并把迦太基国改为罗马的非洲行省，回罗马后人们称他为“西庇阿·阿非利加努斯”（Scipio Africanus），为继其祖父后获“征服非洲的”此称号的第二人。后又征服西班牙，回罗马后得另一称号“西庇阿·努曼提努斯”（Scipio Numantinus）。——译者注

③ 努米底亚：北非古国，在今阿尔及利亚北部。——译者注

们哀求罗马人，如果真的要加害他们，就请放过这座城市、这些石头、这些古迹、这些庙宇——它们又没得罪谁——实在不行，还不如把该城民众全部杀光；他们说，这样做于罗马人丝毫无玷，于迦太基人却大为可取。罗马人还是无动于衷。于是整座城市都起来反抗了，虽然毫无资源。而西庇阿·阿非利加努斯——他带领着一支庞大的军队——整整花了三年才征服并毁灭该城。

这种对某种美好、珍贵、脆弱且易朽之物所抱有的令人肝肠欲断的柔情，却比对民族强盛的感情更为炽烈。它所承载的能量纯粹无瑕。这一能量非常强烈。一个人为了保护他的孩子、他的老父老母——他们可没有伟大强盛的名望——不是很容易表现出英雄主义吗？一种对祖国的纯粹无瑕的爱，与一个人对其子女、对其年迈的双亲、对其钟爱的妻子的感情十分相似。对柔弱的思想像对强力的思想一样能燃起爱，可它所燃起的火焰要纯粹
219 得多。对脆弱事物的同情总是与对真正美好的事物的爱联系在一起的，因为我们深深地感受到，真正美好的事物应该是永远存在的，可惜它们并非如此。

人们爱法国，可以是为了那似乎能保证在广袤久远的时空中存在的荣耀。或者人们爱它，是把它当作一种可能会被毁灭的事物（因为它是此世的），而其价值却更加真切可感。

这是两种不同的爱；也许、八成，它们是不相容的，虽然使用的语言相互混杂。那些其心灵是出于感受后者而被创造的人，出于习惯的力量，却使用着只适合前者的语言。

对于一位基督徒，只有后者才是正当的，因为只有它才带有

基督教的谦卑色彩，只有它才属于那配得上明爱（charité）之名的那一种爱。可不要以为这种爱只是以一个不幸的国度为对象。

与不幸一样，幸福也是同情的对象，因为它是此世的，即不完整的、脆弱的和易逝的。此外，不幸的是，一个国家的生命中总是有某种程度的不幸。

我们也同样不要以为这样一种爱会不懂或忽视法兰西的过去、现在和对未来之憧憬的本真的、纯粹的伟大。恰恰相反。同情更为温柔、更催人心碎，人们可以在其对象中发现更多的善， 220
而它促使人们去发现善。当一位基督徒面对十字架上的基督时，他的同情并不会因想到（基督的）完美而减少，反之亦然。但另一方面，这样一种爱也会正视这一国度之过去、现在以及野心中所包含的不义、暴行、恐怖、谎言、罪行、耻辱，既不掩饰也不缄口，而它自身也不会衰减；只是这种爱会变得更加痛苦。对于同情，罪行本身也是一项理由，不是要远离它，而是要贴近它，为的是去分担耻辱，而不是罪感。人们的罪行并没有减少基督的同情。于是同情就能正视善与恶，在每一方中都找到爱的理由。这是世上唯一真实公义的爱。

这就是如今唯一适合于法国人的爱。要是我们刚刚经历的这些事件尚不足以提醒我们转变爱祖国的方式，又有什么东西能给我们以教诲呢？除了当头一棒，还有什么更能引起我们的注意？

对祖国的同情是如今唯一听上去不虚假的情感，它适合于法国人现如今的灵肉状态，它同时具有与这不幸相称的谦卑与尊严；同样还有这种不幸所首先需要的朴素性（la simplicité）。如 221
今要回想起法国历史的强盛、它过去与未来的荣耀、围绕在其周围的光芒，除非有一种内在的坚定，它为许多迫不得已的事情定下基调。任何与自负相似的东西，都不适合于不幸者。

对于苦难中的法国人，这样一种回忆不免落入补偿心理。在不幸寻求补偿是一种缺点。如果这样的回忆反反复复地出现，如果人们把它当作唯一的安慰剂，那它所造成的损害是不可估量的。法国人极度贪图强盛。可对不幸者而言，所必需的不是罗马式的强盛；或者它听上去像是嘲弄，或者它就会毒害他们的灵魂，恰如在德国所出现的。

对法兰西的同情不是一种补偿心理，而是所遭受之苦难的灵性化（spiritualisation），它会使最切身（charnelles）的苦难——饥饿与寒冷——得到转变。那忍饥浸寒又顾影自怜者，若有了这种同情，就会通过他那挛缩的身体，把他的怜悯引向法兰西；饥饿与寒冷会通过身体把对法兰西的爱传送到灵魂的最深处。而这种同情会毫无障碍地跨越国界，抵达所有不
222 幸的国度，绝没有例外；因为人类各民族都在经受我们这种苦难。民族强盛的自负本性上是排外的，而不是可置换的，但同情本性上却是普遍的；只不过对于遥远的、外国的事物虚淡一些，而对于邻近的事物则更实在、更切身、更带有血泪和激情。

民族强盛的自负远离日常生活。在法国，它只会出现于抵抗运动中；但许多人，或者没有机会积极投入抵抗运动，或者就是不能献出他的全部时间。对法兰西的同情作为推动力，至少也和抵抗行动一样有能量；进而，它还可贯彻于日常生活中，从不间断，落实在所有的场合，甚至是最普通的场合，靠的就是在法国

人之间各种关系中强调兄弟友爱（fraternité）[①]。兄弟友爱很容易在对一种不幸的同情中萌发。这种不幸使每个人都遭受他那份苦难，危害了远比每个人的安逸生活珍贵得多的东西。而民族自负，不管是在幸福还是不幸中，都不能激起真实、热烈的兄弟友爱。在罗马人那里就没有（兄弟友爱）。他们体会不到真正温柔的情感。

一种产生于同情的爱国主义赋予民众中最穷困者道义上的优先位置。民族强盛若成为社会下层的兴奋剂，只有当每个人都希望——当本国有荣耀时——他个人在这荣耀中也有足够大 223
的、他所能追求的一席之地。拿破仑时代初期就是这样的。不管哪个法国小毛孩，不管生在哪个偏僻角落，都有权利心怀任何未来的梦想，再大的野心都算不得荒唐。人们知道并非所有的野心都能实现，但具体到每个野心，它都有实现的机缘，而许多野心都能部分地实现。那一时代一份奇特的文献证明了，拿破仑之得民心，与其说是人们对其个人的效忠，不如说是看到了向上爬的可能性，看到他提供给他们的仕途生涯机会。这的确就是《红与黑》（*Le Rouge et le Noir*）中所流露出的感受。浪漫派作家是些感到厌倦的孩子，因为在他们面前不再有在社会上无限攀升的前景了。作为替代，他们转而找寻文学的荣耀。

但这兴奋剂只存在于动荡年代。我们不能说它总是这样面对民众的；受苦民众中所有的人都梦想着走出民众，走出那规定着民众生活状况的无名状态（anonymat）。这种野心，当它广泛传播时，既是动荡生活状况的结果，又是导致动荡加剧的原因；因

① 此处“兄弟友爱”一译“博爱”，即法国大革命口号“自由、平等、博爱”（Liberté, Égalité, Fraternité）中的博爱。——译者注

为对于它，社会稳定性是一个障碍。尽管它是一种激励剂，我们
224 却不能说它是健康的，无论对灵魂还是对国度。也许在如今的抵抗运动中这一激励剂起了很大的作用；因为，涉及法国的未来，人们很容易接受幻想，而涉及个人的前途，不管是谁，假如他在危险的环境中经受了考验，都会在本国所处的潜在革命状态中期待任何事情的发生。假如情况是这样，对于重建时期它就是一种可怕的危险，因而迫切需要找到另一种激励剂。

在社会稳定时期，除了例外情况，处于无名状态的人多少总会留在这样的状态中，他们甚至不会梦想走出去，人们不会在一种以民族自负和荣耀光芒为基础的爱国主义精神中觉得亲切自在。他们也会对凡尔赛（Versailles）[①]的各式沙龙感到陌生——这些沙龙就是那种民族自负的表现。荣耀是与无名状态相对立的。如果在军事荣耀之后，我们再加上文学、科学与其他领域的荣耀，他们照样会感到陌生。就算知道某些身披荣耀光芒的人来自民众，在社会稳定时期也不会给他们带来如何安慰；因为那些人一旦走出民众，就不再是民众了。

相反，如果呈现在他们面前的祖国犹如一件美好、珍贵的事物，但一方面是不完美的，另一方面又是非常脆弱、易遭不幸的，故需要珍爱和保护，那么，他们就会比其他社会阶层更有理
225 由觉得祖国离自己很近。因为民众有一种为他们所独有的意识，可能还是各种意识中最重要的，那就是不幸之现实性的意识；由

① 凡尔赛：巴黎大区伊夫林省省会，位于巴黎西南 22 公里。17 世纪时路易十四在此建宫殿。凡尔赛宫是法国国王的主要住地。——译者注

此他们强烈地感知到值得加以保护、使之免于不幸的事物是多么珍贵，而人们去珍爱、保护这些事物的义务又是多么重大。情节剧（mélodrame）[①] 就反映了民众感知性状态。为什么这一文学形式如此差劲，这倒是个很值得研究的问题。但它远不是一种虚假的文类，在某种意义上，它非常贴近现实。

如果在民众与祖国之间建立起这样一种关系，他们就不再抱怨自己所受的苦难是祖国对他们犯的罪，而是在他们身上祖国所患的疾病。这一差异非同小可。在另一种意义上，这一差异很轻微，要想跨越只需少许事物。可这少许事物须来自另一世界。它须以祖国与国家的分离为前提。若想它成为可能，就必须取消高乃伊式的强盛伟大观念。但这可能引起无政府主义，假如国家由其自身不能获得某种额外的尊重作为补偿的话。

为此，就不能回到议会生活与党派斗争的旧模式。而最重要的兴许就是彻底重铸警察队伍。如今的环境恰好也有利于这样做。研究一下英国警察机构倒是有益的。总之，领土的解放将会带来——我们必须这样希望——对警界人士的清算，除了那些其个人曾对抗敌军的人员。必须安排公众所敬重的人进入警察 226
机构，并且，既然如今很不幸的是警察人员的招募主要考虑金钱和文凭，那就必须要求从警员和侦探开始就具有足够高的教育程度，更高的警官则需要有很正规的文凭，薪酬则从优支付。甚至，假如国立名校（Grandes Écoles）[②] 的办学模式继续在法国

① 大众戏剧形式，或辅以音乐，常追求情节夸张奇异。——译者注

② 法国精英教育模式的产物，其目标是培养各行业高级管理人才。代表性学校有巴黎高等师范学校（École Normale Supérieure，薇依的母校）、综合理工学校（École Polytechnique）等。——译者注

沿用的话——这也许并不令人满意——那也该为警察设立一所，通过考试，择优录取。这些都是大概的方略，但诸如此类的措施是必不可少的。再者，更为重要的是，不能再有诸如妓女、累犯的社会类别名称存在，正式承认这种类别，无非为警察提供了找乐的玩物，他们既是警察的受害者又是警察的帮凶；因为双向的传染是不可避免的，相互之间的接触使双方都败坏了。这两种类别都必须在法律中加以废除。

公务人员对国家机构所犯的欺妄不实之罪（crime d'improbité）也必须得到有效的惩处，刑罚应比持械抢劫更重。

在行政管理功能中，国家机构应扮演祖国财富的总管家角色。管家有好有坏，我们必须合理地料想它通常不会是个好管家，因为它的任务很艰巨，又要在各种不利的道德状况中完成。
227 服从是必须的，并不是因为国家机构拥有发号施令的权利，而是因为，要想保护祖国，使祖国得到平安，国家机构是不可或缺的。必须服从国家机构，不管它怎么样，这就像那些多情的孩子，父母远行时把他们托付给差劲的女管家，他们服从她乃是出于对父母的爱。如果国家机构不差劲，那当然好；此外，必须以舆论的压力来激励它，推动它走出平庸无能的状态；但不管它是否差劲，服从的义务是一样的。

诚然它不是不受限制的，但对它的限制只能是良心的反抗。对此限制，不能提供任何标准，甚至任何人都不能一劳永逸地使用同一标准，当人们感觉到自己不能再服从了就不服从。但在所有的事例中，要想不服从而又不犯罪，都有一个必要条件，虽然不是充分条件，那就是这一反抗由一个绝对必需的义务所推动，

这一绝对必需的义务迫使人们蔑视一切风险，没有例外。如果某
人想要不服从，却因太过危险而止步不前，那他就不可饶恕，不
管他是梦想过不服从，还是他最终没有去实施，情况都是一样
的。此外，只要人们没有严格地感到有不服从的义务，那他们就
有严格的服从义务。如果一个国度不承认，对公共权力机构的不
服从——只要不是出自急迫的责任感——乃是比偷窃更失体面
的事，那它就不会拥有自由。也就是说，必须谨记，公共秩序比 228
私有财产更神圣。公共权力机构可以通过教育、通过它须发明的
恰当方式，来传播这一观点。

但只有对祖国的同情，只有焦虑而温柔的使它避免不幸的操心，才能向和平，尤其是内部的和平，提供那不幸为内外战争所占据的东西，即激发人、感动人、诗意的、神圣的东西。只有这种同情才能使我们重新找回那种情感，它已长久地失落了，而在法国历史上它也很少展现出来——那就是泰奥菲尔（Théophile）在那美好的诗句中所表达的："神圣的法律陛下"（la sainte magesté des lois）。

泰奥菲尔写这句诗时，也许就是这一情感在法国得到深刻体会的最后年华。此后就来了黎塞留，再往后则是投石党、路易十四，等等等等。孟德斯鸠试图通过一本书[①]，使它再次深入民众的内心，但他的心血终究是白费了。1789 年的人们标榜这一情感，但他们内心里其实并没有，要不然我国也不会那么容易滑入同时在内外两条战线上的战争。

---

① 指《论法的精神》（*De l'Esprit des Lois*，1748 年出版）。——译者注

进而，我们的语言也变得不适合于表达它了。然而，当人们谈论正当性（légitimité）时试图激起的情感，或其苍白的复制品，那就是它。但命名一种情感，并不就是足以激起它的方法。这是一种基本的道理，而我们却忘记得实在太厉害了。

229 为什么要欺骗自己呢？1939 年，就在战前，在政令–法律的制度下，就已经没有共和制的正当性了。它悄悄地溜走了，连个招呼都不打，就像维庸（Villon）的青春“别离未曾辞一言”（qui son partement m’a celé）[①]，没有人伸过手去，没有人说出句话来挽留它。至于对正当性的情感，则已彻彻底底死了。如今它是不是在流亡者的思想中重新出现了，是不是在疗治疾患民族的梦想中，在其他不相容的情感之侧，有那么一个位置？——它就算不是全无意义的问题，也与之相去不远。假如 1939 年它就根本不存在了，经过几年系统化违抗不从之后，怎么可能突然就变得灵验有效了呢？

另一方面，在 1940 年陷入冷漠，甚至陷入普遍蔑视，被法国人抛弃以后，1875 年的宪法已不再是正当性的基础。因为法国人民已将它抛弃，无论是抵抗组织，还是伦敦的法国人，对此都无能为力。如果说有人表达过一丝遗憾的话，那也不是任何一部分民众，而是国会议员们。在他们身上，议会职业对于一切共和制机构仍是活生生的一种利益，而这些机构在其他任何地方都已经死亡了。再一次说，很久以后这一正当性情感是否会重新出现，乃是无关宏旨的事。如今，饥饿将属于某一时代的全部诗意

① 维庸（François Villon，约 1431—1463 以后）：法国最伟大的抒情诗人，所引为其诗句。——译者注

传递给第三共和国，而在那个时代，人们是不乏面包的。这是种短暂的诗意。而与此同时，多年以来所感受到的，且在 1940 年 230 达到高潮的厌恶，却仍旧存在着。（再说，一份由伦敦发出的文件已正式谴责第三共和国，从此它已很难成为正当性的基础。）

然而，可以肯定的是，就算与维希有关的一切都消失了，就算各种革命组织——也许是共产主义的组织——都没露头，也会有第三共和国各种机构的回归。但这只是因为会出现一个真空状态，必须有某种东西加以填补。这只是必要性，而非正当性。它在民众中所对应的不是忠诚，而是一种死气沉沉的消极顺从。1789 这个年份，则唤醒了某种格外深刻的回声；但与之对应的只是某种激励，而非各种制度。

如果我们接受在我国晚近历史中存在着延续性断裂这一事实，正当性就不能再从历史特性中去寻找；它必须出自一切正当性之永恒来源。所有打算成为统治者的人，都必须公开承认某些与民众的基本愿望——这些愿望镌刻在灵魂深处——相符合的义务；民众必须在其言语和能力中对此有信心，并且获得表现这一点的手段；民众必须知道，一旦接受了他们，就该服从他们。

由此，民众对公共权力机构的服从，作为祖国的需要，就是一项神圣义务，而它也同样落在公共权力机构身上，因为它们是 231 其对象，同样具有神圣特性。这并非与罗马式爱国主义相联系的对国家的偶像崇拜。情况正相反。国家是神圣的，并不是犹如一个偶像，而是作为某种庄严仪式的用品，如祭坛石（pierre de l'autel）、洗礼水，或是其他类似的东西。所有的人都知道这些不过是材料。但这些材料被看作是神圣的，因为它们服务于某一神圣对象。这就是适合于国家的某种尊严。

如果人们不懂得向法国民众施与某种类似的激励，那就只能在失序和偶像崇拜之间作选择。偶像崇拜也会采取共产主义的形式。这是很有可能发生的。它也可以采取民族主义的形式。而更有可能的是——这是我们时代所特有的——被拥戴为领袖的某人与钢铁一般国家机器的结合。然而，一方面，广告效应会制造出领袖；另一方面，一旦环境将某一具有真正价值的人推上这一岗位，他很快就会成为其偶像角色的囚徒。用时髦的话来说，那就是，一种纯粹激励的缺席，带给法国民众的，无非就是社会失序、共产主义或法西斯主义。

曾有一些人，比如在美国，担心伦敦的法国人是否会倾向
232 于法西斯主义。这个问题提得很不对。其意图本身并不太重要——除了其目的直接是恶的，因为要作恶，总是会有近在手边的办法的。但良好的意愿只有与相应的办法相结合才有意义。圣彼得绝没有否认基督的意图；但他却否认了，因为他身上没有恩典，若有恩典，他就能顶住。[①] 即便他竭尽全力，用斩钉截铁地口气肯定相反的意愿，也只会有助于剥夺他身上的恩典。这一事例，值得我们在生命所加在我们身上的一切磨难中认真思考。

问题是要了解，伦敦的法国人是否拥有必要的手段，以阻止法国人滑入法西斯主义，同时避免他们陷入社会失序。法西斯主义与社会失序是同一种疾病几乎难以分辨的、等价的表现形式。

① 耶稣被捕当夜，彼得曾三次不认主。参见，《马太福音》26: 69—75；《马可福音》14: 66—72；《路加福音》22: 56—62；《约翰福音》18: 17—27。——译者注

要了解的是，他们是否拥有疗治这一疾病的药方。

如果他们没有这药方，那他们的存在理由（raison d’être）——在战争中维持法兰西的就是它——胜利之后就会全然丧失，在这种情况下，胜利就会使他们重新陷入其同胞的人海之中。如果他们有这药方，他们就该在胜利之前就已经开始大剂量、有效地运用它了。因为这样一种措施是不能在伴随一个国家的解放——无论是每一个人还是所有人群的解放——的神经失序状态中才开始实施的。它也不能等到人们的神经都平静下来以后再实施，就 233
算有一天这种平静会突然来临；那就太晚了，什么疗治都没有意义了。

于是，重要的并不是在外国人面前表明自己有统治法国的权利，正如对于一位医生，重要的不是表明自己有照顾一位病人的权利。重要的是完成诊断、设想疗法、选择药物，并证明这一切有益于病人的健康。当一位医生懂得做这些事——不是没有犯错误的风险，但更有看好病人的合理可能性——那么，如果有人阻止他行医，换上一个江湖骗子（charlatan），他就有权倾尽全力反对这样做。可要是某地没有医生，许多门外汉围在病人身边，他的病情又需要最确切、最高明的照料，那么，落在他们手里他是注定死去还是碰巧被救活，于他果真是紧要的事吗？显然，不管怎么说，他更愿意把自己交到那些爱他的人手里。但是，那些爱他的人，不能让他遭受病床前人们猛烈争吵的罪，除非他们知道这里边包含了使病人痊愈的方法。

第三部　扎根

给民众以激励（inspiration）的方法，是个全新的问题。柏 237
拉图在《政治家篇》(*Politique*）和其他地方就曾作过一些暗示；无疑，前罗马之古代世界的秘学对该主题有过一些教诲，只是已全然佚失。也许这一问题或与此相似的问题继续在圣殿骑士团（Templiers）[①]和早期共济会士中间得到讨论。若是我没记错，那孟德斯鸠则忽略了它。卢梭思想强劲有力，很清楚地意识到该问题的存在，但并没有走得更远。1789 年的人们似乎压根儿也没想到它。1793 年时，人们不想费心提出该问题，更不用说去研究它，事到临头才想出些仓促的办法：太上主宰节（fêtes de l'Être suprême）、理性女神节（fêtes de la Déesse Raison）[②]。这些节日是多么荒谬可憎。到了 19 世纪，智力水平已下降到远远低于能提

① 圣殿骑士团：十字军东征时，曾在耶路撒冷设立基督教王国。起初基督徒朝拜者常受穆斯林的袭击。12 世纪初，一些法国骑士组织起团体，保卫耶路撒冷旧犹太教圣殿，称为圣殿骑士团。14 世纪初，该团被控异端，遭取缔。共济会等组织以该团为前身。——译者注

② 法国大革命之后人们为了取代传统宗教而提出的理性宗教节日。“太上主宰”一译“最高存在”。——译者注

出这一问题的程度。

在我们这年代，人们对宣传的问题研究得很透彻。尤其是希
238 特勒，在这一点上对人类思想遗产作出了持久的贡献。但这是完全不同的问题。宣传并不以产生一种激励为目的，它关闭、堵塞了一切能使激励得以通过的入口，全然以狂热来吹胀灵魂。其手法不适合相反的对象。问题也不在于采用相反的手法；因果关系不是这么简单的。

我们也不能以为对一民族的激励是一个只保留给上帝的奥秘，由此就不存在任何方法。神秘默想的最高境界依然是无限奥秘的，但圣十字若望（Saint Jean de la Croix）① 却写了一些论文，讨论达到该境界的途径，这些论文，因其科学精确性，比我们时代的心理学家和教育学家的论著高明得多。如果他相信有必要这样做，那他总该是有道理的，因为他有此能力，其著作的美就足以清晰地表明其本真性（authenticité）。说真的，从远古时代，远在基督教之前，一直到文艺复兴后半段，人们普遍承认，在灵性事物以及与灵魂之善有关的事物中，是有某些方法的。16 世纪以后越来越强烈的对物质事物施加的方法控制，使那些人相信，与物质世界形成对比的是，灵魂的事物或者是极为任性的，或者就是听任魔法、意向及言词之直接效力的摆布。

239 不是这样的。受造物中的一切都须服从方法，包括此世与他

① 圣十字若望：一译“十字架上的圣约翰”，西班牙文原名为 Juan de Yepes y Álvarez，西班牙神学家及灵修作家（1542—1591）。其代表作为《灵歌》（*Cántico espiritual*）、《灵魂的黑夜》（*Noche obscura del alma*）、《爱的烈焰》（*Llama de amor viva*）等。——译者注

世的相交点。这就是逻各斯（Logos）一词所表示的，它的意思更应该是关连（relation），而非言语（parole）。只有领域不同了，方法才不同。人们越提升自己，它就越严格、越精确。要说物质事物之秩序比灵魂事物之秩序更能反映神圣智慧，那可真是咄咄怪事。真相是其反面。

令人恼火的是，对于我们而言，这一问题——在这一问题上，要是我没弄错的话，没有任何能引导我们的东西——的的确确就是我们如今需要解决的问题，否则它就是从来没有存在过，而不会是全然消失了。

进而，比如说如果柏拉图曾给出过一种笼统的解决之道，那么研究这一方案并不足以使我们走出困境；因为我们处在这样一种境况中，相对于它，历史也不能给我们很强的援助。它并没有对我们说，曾有任何民族处在与法兰西将在德国战败之后所面临的境况稍稍相似的环境中。此外，我们甚至也不知道将来的这种境况会是什么样的。我们只知道它是全无先例的。这样，就算我们知道如何给一个国度施加一种激励，我们也不知道对于法兰西该如何着手。

另一方面，既然所涉及的是一个实践问题，那么对某个笼统方案的认识在一个特定事例中并不是必不可少的。要是一台机器 240
抛锚了，一个工人、一个工头、一个工程师，都能想到重新启动它的方法，而不必拥有修理机器的一般知识。在这种情况下，人们首先要做的，就是观察机器。然而，要想有效地观察，头脑里必须有机械关系的概念。

同样的道理，在观察法兰西日复一日变化之中的境况时，头脑里必须有对公共行动（如我国的教育模式）的概念。

光头脑里有此概念，关注它、理解它，还并不够；必须使它永久地安置在灵魂中，哪怕注意力集中在其他事物上，它也会始终在场。

需要在我们当中付出极大努力的，乃是一种全新的思想。自文艺复兴以降，公务活动从来不是从这一方面去设想的，而只是作为建立某种权力形式的一种手段，这种权力形式在这样那样的方面被看作是令人向往的。

教育——不管是以孩子还是成人、个体还是民族，甚至是自我作为对象——都在于激起推动力。告诉人们这是有利的、这是必须的、这是善的，此类任务都落在教育的肩上。教育关心的是有效实施的推动力。因为若没有足以提供必不可少的最大能量的
241 推动力，从来没有一种行动能得到实施。要想只指出一个方向，而不想办法保证相应的推动力在场，便能引导人性受造物——他人或自我——朝向善，这就好比狠踩油门，却想开动一辆没油的汽车。

或者就像要点亮一盏油灯，却不往灯里灌油。这一乖谬早在一部极其著名、两千年来人们反复阅读引用的文本中就被揭露过了。① 可人们还是一直在犯这样的错误。

我们可以很容易对公务行动所包含的教育手段作一番分类。

首先是恐惧与希望，由威胁与允诺而引起。

---

① 指《马太福音》25 章童女的比喻：“那时，天国好比十个童女拿着灯去迎接新郎。其中有五个是愚拙的；五个是聪明的。愚拙的拿着灯；聪明的拿着灯，又预备油在器皿里。”——译者注

暗示。

表达——或者是官方的，或者是由官方所认可的——一种思想，这种思想在正式表达出来之前，就已经实实在在地出现在各色人等的心中，或在该民族之积极因素的中心。

示范。

行动的方式本身，以及为行动而筹划的各种组织。

第一种方法是最粗糙的，但它却总在用。第二种如今所有的人都在用；希特勒所广泛研究的，就是它的支配力。

另外三种是不为人所知的。

有必要依次针对我们的行为所可能具有的三种形式来设想它 242
们；其现实的形式；领土解放时取得权力的活动；此后几个月临时性的权力实施。

如今我们只有两种中介手段可以支配：电台与地下运动。对于各种法国人群，差不多只有电台这一种手段。

所列举的五种方法中的第三种绝不能与第二种相混淆。照希特勒的看法，暗示是一种控制手段。它构成一种压制。在很大程度上为它提供有效性的，一方面是不断重复，另一方面则是它所产生的群体或试图去征服之群体的力量。

第三种方法的有效性则完全不同的。其基础存在于人性的隐秘结构之中。

会有这种情况：一种思想——有时是在自己内心得到表达的，有时根本没有得到表达——会隐隐地对灵魂起作用，然而其影响却是微弱的。

如果有人在自己以外听到他人表达这一思想，尤其是表达者的意见为他所重视，那么这一思想的力量就会成百倍地增长，有时会产生一种内在的转变。

也会有这样的情况：有人需要——不管他是否意识到——听到某些话语，如果它们是明确有效地表述的，并来自他自然地期待着有善产生的地方，那么它就会为他注入安慰、力量，甚至可以作为营养。

243 在私人生活中，话语的这两种功能是由朋友和自然向导所履行的；再说，事实上，这也是很罕见的。

但是，在某些环境中，每个人的个人生活就某些特定处境而言都受到戏剧性公众事件的极大影响，许多这一类的隐秘思想与隐秘需要在构成一个民族的差不多所有成员中，都是一样的。

这就为某种行动提供了可能，虽然该行动以全民族为对象，但因其本质，它仍是个人的，而非集体的行动。于是，集体行动非但远不会压制每个人灵魂深处的隐秘源泉，相反，因其本性，它所不可避免地产生的——不管其追寻的目标是多么高尚——却是唤起、激励并使人相信这些源泉。

但谁可以实施这样一种行动呢？

在惯常的环境中，也许没有任何一个地方可以让它得到实施。某些重大的障碍阻止了它得到实施，除非在特殊情况下并在很微弱的程度中，由政府来实施。另外一些障碍也使得它很难为国家以外的机构所实施。

但从这一角度看，法国当前所处的环境却好得出奇，简直是天意使然。

从其他许多角度看，法兰西没有在伦敦——像其他国家一样——设立一个正规政府，是个很大的损失。可从这一点上看，却是格外幸运的；同样幸运的是，北非事务使得国民委员会（Comité National）① 没有转变为正规政府。 244

自查理六世以后，以一种潜在、隐秘且极为深刻的方式存在于法国的对国家的恨，阻碍了任何直接出自政府的话语被每一个法国人当作朋友的声音来接受。

另一方面，在这样一种行动中，要想真正有效，话语就必须具有某种官方色彩。

战斗法兰西（France combattante）② 领导人的确构成了某种类似于政府的东西，要想使他们的话语具有官方色彩，这是必不可少的。

这场运动保留着足够的原初色彩，即某些忠诚而又极端孤立的人发自灵魂深处的反抗，所以从他们口中说出的话语能够被每一个法国人听取，当作是朋友般贴近、亲密、热情、温柔的声音。

尤其是戴高乐将军，周围拥簇着追随他的人，他已经成为一个象征。这是法兰西对她自己之忠诚的象征，在某个时刻这象征几乎只集中在他一个人身上；他尤其是人性中一切反抗对暴力的奴性崇拜者的象征。

以他的名义所讲述的一切，在法国都具有一种与象征有关的

① 第二次世界大战期间由亨利·吉罗（Henri Giraud）在北非成立的组织。后来戴高乐来到阿尔及利亚，与吉罗一起领导该组织。——译者注

② 指戴高乐在伦敦领导的“自由法兰西”。——译者注

245 权威。于是，任何以他的名义讲话的人，都能按照其意愿并按照在这样那样时刻显得更合适的事物，从法国人精神中激奋的情感与思想高度汲取其激励，或者只要他愿意，还能从更高的高度汲取其激励；在某些时候，没有任何东西能阻碍它从比天还高的地方汲取激励。从某个政府发出的话语越是因沾染了权力行使中的卑鄙而显得不合适，在每个人眼中，发自某个代表了更高者的象征的话语就越是适得其所。

一个使用了对它而言高得过分的话语和思想的政府，非但不能接受任何光芒，反倒会这些话语和思想信誉扫地、荒谬可笑。1789 年的原则和“自由、平等、兄弟友爱”的格言，在第三共和国的下场就是这样的。同样还有一些词汇，其自身往往都是十分高尚的，却被所谓的国民革命加以利用了。在第二种情况下，的确，背叛变节的耻辱以惊人的速度使它们信誉扫地了。但几乎可以肯定的是，这样的事也会在其他情况下发生，只是速度慢一些。

如今，也许在很短的时间里，伦敦的法兰西运动还有某种在很大程度上象征性的特权，使得它能够产生最崇高的激励，而不会使之信誉扫地，也不会使它自己处于不合适的境地。

246 于是，从它一开始就具有的非实在性——因为发起组织者与国内相隔绝——倒可以产生一种丰富得多的实在性，假如它懂得利用的话。

“在软弱中力量达到了极点”，圣保罗说。

有一种奇怪的盲目性，在有各种不可思议之可能性的处境下，却引起了下降到平庸、粗俗、流亡政府的处境的欲望。幸好老天保佑，这一欲望还没有得到满足。

此外，从国外的角度看，如今处境的有利之处也是相似的。

1789 年以后，法兰西在各国中处于一种独特的地位。这是很晚近的事；1789 年并不遥远。从 14 世纪末——即年幼的查理六世血腥镇压佛兰德和法兰西各城市的年代——到 1789 年，从政治的角度看，法兰西在外国人的眼中，无非绝对主义的君主暴政与受奴役的臣民。当迪贝莱（du Bellay）[①] 写下“法兰西，艺术之母、兵器之母、法律之母”时，这最后一个词未免太言过其实了；正如孟德斯鸠指出的，正如在他之前雷斯（Retz）就用天才般的明晰性所解释的，在法国，查理六世死后，根本就没有任何法律。从 1715 年到 1789 年，法兰西带着谦卑的狂热，学习英国。当时，英国人似乎是唯一配得上公民称号的民族，在它四周都是一些受奴役的民族。但 1792 年以后，感动了所有被压迫者 247
的心灵以后，当法国发现自己卷入一场以英国为敌的战争时，所有关于正义与自由的观念都集中在它自己身上了。在此后的一个世纪中，对于所有的法国民众，产生了一种其他民族所不知的狂热，而法国人则从中获得了一种光芒。

此外，不幸的是，与法国大革命相对应的，是一种与全欧洲大陆之过去历史的狂暴决裂，以至于如今竟然连一种追溯到 1789 年的传统，事实上也就等同于某种古老的传统了。

---

① 当指法国诗人约阿希姆·迪贝莱（Joachim du Bellay，1522—1560），著名的法国文学运动七星派（La Pléiade）的领袖，曾写下《为法兰西语言辩护争光》（*La Défense et illustration de la langue française*）。——译者注

1870 年的战争，表明了在世人的眼中法兰西到底是个什么样子。在这场战争中，法国人是侵略者，尽管有埃姆斯电报（dépêche d'Ems）① 的诡计；这一诡计本身也表明，入侵来自法国一方。德国人之间并未统一，他们想起拿破仑来还两腿打颤，总以为这下要被占领了。当他们像切黄油一样开进法国，他们自己着实也吓了一跳。但更让他们大吃一惊的是，全欧洲人都惧怕他们，而他们所做的无非胜利地保卫了自己的家园。但战败者是法国；尽管有拿破仑，由于 1789 年，胜利者总是会使人惧怕的。

在腓特列皇太子的日记中，我们可以发现，这些为他们所不理解的谴责，给最优秀的德国人带来了多么痛苦的惊愕。

248 也许就从这时候起，德国人当中产生了一种自卑情结，带着明显的矛盾混杂着一种内疚感、一种受到不公正待遇的感觉以及由此产生的残酷反应。总之，从这时起，欧洲人觉得，普鲁士人就取代了传统的德国人形象：湛蓝眼珠好梦想的音乐家、“好脾

---

① 埃姆斯电报：1870 年 7 月初，普鲁士的利奥波德亲王被宣布为西班牙王位继承人，因利奥波德是普鲁士国王的亲戚，巴黎方面担心普鲁士势力伸入西班牙对法国不利。7 月 12 日，利奥波德宣布放弃继承资格。翌日，法国驻普鲁士大使贝纳德蒂（Vincent Benedetti）到位于普鲁士莱茵兰的温泉疗养地埃姆斯拜会普鲁士国王威廉一世，请求威廉保证其家族成员不再出任西班牙王位继承人，威廉婉拒了该要求。拜会遂告结束。威廉给普鲁士首相俾斯麦（Otto von Bismarck）拍发了一封电报，通报是次会晤之经过。俾斯麦将电文作了修改，次日公开发表。他删除了会晤双方的礼节性问候，令人以为会晤均互有凌辱之意，从而加剧了巴黎与柏林之间已有的紧张气氛。7 月 19 日法国正式对普鲁士宣战。该事件以及所引发的普法战争，极大地改变了西欧的政治格局，也促成了除奥地利以外德意志民族的最后统一。——译者注

气”(gutmütig)、抽烟斗喝啤酒、全然不会伤害任何人——在巴尔扎克的作品中还能找到这种人。而德国越来越变得像它的新形象了。

法国所承受的道德伤害稍小一些。人们赞赏它1871年后的重新崛起。但人们没有看到它所付出的代价有多大。法兰西已变得现实主义了。它已不再相信自己。对公社的大屠杀，其规模与程度如此令人吃惊，使得工人觉得自己是被排除在民族之外的贱民，而布尔乔亚们，出于内疚心理，则对工人产生了一种肉体上的恐惧。一直到1936年6月，我们还能感受到这一切。而1940年6月的大崩溃，是1871年5月那场如此短暂而又血腥的内战的直接后果，在将近四分之三个世纪中，它一直隐隐地存在着。从那时起，名校青年与民众之间的友谊——19世纪全部法兰西思想都从这友谊中汲取营养——变得仅仅是一种回忆了。另一方面，失败的耻辱又反过来使布尔乔亚青年的思想转向最低俗的民族强盛观念(conception)①。被它所经受且削弱它的征服所纠缠，除了去征服，法兰西已不再能感受到更崇高的使命。 249

就这样，法兰西变得与其他民族一样了，只梦想着在黄种人与黑种人的地盘中分得自己的一杯羹，并在欧洲谋求自己的霸权。

过惯了一种如此强烈的狂热生活后，又跌落至如此低下的境地，必然会产生一种深刻的苦恼(malaise)。这一苦恼在1940年6月达到了极致。

---

① 一译“构想”。——译者注

我们必须这样说，因为的的确确，灾难过后法兰西的第一反应就是唾弃自己的过去、自己最近的过去。这并不是维希政府宣传的结果。相反，它是促成国民革命最初表面上成功的一个原因。这是一种正当且健康的反应。这一灾难能被视为好事的唯一方面，就是唾弃它所从中产生的过去。在过去这一段时光中，法兰西所做的无非要求与某一使命有关的特权，而这一使命它早已否认，因为它已不再相信。

在国外，法兰西的崩溃只在那些受 1789 年精神影响的地方才引发出情感。

250 作为一个民族的法兰西暂时的颓丧，会使它在各民族中重新变成一种——它曾经是的，也是人们长久以来所期望它恢复的——激励。而为了使法兰西获得世上的伟大强盛——对于其内在生命之健康而言也是必不可少的伟大强盛——它就必须在打败敌人重新成为一个民族之前，成为一种激励。再往后，出于多重理由，兴许这就不可能了。

在这一点上也同样，伦敦的法兰西运动处于人们所能梦想的最佳处境之中，只要它善于利用这一处境。它必然需要以一个国家的名义讲话，而它也的确同样具有这样的官方色彩。它对法国人没有哪怕名义上或虚构的政府权威，一切都来自自由的同意，于是它具有某种灵性力量。在最黑暗时刻所表现出来的不可侵蚀的忠诚、为了它的名义而自由奉献的鲜血，使得它有权利自由地使用语言中最美好的词汇。它所处的环境，恰如它为了使全世界听到法兰西的声音而必须身处的环境。这种声音的权威，不是来自它的力量（因为失败这力量已经枯竭），不是来自它的荣耀

（因为耻辱这荣耀已经一笔勾销），而首先是来自一种思想的提升（这思想与如今的悲剧相称），其次则来自印刻在民众心中的灵性传统。

这场运动的双重使命是很容易说明的。在最不幸的时候帮
助法兰西获得与其天才（génie）和危难中人们的现实需要相符 251
合的激励。一旦重新找到或至少瞥见这激励，就将它传播至全世界。

如果我们投身这一双重使命，某一较低层面上的许多事物或许也就因此额外地加到我们身上。如果我们首先投身于这些事物，它们甚至会被拒绝赋予我们。

当然，它所涉及的不是口头上的激励。一切实在的激励都进入肌肉并展现为行动；而如今法国人的行动只能是为驱逐敌人作贡献的行动。

然而，如果以为伦敦的法国运动之唯一使命就是尽可能高地提升法国人在抗击敌人的斗争中的力量的话，那却是不恰当的。

其使命乃是，帮助法兰西重新找回本真的激励，而这一激励，因其本真性，自然地就通过努力和英雄主义灌注到国家解放运动之中。

这不是一回事。

这是因为，我们必须完成一项高层次的使命，各种威胁、允诺和暗示的粗糙而灵验的手段都是不足的。

相反，运用某些回应了构成法兰西民众的人们的隐秘思想与隐秘需求的话语，才是适合那有待完成之任务的神奇方法，只要它运用得当。

252 为此，首先必须在法国有一个接受组织。也就是说，有那么一些人，其当务之急、头等关切，就是要认清这些隐秘思想、隐秘需求，并向伦敦汇报。

要完成这一任务，必不可少的条件是，对人们（不管他们是谁）、对他们的灵魂，要有一种强烈的关怀；要有设身处地并关注那些未经表露之思想的能力；在完成任务的过程中要有某种历史直觉感；还要有足以展现思想情感之微妙变化与人际间之复杂关系的书面表达能力。

鉴于有待观察之事物的范围和复杂性，必须有很大一批这样的观察者；但事实上这是不可能的。但至少迫切需要调动一切——毫无例外——可以调动的人员。

假定在法国有一个接受组织，虽然不足——它不可能不是这样的——却是实在的，则第二步行动，也是两者中最为重要的，乃是在伦敦实施的。那就是选择的行动。那就是能塑造国民灵魂的行动。

对某些能在法国人心中产生回响的话语——因为这些话语回应了他们心中已有的东西——的认识，这认识才是唯一对事实的认识。它并不包含任何善的迹象，而政治，正如一切人类活动，乃是指向善的活动。

253 法国人的心灵状态，无非一个事实。原则上（en principe）它既不构成善，也不构成恶；而事实上（en fait）它又由善恶的混合而构成，其构成比例容易有极大变化。

这当然是不言而喻的真理，可又有必要重复讲述，因为与流亡生活自然有关的感受性也许会使人多少遗忘了它。

在各种能在法国人心中激起回响的话语中，必须选择那些有助于激起回响的话语，反反复复地讲述它们；而其他的却不能讲述，为的是让那些应该消失的东西尽快消失。

可选择的标准又会是哪些呢？

我们可以设想两个标准。第一个，是善（le bien），在该词的灵性意义上。另一个，是效用（l'utilité）。当然，它所指的也就是与战争及法兰西民族利益有关的效用。

对于第一个标准，有一个公设首先需要加以审察。必须非常谨慎、非常详尽地在灵魂和意识中斟酌它，然后一劳永逸地接受或拒绝它。

一位基督徒只能接受它。

这一公设乃是，灵性的善是在一切角度上、在一切关系中、在一切时间地点及一切环境中的善。

这就是基督在这一番话中所表述的："荆棘上岂能摘下葡萄，蒺藜里岂能摘下无花果？这样，凡好树都结好果子，惟独坏树结坏果子。好树不能结坏果子，坏树不能结好果子。"① 254

这就是这些话的意思。在此世、肉体的层面——我们的思想通常就在该层面上活动——之上，还有另一个层面，即灵性的层面，在该层面，善只是善，哪怕在低于它的层面上，它所产生的也只是善；而恶只是恶，所产生的也只是恶。

这是对上帝之信仰的直接结论。绝对的善不仅是一切善中最好的——要是这样的话它就是一种相对的善——而是独一无二

① 参见《马太福音》7：16—19。另参见《路加福音》6：43—45。——译者注

的善，它在超卓的程度上（à un degré éminent）包含了一切善，包括所有离弃它的人所追寻的善。

一切直接源于它的纯粹的善都有某种类比的性质。

于是，在能够从伦敦在法国人心中激起的各种回响中，必须首先选择一切纯粹而本真的善，绝不考虑时宜，所要审察的只是本真性；并且我们必须经常地、坚持不懈地把这一切提交给他们，而且要尽可能以简洁明了的话语为中介。

当然，一切仅仅是恶、憎恨、卑鄙的东西，也必须同样加以拒斥，绝不考虑时宜。

255 还有一些中不溜的动机，它们低于灵性的善，却未必是恶的；对于它们才应该提时宜的问题。

对于每一个这样的动机，都必须尽可能完整地——要真的走完一圈——审察它从这样那样的角度，在这样那样可能的环境中所能产生的后果。

若不注意这一点，我们就会犯错误，走向自己愿望的反面。

比如说，1918 年以后，和平主义者曾相信，为了更容易被听取，就必须诉诸对安全、舒适的爱好。于是他们希望获得足够的影响力，以左右我国的外交政策。在这一问题上，他们算计得很清楚，可通过保障和平的方式来左右它。

他们没有问一问：得到他们鼓励、为他们所激起的动机，会产生什么样的后果——他们所获得的影响力，尽管已经很大了，也仍不足以引导外交政策的方向。

只要他们提出问题，答案似乎马上就浮现出来了，而且很明确。就这一事例而言，如此激起的动机既不会阻止也不会拖延战争的爆发，而只会使更具侵略性、更好战的阵营获胜，并进而在很长的时间里使得对和平的爱名誉扫地。

顺便也可以说，各种民主派机构所作的游戏，就我们理解而言，只是不断地在邀请人们犯这一类有罪而致命的疏忽。

为避免犯这种罪错，对于每一个动机都必须思量：这一动机 256
能在这样那样的圈子中产生某些影响；还可以在哪些圈子中呢？它可以在这样那样的领域中产生影响，还可以哪些领域中呢？在这样那样的处境下可以产生影响，还可以有哪些处境呢？在每一种处境下，它又能在每一圈子、每一领域产生何种影响？起初如何，往后如何，再往后又如何？从何种角度看这每一种可能的影响会是有利的，从何种角度看它又会是有害的？每一种可能性的概率又会是多少？

必须仔仔细细地考虑每一方面以及各方面的总和；暂时悬置所有导向选择的倾向；然后是决断；并且，正如人类所做的一切决断，要敢冒错误的风险。

选择一旦作出，就必须使它接受具体运用的检验，当然，设置在法国的记录设备会全力辨别与日俱增的结果。

但表达只是个开端。行动才是更有力的灵魂塑造工具。

涉及这些动机，行动有一种双重特性。首先，一种动机，只有当它激发起由身体实施的行动，它在灵魂中才是真正实在的。

光鼓励存在于或萌发于法国人心中的这样那样的动机还是不够的，要是指望他们自己将他们的动机化为行动的话。 257

在伦敦方面，还需要在尽可能大的范围内，尽可能延续地，以尽可能多的细节，以各种手段——电台或其他方式——给出行动的方向。

有一天，一位士兵在叙述他在一场战斗中的表现时说："我服从所有的命令，可我觉得，要是没有命令，我是不可能自愿面对危险的，这远远超出了我的勇气。"

这一见解包含了某种深刻的真理。一条命令就是一种具有超凡效能的刺激剂。在某些环境下，它自身就包含了实施它所指涉之行动的必不可少的能量。

顺便也可以说，研究这些环境由何构成、由哪些事物来规定它们，又有哪些变式，并开列出完整的清单，庶几就能找到一把钥匙，以解决最根本最紧迫的战争与政治问题。

得到明确承认、施加在每个人头上、确定且完全严格之义务的责任，也会像一条命令一样推动人们去面对危险。只有在行动中，并由行动在各种特定环境中所产生的结果中，它才能表现出来。智力越明晰，承认这一责任的能力就越大；它还取决于理智
258 的诚实、无限珍贵的美德，能防止为避免不适而撒谎。

那些不需要命令或明确的责任而能直面危险的人有三类。有些人天生勇气超群，生性不知惧怕为何物，几乎不做恶梦；这些人常常轻率涉入危险，有着冒险精神，选择危险前没有深思熟虑。有那么一些人，于他们而言勇气是艰难之事，可他们却能从不纯洁的动机中获得能量。追求勋章、复仇、憎恨的欲望，就是这类动机的好例子；按不同的个性、不同的环境，这类动机数目很多，彼此差异很大。还有一些人，他们服从直接来自上帝并由上帝特别下达的命令。

这最后一种情况并没有我们所相信的那么罕见；因为它常常

是隐秘的，甚至常常对于相关者自己都是隐秘的；因为这样的人有时以为他们不相信上帝。然而，虽然他们不像我们所相信的那么罕见，可不幸的是这种情况毕竟是不常见的。

另外两种人对应着一种勇气，尽管它常常很抢眼，还顶着英雄主义的荣誉，可在人性的层面上，却亚于那些服从长官命令而面对危险的士兵的勇气。

伦敦的法兰西运动的确具有某种程度的官方色彩，故它所下 259
达的指令包含了附属于命令的刺激效果，又不会败坏自由奉献那种神智清醒而又纯粹的兴奋。

由此对它所产生的，既有巨大机遇又有巨大的责任。

由这些命令所实现的行动、所涉及的人员在法国越多，法兰西就越有机会重获一种灵魂，它能使法兰西在战争中凯旋——不仅是军事上的凯旋，也同样是灵性上的凯旋——并且能在和平中重建自己的祖国。

除了数量以外，行动的选择问题乃是首要的。

从许多角度看它都是首要的，其中某些角度属于极高的层面，具有极高的重要性，因而，我们必须把那种任由阴谋专家主宰该领域的分隔状态视为灾难性的。

从最宽泛的意义上讲，在所有领域中，只要技术全然或近乎全然处于最高地位，恶占上风就是不可避免的。

技术人员总是倾向于成为主宰，因为他们觉得他们懂行；从他们的角度来看这是完全正当的。一旦出现这种情况，造成恶的责任就不可避免地只会落在那些放手任由他们去干的人头上。当
我们放手让他们去干，那总是因为我们心里没有始终清晰明确 260

地牢记某些特定的目的，这样那样的技术总是应该服从这些目的的。

伦敦为在法国实施的各种行动所确定的方向具有多重目的。

最为自明的就是直接的军事目的，涉及情报和破坏活动（sabotages）。

从这个角度看，伦敦的法国人只能是英国的需求与法国的法国人之良好意愿之间的中介。

这些事情的极端重要性是不言而喻的，只要人们明白，如今已越来越清楚的是，交通运输比某些战役在决定战争胜负方面的作用要大得多。两台遭到破坏的火车头对应着两艘潜艇。破坏火车头就等于破坏了潜艇。这两种破坏的关系就是进攻与防御的关系。

阻碍生产也是同样重要的。

我们对开展于法国的行动所能施加的影响总量，主要取决于英国人让我们支配的物质手段。我们对法国的影响——就我们所拥有的或不如说我们所能获得的——对英国人而言可能是非常珍贵的用处。于是有一种相互需求；但我们这方的需求则要大得多；至少在直接的需求方面，在太多的时间里它是唯一得到考虑的。

261 在这种处境下，如果在他们与我们之间没有一些不仅是好的，而且是热情的、真正朋友般且某种程度上亲密的关系，那就是不可容忍的，必须停止。在任何地方，只要人际间不是应该具有的那种关系，那通常两方面都有过错。但要想结束这一局面，想想自己的过错总比想着别人的过错更有用一些。再说我们这边的需求要大得多，至少是眼下的直接需求。还有，我们是流亡者，他们接纳了我们，总还欠他们一份感激之情。最后，人所共知的是，英国人没有能力摆脱他们自己的思想，置身于他人的处境中；他们最优良的品质、他们在这星球上所特有的作用，几乎是与这一能力不相容的。事实上，不幸的是，这一能力在我们当中也几乎是罕见的；但就其本性而言，它却属于我们称为法兰西之使命的那些事物。无论出于何种考虑，都该我们努力维持一种恰当的热情关系，我们这一方面必须有一种理解——当然是纯洁无瑕、不带一丝奴颜的理解——的诚挚愿望，穿透他们所有的保护层，抵达被这保护层所遮盖的实在的友谊能力。

在世界上重大事件中，个人间的情感扮演了一种重要的角色，我们从来不知道其作用有多大。在两个人、在两个人类生活圈子之间有没有友谊，在某种情况下于人类的命运而言可能是决 262
定性的。

这很容易理解。一条真理只有在某个特定人的精神中才能浮现。他又会如何交流传播它呢？要是他试图陈述它，也不会有人听取。因为，其他不知道该真理的人，不会原封不动地承认它；他们不会知道他正在讲的是真的；他们没有给予足够的关注，以理解这一真理；因为他们没有任何动力要去关注。

但友谊、钦慕、同情或其他亲切的情感，却会很自然地促使他们给予某种程度的关注。一个有某些新奇之事要讲述的人——因为对于老生常谈不必有任何关注——首先只会被那些爱他的人所倾听。

于是，人与人之间真理的交流传播全然有赖于情感状态；对于各种类型的真理情况都是这样的。

忘不了自己国度的流亡者——那些忘了它的人则没救了——内心总是不可抗拒地转向不幸的祖国，甚至很少有情感资源与他所居住的国度建立友谊。这种友谊，若没有向他们自己施以某种暴力，是不会在他们心中萌发成长的。但这暴力是一种义务。

263 伦敦的法国人对法兰西人民——法兰西同胞正眼巴巴地望着他们——所具有的最迫切的义务，莫过于在他们自己与英国精英之间建立起一种实在、充满生机、热情、亲密、有效的友谊。

除了战略的功利，其他的考虑也必须在行动的选择中有一席之地。这些考虑也是极其重要的，但处于第二个层面，因为战略的功利是行动能得以实现的条件；一旦缺乏它，就只会有骚动，而不是行动，而行动的间接德性（la virtue indirecte）——它提供了最高的价值——也会因此而丧失。

再说一句，这一间接德性乃是双重的。

行动向产生行动的动力提供了实在的丰富性。这些动力的表达，被外人所听到，也只能提供一种半实在（demi-réalité）。行动则具有一种完全不同的德性。

许多情感可以在心中共存。在法国人心中辨别出这些情感之后，在必须达到为官方表达所确认的实存程度的情感中作出选择，则这一选择已然受各种物质条件之迫不得已的限制。比如说，如果我们每天晚上向法国人讲一刻钟话，如果我们必须经常重复这样的讲话，是因为电波干扰使得我们不能确定他们是否听
264 到，并且因为无论如何重复都是教学上的必需，那我们能说的只

是某些有限的事物。

当我们跨入行动的领域，各种限制则更窄。标准已然拟就之后，也还必须作出一个新的选择。

一个动力转化为一项行动的方式，倒很值得研究。产生一活动的，可能是这一动力，也可能是另一动力，还可能是其他的动力，或者是几个动力的混合；相反，另外的某种动力也可能不会产生这一活动。

为了引导人们不仅去实现某一行动，而且是在这样的动力驱使下实现该行动，那么最好的方法，或许是唯一的方法，似乎就在于以言语为手段建立起的联想。也就是说，每次由电台建议实施某一行动时，这一建议必须伴随着对某一或某些动力的表达；每次重复这一建议时，这动力都必须再次表述。

诚然，确切的指示不是通过电台而是通过其他途径传递的。但这些指示必须由电台发出的鼓励而得到强化，电台的鼓励涉及同一主题，只是要保证谨慎，少提细节，多传达动力。

在动力的领域中行动还有第二种德性。它不仅使过去处于半幽灵态的动力得到实现。它还使人们灵魂中产生以前根本不存在 265
的动力和情感。

每一次，或者是冲动或者是环境的强制，驱使行动超出那产生行动的动力所蕴含的最大能量时，这样的情况都会发生。

这一机制（mécanisme）——无论对于针对人们的行动还是对于私人生活中的行为，了解这一机制都是必不可少的——既会产生恶也会产生善。

比如，常常会有这样的情况，某一家庭的老病号，家人出于诚挚的爱温柔地照顾他，末了却使他们心中产生一种隐隐的、难以启齿的敌意，因为他们不得不付出超过他们的爱意所蕴含的能量。

在民众中——在惯常的疲惫之上添加的这些义务是多么沉重——有时会产生一种无动于衷，或者甚至是残酷的表象，外人难以理解。正因为如此，正如某一天《哼哼杂志》好心地指出，儿童殉难在民众中比在其他地方更常见。

这一机制产生善的能力在某一神奇的佛教（bouddhiste）故事中得到体现。

266 按佛教的传说，佛陀（le Bouddha）曾发愿，任何颂他名号愿通过他而得救的人，都能随他升天。在这一传说中，存在着一种“口诵佛号”（La récitation du nom du Seigneur）的实践。即以梵语、汉语或日语反复念诵几个音节，其意为：“荣耀归于光明之主”（Gloire au Seigneur de Lumière）。

从前有一个小和尚，操心他父亲的永恒得救（le salut éternel），他父亲是个老守财奴，脑子里想的只是钱。庙里的方丈把老头子找来，答应他，只要他念诵一遍佛祖的名号，就给他一个铜板；他要是每天晚上来庙里汇报念的次数，就如数付给他。老头子乐坏了，一得空就念。每天晚上他都来庙里要钱。突然有一天他没来。过了一个星期，方丈派小和尚去打听他父亲的消息。有人跟他说，老头子如今念诵佛号着了迷，就连念了多少次他都数不过来了；所以他没办法到庙里来要钱。方丈对小和尚说，什么也不要做，等着吧。过了一段时间，老头子来到庙里，两眼炯炯有神，说他已开悟。

这就是基督的训诫所暗示的那种现象："要在天上建立你们的宝藏……因为一个人的宝藏在哪里，他的心也就在哪里。"

这意味着，有那么一些行动，它们具有将一个人心中的爱从 267
尘世引向天国的德性。

一个守财奴，当他开始聚集金钱时就不是守财奴了。没错，起初他是受人们答应给他钱财这一强烈念头的激励。但他每天的努力与节俭却产生了一种冲动。当他的祭献超出了起初的动力后，最为祭献对象的宝藏就变成一个自在的目的，而他就使其自身的人格服从这一目的。收藏癖也取决于类似的机制。其他的例子我们还能举出许多。

于是，当针对某一对象的各种祭献活动远远超出引起它们的动力时，对这一对象而言，其结果或者是反感，或者是一种新的更强烈的爱意，这爱意却不是第一种动力所知晓的。

在第二种情况下，所产生的是善还是恶，就取决于对象的性质了。

如果说在病人的例子中常常产生的是反感，那是因为这一类的努力没有指望；没有任何外在的因素能回应日积月累的内在疲惫。而守财奴，却能看见他的财富天天见长。

此外也还有那么些处境、那么些性格的结合，所产生的结果
反倒是激起狂热的爱意。充分研究这一切，我们无疑就能辨明各 268
种规律。

但是，对这一现象，哪怕是简略的知识也能为我们提供实践的规则。

要想避免反感效应，就必须预计到可能的动力衰竭；对同样

的行动，官方机构必须定期给予新的动力，对应于人们心灵深处自发萌生的激励。

尤其是必须注意使那令守财奴喜爱宝藏的移情机制所产生的是善而不是恶；避免由此产生的各种恶，或者无论如何要将它们限制在最低程度。

如何去做则容易理解。

这种机制由此构成：一个行动，当它被努力地从外部动力引向自身后，其自身就变成一种喜爱的对象。它所产生的结果是善还是恶，则取决于该行动是好还是坏。

如果人们为了法兰西而杀死德国士兵，过了一段时间，杀人成了嗜好，那么显然这就是一种恶。

如果人们为了法兰西而救助被掳至德国的工人，过了一段时间，救助不幸者成了嗜好，那么这就是一种善。

269 并不是所有的事例都是这么清楚的，但每一种情况都可用这样的方法加以审察。

其他情况都一样时，就必须始终选择那些能够激起善的行动方式。当其他所有情况并不相同时，也通常也必须这样选择。必须如此选择，不仅是为了善——这是充分的理由——此外，也同样是为了实际效用。

恶要比善更容易成为一种动力，然而一旦某种纯粹的善在一个人的灵魂中成为动力，它就在此成为一种源源不竭始终如一的动力，而恶却从来不可能如此。

人们完全可能出于爱国主义而做一名双重间谍，为了服务本国而欺骗敌人。但如果人们在这一活动中所付出的努力超出了爱国主义动力所提供的能量，此后又在该活动中感到乐趣，那差不多就会有这么一刻，他们再也不知道自己为了谁又在欺骗谁，这时他们就可以为了任何人或去欺骗任何人。

相反，如果出于爱国主义人们被引向某些行动，它们萌发催生了一种对高于祖国之善的爱，灵魂就获得了造就烈士的素质，而祖国也能从中获益。

信仰比现实政治更为实在。不确信这一点的人，就不会有信仰。

于是，每一次通盘审视问题的各方面时，必须极其仔细地核查与衡量构成在法国非法抵抗运动每一个行动方式。 270

惟独从这一角度就地作细致的观察，于这一结果而言是不可或缺的。

这并不是说，就此不可能发明出新的行动方式来，能同时处理上述考虑和眼前的直接目标。

（比如说，立即策划一场密谋，**销毁**与国家对个人进行控制有关的**官方文件**，这种破坏活动可以有多种形式，如纵火等；无论对于直接目的还是长远影响，都会是十分有好处的。）

比行动更高的实在性，则由协调各种行动的组织而构成。当这样一种组织不是人为所设立，而如一株植物生长于日常之急迫环境中，并同时由某种出于善的清晰认识的审慎警觉所模塑，那么也许此地就有尽可能高的实在程度了。

在法国有一些组织。但也同样有——而这是更为重要的——一些组织的胚胎、萌芽、草图，正在成长。

必须研究它们、思考它们，并把在伦敦的权威机构当作一件

工具而加以利用，以便谨慎细致地模塑（modeler）它们，就像
271 一位雕塑家，揣摩着包藏在一大块大理石中的形式，为的是使这形式从大理石中显现出来。

这种模塑工作必须同时受到直接因素与非直接因素的指导。

以上有关话语与行动所讨论的，也均可运用于此。

一个组织，它凝结并吸引了官方发布的话语，它用各种不同且适合于它的话语将官方发布的话语迻译为激励，它通过协调得当的行动使这些话语得以实现（对于这些行动，它提供了不断增长的效率保证），它是某种活泼、热烈的环境，充满亲密之情、友爱之情、温柔之情——如果是这样，那它就是一片腐植土，不幸的、因灾难而拔根的法国人，就能在这土中存活，并无论在战争还是和平中均能得救。

这件事必须现在就办。胜利之后，处于对舒适生活或权力的个人欲望的大爆发中，任何事都绝不可能开始。

这件事必须立刻就办。其急迫性难以言表。稍稍放松，就会招来堪与罪行相比的责任。

法兰西得救与强盛的唯一源泉，就是重新与埋在其不幸深处的非凡才具（génie）相接触。这件事必须现在就办，马上就办；趁现在不幸仍然压得人透不过气来；趁现在法兰西面前仍有一种可能性，在未来日子里，通过在战争行动中的表达，将重获其非
272 凡才具意识的第一道微光转化为现实。

胜利以后，这种可能性就会消失，而和平并不能提供其等价物。因为比起战时行动，我们极其难以想象、设想一种和平时的行动；为了穿透并激起和平时的行动，某种激励必须已然具有很

高的意识、光明和实在程度。对于法兰西，对于和平时期，只有战争的最后一阶段才可能产生这一效果。战争必须是一位教师，它发展并滋养激励；为此，就必须有一种深刻本真的激励、一种真正的光明，在战斗正酣时涌现。

法兰西必须再一次完全投入战争之中，以鲜血为代价去分享和平；但光这样还不够。它也可能产生于幽昧，而真正的益处则是微不足道的。

进而，其战争能量的养分只能是在其不幸之深处重获的真正非凡才具，虽然，经历这样一个长夜之后，首先出现的乃是某种难免虚弱的意识程度。

而战争本身也能使之燃起火焰。

伦敦的法兰西运动的真正使命，哪怕出于政治和军事的环境考虑，也首先是一种灵性使命，而非政治和军事使命。

这一使命可被定义为在全国范围内进行意识指导。273

此处所草拟的政治行动的方式，要求每一个选择都源于同时对许多不同方面所作的思考。它意味着某种极高的专注程度，近乎艺术与科学之创造性工作中的专注程度。

但是，政治——它决定人们的命运，并以正义为对象——所要求的专注程度为什么就要低于以美和真为对象的艺术与科学的专注程度呢?

政治与艺术，诸如诗、音乐、建筑等，具有非常近的亲缘关系。

同时在许多层面上进行创作乃是艺术创造性的法则，并事实上是困难的。

一位诗人，在推敲取舍词句时，必须同时心里考虑至少五六个层面上的设想：在他所选定的诗歌形式中的诗法（versification）规则——音节数与韵；词语间的语法协调；涉及思想展开的逻辑协调；各音节语音的纯粹音乐连贯性；由每个音节或一群音节之
274 停顿、休止、绵延而构成的所谓有形节律；围绕在每个词语四周并由其所包含的暗示之可能性所营造的气氛，以及由词语前后相继而形成的某一气氛向另一气氛的过渡；由对应于这样的气氛或这样的思想展开的词语之绵延而形成的心理节律；重复效应与新奇效应；无疑还有其他的方面；以及使这一切聚合成整体的独特的审美直觉。

灵感（inspiration）是一种灵魂各机能的张力，它使为在多层面上的创作所必不可少的专注程度成为可能。

不具有这样一种专注能力的人，总有一天会具有这种能力——只要他带着谦卑、坚韧与耐心，顽强地坚持着，只要他为某种始终不渝、炽烈如火的欲望所驱使。

如果他不是这样一种欲望的猎物，他就不是非写诗不可。

政治也同样，它也是由在多层面创作所支配的一种艺术。任何觉得自己具有政治责任的人，只要他心中有对正义的饥渴，都必定渴望获得这种多层面创作的能力，并随着时间的推移必然会获得这种能力。

只是如今时间仓促。而各种需求则非常紧迫。

此处所草拟的政治行动的方法超越了人类理智的可能性，至
275 少是为人们所知晓的可能性。但其珍贵性也正在于此。我们不能问人们是不是有能力实施它。对此的回答总是否定的。我们必须

以一种完全明晰的方式去设想它；长久而持续地去思考它；使之永远深入人们的灵魂，而人们的思想就以此为根；并且在每一次决断时它都应在场。这样，也许就会具有很大的可能性：我们所作的决断，尽管不是完美无缺的，但总是好的。

怀着想要写出堪与拉辛（Racine）的诗相媲美的野心而写诗的人，永远写不出一首好诗。但要是连这种希望都不抱，他就更写不出好诗。

为了写出包含一些美的诗篇，必须曾经有过欲望，通过对文字的组织，去把捉纯粹而神圣的美，柏拉图说这种美居住于天空的另一边。

基督教的基本真理之一乃是，一种朝向稍微完美的进步并不是由一种对稍微完美的欲望所产生的。只有对完美的欲望，才有力量在灵魂中摧毁那使它受到玷污的恶。故基督的戒命说："你们要变得完善，如你们的天父是完善的。"①

正如人类的语言远离神圣的美，人的感性和理智能力远离真理，社会生活的不得已之事也远离正义。于是，若说政治不像艺术与科学那样需要创造性的努力，这显然是不可能的。

这就是为什么差不多所有的政治观点和这些观点得以讨论的 276
场所对政治都那么陌生，犹如蒙帕纳斯（Montparnasse）② 啤酒馆里歧异对峙的美学观点之于艺术。这一事例中的政治家就像那一

---

① 语出《马太福音》5：48。中文圣经和合本译作"所以你们要完全，像你们的天父完全一样"。——译者注

② 蒙帕纳斯：巴黎一区域，20 世纪初常有各色文人在此聚集。——译者注

事例中的艺术家，都只能从中找到一种剂量很小的刺激。

人们差不多从来也不把政治看作一种如此高尚的艺术。这是因为几个世纪以来，人们已习惯于只把它看作，或在所有的情况下主要看作一种获得并维持权力的技术手段。

然而，权力并不是目的。就其本性、就其本质、就其定义，它仅仅是一种手段。政治就犹如作曲时的钢琴。一位需要钢琴用来创作旋律的作曲家，要是在一个没有钢琴的小乡村，就会感到窘迫。但只要有人给他提供一架，他所关心的就只是作曲。

多么不幸的是，我们曾把制作一架钢琴与创作一首奏鸣曲混为一谈。

一种教育方法，若不是为了激励人性完善的概念，就根本不值得一提。涉及对一个民族的教育时，这一概念必须是关于一种文明的概念。我们不能从过去中寻找，因为它只是不完善的。也
277 不能从我们对未来的梦想中寻找，因为出于不得已之事，它也和我们自己一样平庸，因此还远不如过去。我们必须从镌刻在事物之本性上的永恒真理中，去寻找对这样一种教育的激励，一如这方法本身。

针对这一主题，以下是若干提示。

主要有四个障碍，使我们与一种真正有价值的文明形式相隔绝：我们对伟大强盛的虚假概念；正义感的贬损；我们对金钱的偶像崇拜；在我们身上宗教激励的缺席。我们可以毫不犹疑地使用第一人称复数，因为如今世上是否有一个人能避免这四重缺点，倒是十分可疑的，尤为可疑的是，在白种人中是否有这样的人。但就算有那么几个——正如我们无论如何必须期望有这样的

人——他们也都隐而不露。

我们对伟大强盛的概念是最为严重的缺点，我们甚至根本意识不到它是缺点。至少是作为我们身上的缺点；在我们的敌人身上的缺点倒是大大地冒犯了我们，但是，尽管在刺与梁木的寓言中基督早就警告过我们，我们还是觉察不到自己身上的缺点。①

我们对伟大强盛的概念与激励希特勒之全部生命的概念毫无二致。当我们揭露这一概念却丝毫也不反躬自省时，天使们必定非哭即笑，假如有那么一些天使对我们的宣传感兴趣的话。 278

显然，的黎波里塔尼亚（la Tripolitaine）② 被占领后不久，人们就停止了历史的法西斯主义教育。这的确很好。但有教益的是，涉及古代，知道在哪一点上历史的法西斯主义教育不同于法兰西共和国的法西斯主义教育。差异必定是很微弱的，因为共和法兰西在古代史方面的伟大权威，卡尔科皮诺先生（M. Carcopino）③，在罗马作了有关古罗马与高卢的一些讲座，这些讲

① 刺与梁木：见《马太福音》7：3—5："为什么看见你弟兄眼中有刺，却不想自己眼中有梁木呢？你自己眼中有梁木，怎能对你弟兄说'容我去掉你眼中的刺'呢？你这假冒为善的人！先去掉自己眼中的梁木，然后才能看得清楚，去掉你弟兄眼中的刺。"另见《路加福音》6：39—42。——译者注

② 的黎波里塔尼亚：北非历史地区，现属利比亚。公元前7世纪，腓尼基人在此建立三个定居点：拉布奇、奥伊阿和塞卜拉泰，后来罗马人称之为的黎波里塔尼亚（即"三城"）。历史上曾为各方所占领。16世纪归奥斯曼土耳其人控制，1912年意大利获得该地区，1939年被并入意大利王国。——译者注

③ 卡尔科皮诺（Jérôme Carcopino，1881—1970）：法国历史学家，以治罗马史闻名，著有：《苏拉，或称王不成》（*Sylla, ou la monarchie manquée*）等。——译者注

座在此地开设太合适不过了，它们在此也大受欢迎。

如今，伦敦的法国人尽可以责备卡尔科皮诺先生，但不是针对他的历史观念。另一位索邦（la Sorbonne）[①] 的历史学家于 1940 年 1 月对某人——此人曾写下对罗马人的苛刻之词——说："要是意大利与我们为敌，那就算您有道理。" 作为历史判断的根据，这是不够的。

战败者常常能从某种有时甚至是不义的情感中获益，但只限于暂时的战败者。一旦与力量相会合，不幸就能成为巨大的声望。弱者的不幸甚至不是关注的对象，即便它并不总是反感的对象。当基督徒已确信，尽管基督已被钉上十字架，但他紧接着就
279 复活了，并不久就将在荣耀中重返，以补偿他的信徒且惩罚不信者，则任何酷刑都不会令他们惧怕。但在此之前，当基督只是个绝对纯粹的存在者，从不幸降临到他身上起，他就被人们舍弃了。爱他最深的人心里也找不到为他冒风险的力量。当他们没有面对回报的激励时，酷刑就压过了勇气。回报并不一定是要个人的；支撑一位在中国的耶稣会（Jésuite）[②] 殉教者的是教会的此世荣耀，尽管他自己并不能从中期望任何救助。在此世，所存在的只是强力。这一点可视为自明的公理。至于非此世的力量，与它的接触非以对某种死亡的跨越为代价而不可得。

在此世，所存在的只是强力，而正是它赋予各种情感以力量，包括同情。我们可以举出一百个例子。为什么 1918 年以后

① 即巴黎大学。——译者注

② 耶稣会：天主教修会，16 世纪由西班牙人依纳爵 · 罗耀拉（San Ignacio De Loyola，1491—1556）创立。——译者注

的和平主义者对德国比对奥地利更为同情？为什么在这么多的人看来，带薪休假（congés payés）的必要性在 1936 年①而非 1935 年成为一条具有几何学自明性的公理？为什么会有更多的人对工厂工人而非农业工人感兴趣？诸如此类，不一而足。

在历史上也是一样。人们赞赏被征服者英雄主义的抵抗行为，只要不多久就能带来回报；而不是相反的情况。人们不会 280
同情已被彻底摧毁的东西。有谁同情过耶里哥（Jéricho）②，同情过加沙（Gaza）③、推罗（Tyr）、④西顿（Sidon）⑤，同情过迦太基（Carthage），同情过努曼提亚（Numance）⑥，同情过希腊化西西里（Sicile grecque）⑦，同情过哥伦布以前的秘鲁（Pérou）？

但是，有人会反驳道：我们如何去为那些已全然消失的东西哭泣，我们对它们根本毫不了解？我们根本不了解它们，因为它

---

① 1936 年法国爆发了全国性的大罢工，包括雷诺汽车公司在内的许多大公司都被工人占领了。——译者注

② 耶里哥：位于约旦河西岸。据《旧约》记载，它是约书亚率犹太人渡过约旦河后攻打下的第一座城，“将城中不拘男女、老少、牛羊和驴，都用刀杀尽”。见《约书亚记》6：20—21。——译者注

③ 加沙：巴勒斯坦一地名。犹太大力士参孙曾与加沙人战斗，并死于加沙妓女大利拉的计谋，见《士师记》16 章。亚历山大东征时曾在此遇到顽强抵抗，后将加沙居民卖作奴隶。——译者注

④ 推罗：位于现黎巴嫩沿海，现名苏尔。古腓尼基人海港，迦太基的母邦。——译者注

⑤ 西顿：位于现黎巴嫩沿海。最古老的腓尼基海港。——译者注

⑥ 努曼提亚：古凯尔特伊比利亚人城镇，位于现西班牙。公元前 133 年为西庇阿·努曼提努斯（即小西庇阿）所灭。见第 171 页脚注。——译者注

⑦ 希腊化西西里：公元前 8 世纪至前 6 世纪，希腊人在西西里建立了许多希腊城邦。——译者注

们已经消失了。那些摧毁它们的人，并不认为自己有责任维护它们的文化。

总之，最为严重的错误——它们扭曲了思想，迷失了灵魂，使灵魂游离于真与善之外——是难以觉察的。因为产生它们的原因乃是某些事物逃离了人们的关注。如果它们逃离了人们的关注，那么不管人们尽何种努力，人们又如何去关注它们？这就是为什么，就其本质而言，真理是一种超自然的善。

对于历史也是如此。被征服者逃离了关注。人们的关注是一种达尔文式过程的发生地，这一过程比统辖动植物界的法则更冷酷无情。被征服者消失了。他们狗屁不如。

有人说，罗马人被高卢带来了文化。在高卢-罗曼艺术之前它并没有艺术，在高卢人获得阅读西塞罗（Cicéron）① 著作的特权之前，它也没有思想，诸如此类。

对于高卢我们可以说一无所知，但我们所具有的近乎于无的迹象却足以说明上述所有说法都是谎言。

281 高卢艺术不大会成为我们的考古学家撰写论文的主题，因为它们的材料是木头。但布尔日（Bourges）② 城市却是个如此纯粹的美的奇迹，故而高卢人因为没有勇气亲手摧毁它，所以输掉了最后一场战役。当然，凯撒摧毁了它，同时还屠杀了当时在该城的四万条性命。

---

① 西塞罗（Cicéron，公元前 106—前 43）：罗马政治家、律师、古典学者、作家、斯多亚派哲学家。

② 布尔日：现法国中部谢尔省省会，位于奥尔良东南。公元前 52 年受到凯撒攻打，韦辛格托里克斯曾在此顽强抵抗（见第 20 页脚注），凯撒称此地为高卢最美的城市之一。——译者注

通过凯撒我们知道，德洛伊祭司（Druides）[①] 要学习二十年，课程包括背诵有关神祇和宇宙的诗篇。由此高卢诗歌必定包含大量宗教诗歌和形而上学诗歌，需要花二十年时间去学习。与这唯一迹象所提示的惊人的丰富性相比，拉丁诗歌——尽管有卢克莱修（Lucrèce）[②]——却贫乏得不足挂齿。

第欧根尼·拉尔修（Diogène Laërce）[③] 说，按某种说法，希腊智慧有多种外邦源头，其中就包括高卢的德洛伊祭司。其他的文献表明，德洛伊祭司的思想与毕达哥拉斯派（Pythagoriciens）有亲缘性。

可见在该民族中间有圣诗的海洋，其灵感我们只有通过柏拉图的著作才能想象。

所有这一切都消失了，罗马人灭绝了所有的德洛伊祭司——因为他们的爱国主义。

的确，罗马人说他们在高卢制止了生人献祭。对这些活动、 282
它们的方式、它们的精神，我们一无所知：到底是处决犯人还是宰杀无辜者？若是后者，又到底自愿与否？罗马人的见证很是模糊，不能不加怀疑就接受。但是我们千真万确知道的乃是，罗马人自己在高卢在其他各处屠杀了成千上万的无辜者，不是为了荣耀神祇，而是为了取悦民众。这是最具罗马色彩的制度，他们走

---

① 德洛伊祭司：古代高卢人宗教中的祭司。——译者注

② 卢克莱修（Lucrèce，约公元前 93—约前 50）：拉丁诗人、哲学家，著有长诗《物性论》（*De rerum natura*），阐述希腊哲学家伊壁鸠鲁的原子论。——译者注

③ 第欧根尼·拉尔修（Diogène Laërce，活动时期为公元 3 世纪）：希腊作家，因其希腊哲学史《著名哲学家生平及学说》而闻名，该书是现存最重要的二手资料。——译者注

到哪儿就在哪儿设立；而我们竟然还敢称他们是文明的传播者。

然而要是人们公然说高卢被征服以前比罗马更有文明，这听上去简直荒诞不经。

这就是一个典型的例子。虽然在同一片土地上我们这一民族接替了高卢，虽然我们的爱国主义也像那时一样是一种延伸向过去的强烈倾向，虽然少量残存的文献构成了不容置疑的见证，但高卢军队的失败，对于我们承认该失落文明的高度灵性成就，却是个不可克服的障碍。

即便如此，也还有人为此倾注了热情，如卡米耶·朱利安（Camille Jullian）[①]。但是，特洛伊（Troie）的土地上再也没有出
283 现过一个民族，那么谁又会去费心考证在《伊利亚特》(*Iliade*)、在希罗多德（Hérodote）的著作中、在埃斯库罗斯（Eschyle）[②]的《阿伽门农王》(*Agamemnon*）中展露的最为明显的真相：特洛伊在文化、灵性上比不义地攻击它并将它摧毁的人们高得多，而它的毁灭乃是人类历史上的一场灾难？

1940 年 6 月以前，人们在法国报刊上能够读到一些以鼓励爱国主义思想为标题的文章，它们把法德冲突比作特洛伊战争；有人解释道，那场战争就已经是文明与野蛮的战争，而野蛮人则是特洛伊人。然而，除了特洛伊人失败了，再没有别的因素能说明这样的错误。

---

① 卡米耶·朱利安（Camille Jullian，1859—1933）：法国历史学家，著有《高卢史》(*Histoire de la Gaule*)。——译者注

② 埃斯库罗斯（Eschyle，公元前 525/524—前 456/455）：古希腊三大悲剧家之一。共写悲剧 70 部，现存 7 部：《乞援人》《波斯人》《七将攻忒拜》《普罗米修斯》《阿伽门农》《奠酒人》《报仇神》。——译者注

如果说在涉及希腊人——他们已经为自己所犯之罪行而内疚不已，并从其受害者的角度作了见证——时，人们都难免犯这样的错误，那么在涉及其他民族——他们惯常所作的就是诽谤中伤被他们伤害的人——时，这样的错误又何止万千？

历史以史料为依据。一位历史学家出于其职业绝不可主张毫无根据的假定。表面上这是合理不过的，可事实上这一要求要高得多。因为，正如史料常有欠缺，思想的均衡就需要人们考虑某些无根据的假定，只要与此主题相适应，并且，针对每个主题都会有许多这样的假定。

出于更有力的理由，考查史料时必须读出字里行间的隐含之 284
意，完全置身于史料中，全然忘却自我，尽可能长时间地关注有意义的细节，并且辨识全部意义之所在。

但对史料的尊重和史学家的职业精神并不能促成这一类实践。所谓史学精神并不能穿透纸面获得真实的血肉，它在于令思想服从史料。

然而，就事物的本性而言，史料总出自强者、征服者之手。于是，历史无非对凶手就其受害者和他们自己所作之证言的编排。

人们所说的历史法庭——其信息是这样获得的——作出判断的方式不外乎“瘟疫中染病的动物”（Animaux malades de la peste）①。

① 出自拉封丹《寓言诗》卷七。说的是上天为了惩罚大地上的罪孽，便降下了瘟疫，所有的动物都遭受了打击。狮王召集百兽，要挑选最有罪的，献祭给上天。但从它自己开始，所有凶残的动物都被开脱了。而驴坦诚曾经在路过修士们的草地时，饥饿难忍，啃了一小口青草。于是，以强弱来定罪的动物法庭便将这可怜的驴处死了。——译者注

关于罗马人，我们所拥有的绝对只是他们自己以及他们的希腊奴隶的文献。那些不幸者，在他们受奴役而缄默的状态中，也已经说出够多的东西了，只要我们费心以真正的关注去仔细阅读。但为什么要费这心呢？没有任何动力这样做。迦太基人又不会颁发法兰西学院大奖（prix de l'Académie），也不会提供索邦的教席。

同样，人们为什么要费心去怀疑希伯来人对迦南（Canaan）①
285 各民族所作的记载呢？这些民族不是被灭绝就是被奴役了。耶利哥民众又没有天主教学院（Institut catholique）的提名权。

从某一部希特勒的传记中我们得知，对他的青年时代产生过最为深刻之影响的是一本关于苏拉（Sylla）②的十流作品。它是十流作品又怎么样？它反映了人们称之为精英的那一类人的态度。论及苏拉时，谁鄙视过他？如果希特勒渴望一种他在该作品以及其他各处觉得荣耀的伟大强盛，那么过错并不在他这边。这正是他所达到的伟大强盛，当我们回首过去时，我们也会不由自主地跪倒在这伟大强盛的脚下。

面对这种伟大强盛的精神，我们也不得不屈服，与希特勒不同的是，我们没有试图亲手去抓住它。但从这一角度看他可比我们强多了。如果我们承认某一事物是善的，那就必须尽力去抓住它。缩手缩脚乃是怯懦。

---

① 迦南：约在今巴勒斯坦。以色列人约于公元前 2000 年占领此地，并说这是应许之地。——译者注

② 苏拉（Sylla，公元前 138—前 78）：罗马将军，公元前 88 年任执政官，前 82 年内战后任独裁官，前 79 年退位。——译者注

想想这个可悲的少年，被拔了根，踯躅在维也纳街头，渴望着伟大强盛。就他而言，渴望伟大强盛总是好的。如果他所发现的伟大强盛只不过是罪行，那又是谁的过错呢？自从民众学会了阅读，而口授传统又失落了，向公众灌输伟大强盛的观念并提供范例加以阐述的，正是那些能舞文弄墨的人。

这本关于苏拉的平庸作品的作者、所有那些论及苏拉或者罗马的人，都使该书得以写就的氛围成为可能，更宽泛地说，所有 286
这些能够操纵话语或笔杆子的人，都促成了这样一种氛围——青年希特勒就在这氛围中长大——对于希特勒所犯下的罪行，所有这些人也许都比他更有罪。他们当中大部分人死了。可现今时代的人们和他们的长辈一模一样，并不能因纯粹偶然的出生年代而免于罪责。

人们在谈论对希特勒的惩罚。但我们惩罚不了他。他只渴望一件事，并且他做到了：那就是成为历史人物。就算我们杀他、拷打他、监禁他、羞辱他，历史也总会保护他的灵魂，免于一切痛苦与死亡的伤害。人们所要施加于他的，必定是历史性的死亡、历史性的痛苦；必定是历史。正如对于最终获得上帝的完满之爱的人，一切事件都是善的，犹如来自上帝；同样，对于这种对历史的偶像崇拜，一切属于历史的，都是善的。不仅如此；因为对上帝的纯粹的爱居住于灵魂的中心；它会使感受性受到外来的打击；它并不能构成一种铠甲。而偶像崇拜是一具铠甲，它能阻止痛苦进入灵魂。不管我们如何惩罚希特勒，都不能阻止他自认为伟大。尤其是不能阻止二十年、五十年、一两百年以后的某个孤僻且好幻想的后生小子，无论是不是德国人，认为希特勒曾

287 是个伟人，从头至尾都肩负着伟大的命运，也不能阻止他全身心地渴望与此相似的命运。要是这样，那就是他那代人的不幸。

唯一能惩罚希特勒并使以后几个世纪试图效尤的后生小子们打消念头的方法，那就是彻底转变伟大强盛的意义，做到将他排除出这意义之外。

出于民族仇恨的盲目性，如果以为在如今的人们之间，不彻底转变伟大强盛的观念和意义就能将希特勒排除出伟大强盛，那简直是空想。要想对这种转变作出贡献，就必须在自己身上完成转变。通过改变对伟大强盛的情感配置，眼下每个人都可以在自己内心开始惩罚希特勒。这绝非易事，因为一种与那氛围一样沉钝且裹挟一切的社会压力反对这样的做法。为了做到这一点，就必须在灵性上与社会隔绝。这就是为什么柏拉图说，辨识善的能力，只存在于那些注定能直接从神那里获得教育的灵魂中。

在希特勒与拿破仑之间寻求同异是没有意义的。有意义的问题唯有，要知道我们在从伟大强盛中排除一个而保留另一个是否正当；要知道他们惹人仰慕之处是相似的还是本质上相异的。而
288 如果明确地提出了问题并长久地直面该问题之后，我们仍然由得自己滑入谎言，那我们就没救了。

马可-奥勒留（Marc-Aurèle）① 论及亚历山大和凯撒时，说过类似这样的话：如果他们曾经不义过，没有任何东西能强迫我们效仿他们。同样，没有任何东西能强迫我们仰慕他们。

没有任何东西能强迫我们效仿他们，除了至高无上的强力

① 马可-奥勒留（Marc-Aurèle，121—180）：罗马皇帝（161—180 在位），斯多亚派哲学家。——译者注

影响。

没有爱我们能不能仰慕？而如果仰慕是一种爱，我们又如何敢爱其他东西而不是善？

我们将很容易与自己订立条约：在历史中只仰慕那些贯彻着真理、正义和爱之精神的行动与生命；并且，在更低的层面上，只仰慕那些我们能够从中辨识某种对该精神有着真实预感的行动和生命。

比如说，这就排除了圣路易（Saint Louis）①，因为他给他的朋友出馊主意：只要见到有人散布异端或不信神的言论，就该毫不犹豫地拔剑刺向他们的肚腹。

当然，为了替他开脱，人们会说，这是那年代的时风，离我们现在都有七百年了，相应地自然要蒙昧一些。这是谎言。就在圣路易之前不久，贝济耶（Béziers）的天主教徒，非但没有拔剑刺向该城的异端，反倒宁肯统统被处死也不同意将这些人交出去。教会忘了把他们列入殉教者名录，相反，那些被受害者处死的宗教裁判官倒是收录了。宽容、启蒙和政教分离的爱好者们，在过去的三个世纪里，也没有纪念这段往事；这样一种美 289
德——被他们平淡无奇地称为宽容——的英雄主义形式，多少让他们有些不太舒服。

但尽管这是真的，尽管狂热的残暴支配着所有中世纪人的灵魂，从中能得出的唯一结论亦恐怕是：在这个时代没有任何东西值得仰慕，值得爱。这并不能使圣路易离善更近一毫米。

① 圣路易：指法国国王路易九世（Louis IX，1214—1270，1226—1270 在位）。——译者注

真理、正义和爱的精神绝不可以年份来衡量，它是永恒的；恶是使行动和思想与它相分离的距离。一桩10世纪的暴行，与一桩19世纪的暴行相比，都是同样残暴的，既不更多，也不更少。

要想确认一桩暴行，就必须考虑环境、附着在言行上的各种不同的意义、每个圈子所特有的象征语言；可一旦不容置疑地承认某种行动为暴行，不管它发生在什么地点什么年代，它都是可怕的。

只要我们像爱自己这样爱那些两三千年前遭受其同类之暴行的不幸者，我们就会不可抑制地感受到这一点。

于是我们就不会像卡尔科皮诺先生那样写，说什么帝国时代的罗马奴隶制变得和缓了，考虑到很少使用比鞭笞更重的刑罚。

现代人的进步迷信是某种谎言的副产品，正是通过这种谎
290 言，人们把基督教定为罗马的官方宗教；它与许多被罗马征服的国家灵性宝藏之毁灭、与这些宝藏和基督教之间完美连续性之解体、与救赎的历史观念——它成为一种时间过程中的运作而非永恒者——密切相关。后来进步思想又世俗化了；如今它是我们时代的毒药。如果假定不人道行为在14世纪是件了不起的好事，而到了19世纪则是一种暴行，我们又怎么能够阻止一个好读历史书籍的20世纪小子这样想："我觉得如今人道作为一种美德时代已经终结，不人道的时代由回来了"？谁禁止人们想象一种循环交替而不是线性的连续？把善当作时尚之事，进步的教条已使它名誉扫地。

再说，只是因为历史精神凭言语就相信了杀人者，所以这教

条才显得与事实如此丝丝入扣。就算偶尔暴行穿透了提多–李维（Tite-Live）[①]的阅读者那厚重迟钝的感觉，他也会告诉自己："这只是那个时代的风尚。"然而，通过希腊史家所提供的证据，我们知道罗马人的暴行也震慑麻痹了他们的同时代人，就像今天德国人的所作所为。

除非我记错了，在我们所能找到的古代历史上与罗马人有关的全部事实中，只有一桩事是纯粹之善的范例。在三巨头（triumvirat）[②]治下，执政者、执政官、行省总督——他们的名字登录在册——被流放时拥抱他们自己奴隶的膝盖，恳求他们的援助，称他们为主人和拯救者；因为就连罗马人的自傲也抗不过不幸。很自然，奴隶们将他们推开了。很少有例外。但有一个罗马人没有下跪，他被奴隶们藏在他自己家里。有些士兵看见他走进那座房子，就拷打这些奴隶，逼他们交出自己的主人。奴隶们宁死不屈。可这位主人在藏身处却看见了施刑的场面。他再也看不下去了，就走了出来，到士兵们面前束手就擒。他立马就被处死了。 291

任何心生得正的人，如果一定要在许多不同的命运之间作出选择，他总会选择成为这个主人或其奴隶中的一员，而不是某个西庇阿（Scipions）[③]，或者凯撒、西塞罗、奥古斯都（Auguste）、

---

① 提多–李维（Tite-Live，公元前64/59—公元17）：罗马历史学家。——译者注

② 三巨头：指公元前60年庞培、凯撒和克拉苏的联盟，或公元前43年马克·安东尼、屋大维和雷必达的三头委员会，分别被称为前三头和后三头。——译者注

③ 罗马有数位名将叫西庇阿。见第171页脚注。——译者注

维吉尔（Virgile）①，甚至格拉古兄弟（Gracques）② 中的某一位。

这就是值得正当仰慕的一个例子。在历史中很少有完美纯粹的事情。大部分当事人的姓名都不为人所知晓，就像这位罗马人，就像 13 世纪初贝济耶的居民。如果我们想要寻找令人回想起这种纯粹性的人名，我们所能找到的恐怕不会很多。在希腊历史中，我们所能找到的也许只有阿里斯蒂德（Aristide）③、柏拉图的朋友迪翁（Dion）④，以及阿吉斯（Agis），他是有社会主义倾向的斯巴达小王，二十岁就被杀死了。在法国历史上，除了圣女贞德我们还能找到第二个名字吗？这可真不好说。

292 可是没关系。谁规定我们要仰慕许多事物呢？要紧的是仰慕我们能够全身心去仰慕的东西。谁会全身心地去仰慕亚历山大呢？除非他的灵魂卑下。

---

① 维吉尔（Virgile，公元前 70—前 19），罗马最伟大的诗人。著有《埃涅阿斯纪》《农事诗》等。——译者注

② 格拉古兄弟：罗马政治家。兄长提比略（Tiberius Sempronius Gracchus，公元前 163—前 132）曾提出重新分配土地给无地农民的法案，被反对派乱棍打死。其弟盖约（Gaius Sempronius Gracchus，公元前 153—前 121）前赴后继，提出许多维护平民权益和司法公正的提案，后被政敌围攻，寡不敌众，自杀身亡。但他提出的法案大多得到保留。——译者注

③ 阿里斯蒂德（Aristide，活动时期为公元前 5 世纪）：雅典政治家、将军，提洛（Delos）同盟的开创者，人称“正义者阿里斯蒂德”。公元前 478 年，在普拉蒂亚战役中，他指挥雅典军队，把波斯人赶出希腊。——译者注

④ 迪翁（Dion，公元前 408—前 354）：西西里叙拉古僭主大狄奥尼修斯的姻亲，前 367 年小狄奥尼修斯即位后，他执掌大权，延聘柏拉图来西西里教导小狄奥尼修斯。后被放逐并被暗杀。——译者注

有那么一些人提议取消历史教育。的确，必须取消荒唐的历史授课方式，去除干巴巴的年代与大事记提纲，要像关心文学那样去关心历史。但说到取消历史研究，那可真是灾难。没有历史就没有祖国。在美国我们看得很清楚，一个丧失了时间维度的民族会怎么样。

另一些人则提议在历史教育中将战争置于最低位置。这可是谎言。眼下，一如过去，我们看得太真切了，对于各民族而言，没有什么比战争更重要了。我们必须像现在这样谈论战争，甚至要谈得更多，只是得以不同的方式。

要想认识人心，我们所能做的不外乎带着生命体验去研究历史，使它们相互朗照。我们有责任向青少年和人们的精神提供这一营养。但它必须是真理的营养。不仅各种史实必须确切，亦即可以验证，它们还必须在与善恶相关的真正视角中得到展示。

历史是一件卑鄙与残暴的织体，只有少数辉煌纯洁的亮点， 293
彼此隔得很远。如果是这样，那首先乃是因为在人们中间很少有纯洁；其次，这少数纯洁中的大部分又处于隐匿状态。我们必须去寻找，假如有一些间接的证据。罗马风格的教堂、格列高利平咏只出现在某些民族中，在他们那里比此后的几个世纪有着更多的纯洁。

要爱法兰西，就必须感受到它有一段过去，但绝不能去爱这段过去的历史外表。而必须去爱其静默、无名、佚失的那一部分。

若以为有那么一种天意般的机制，能把一个时代所拥有的最好的东西传递给后代，这是绝对错误的。照事物的本性而言，被传递的是虚假的伟大强盛。的确有那么一种天意般的机制，可它的作用只是将少数本真的伟大强盛与大量虚假的伟大强盛相混杂；正需要我们来鉴别。没有它，我们就会迷失。

几个世纪以来虚假伟大强盛的传递并不是历史所特有的。这是一条普遍法则。比如说，它也统辖着文学与艺术。的确，文学的天才支配着这几个世纪，与之相对应的是政治天才对空间的支配。这两种支配本性上是一样的，都是此世层面的，同样属于物
294 质与强力的领域，同样卑下。还有，这两种支配形式都可以成为买卖与交换的对象。

在他写诗的时候，阿里奥斯托（Arioste）① 毫不脸红地对他的保护人埃斯泰公爵（le duc d'Este）② 说了类似这样的话：我的一生都捏在您的手里，您想让我富我就富，您想让我穷我就穷。可您未来的名声却捏在我的手里，三百年后，人们说您好、说您坏，还是根本不提到您，那就全取决于我了。听听彼此的意见，对您对我都有好处。请您优待我，让我过上富裕的生活，我呢，就会为您写赞歌。

维吉尔（Virgile）觉得在公开场合作这种交易有极大的便利。但事实上，这是奥古斯都（Auguste）与他之间的交易。他

---

① 阿里奥斯托（Ludovico Ariosto，1474—1553）：意大利诗人，《疯狂的奥兰多》的作者。关于奥兰多（罗兰）见第 120 页脚注。——译者注

② 埃斯泰公爵：埃斯泰家族是意大利历史上的望族，其中埃斯泰的埃尔科莱一世公爵（Ercole I d'Este，1471—1505）和他儿子伊波利托·埃斯泰枢机主教（Cardinal Ippolito d' Este），都是阿里奥斯托的保护人。——译者注

的诗通常读起来都很优美，尽管如此，对于他以及他的同类，我们倒应该另外找一个称呼，而不是诗人。诗不可变卖。要是在这种状况下创作的《埃涅阿斯记》(*Énéide*)①值得上《伊利亚特》，那上帝就该是不公正的。但上帝是公义的，而《埃涅阿斯记》离这种对等不可以道里计。

不仅在历史研究中，而且在所有针对孩子们的研究中善都被轻视了，一旦他们长大成人，在为他们的精神所提供的营养中他们就只会找到能经受这种轻视的各种动机。

显然，很久以来已成为孩子和成年人中间之老生常谈的真理乃是：才具（le talent）与道德毫不相干。而只有各个领域的才具，才引起孩子和成年人的仰慕。在所有的才具表现中，不管是什么样的才具，他们都看到恬不知耻地炫耀美德缺席，而这些美 295
德却是人们指望他们践行的。我们还能得出什么结论，不就是说美德只属于平庸？这种说服力是如此深入人心，如今就连美德这个词本身也变得荒唐可笑了，而以前它是那么富有意义，荣誉和善这种词也同样。英国人离过去比其他国家的人更近一些；同样，如今在法语中找不到任何词可以翻译 good（好）和 wicked（坏）。

一个孩子，若他在历史课中愿意颂扬残忍和野心；在文学课中愿意颂扬自我中心、傲慢、虚荣以及引起轰动的渴望；在科学课中愿意颂扬一切使人类生活变得混乱的发现，对发现的方法和产生的混乱结果毫不留意——他又如何会去学习崇尚善呢？

---

① 维吉尔的史诗，共十二卷，叙述特洛伊城被希腊人攻陷后，埃涅阿斯从该城逃出，最后到意大利建立罗马的故事。——译者注

凡是要与这一如此广泛的潮流——比如对巴斯德（Pasteur）[1]的赞歌——相对抗的，听起来都没有根据。在虚假伟大的氛围中，要想寻求真实的伟大，那真是妄想。因此，必须蔑视虚假的伟大。

诚然，才具与道德并没有联系；但那是因为在才具中是绝没有伟大的。要说在至美、至真、至义之间没有联系，那是全然错误的；它们之间有的不只是联系，而是一种神秘的同一，因为善是一。

在伟大的某一焦点上，创造美的天才、揭示真的天才、英雄主义与圣洁是不可分辨的。就在这一焦点附近，我们就已经看
296 见各种不同的伟大走向融合了。在乔托（Giotto）[2]那里，我们就分辨不出画家的天才与方济会[3]精神；在中国禅宗的绘画与诗歌中，我们分辨不出画家或诗人的天才与神秘朗照的状态；当委拉斯开兹（Velasquez）[4]在画布上描绘国王与乞丐时，我们也分辨不出绘画的天才与穿透灵魂深处的炽热而无差别的爱。《伊利亚特》和埃斯库罗斯、索福克勒斯的悲剧有着明确的印记，即创造这些作品的诗人当时正处在圣洁的状态中。绝不牵涉其他任何东

---

① 巴斯德（Louis Pasteur，1822—1895）：法国化学家、微生物学家。证明发酵及传染病是由微生物引起的，对生物学和医学有重大贡献，此外尚其他许多发现。——译者注

② 乔托（Giotto，约 1266/67—1337）：意大利画家，600 多年来被尊崇为意大利第一位艺术大师。——译者注

③ 方济会：天主教修会，13 世纪初由阿西西的圣方济创立。——译者注

④ 委拉斯开兹（Diego Velásquez，1599—1660）：西班牙著名画家。——译者注

西，从纯粹诗学的角度看，创作阿西西的圣方济（saint François d’Assise）①的赞美歌（Cantique）——真是完美的珍宝——要比创作维克多·雨果（Victor Hugo）②的全部作品不知好上多少倍。拉辛（Racine）创作了全部法国文学中唯一堪与希腊的伟大杰作比肩的作品，正好是在他的灵魂被皈依问题所纠缠时。创作其他篇章时他离圣洁相去极远，而我们同样不能在这些作品中发现这种令人心碎的美。一部像《李尔王》(*King Lear*)③这样的悲剧乃是一枚直接出自爱的纯粹精神的果实。各种罗马式教堂和格里高利平咏漾溢着圣洁。蒙特威尔第（Monteverdi）④、巴赫（Bach)、莫扎特（Mozart）在其生命中，一如在其作品中，都是纯粹者。

如果有那么一些天才，他们身上的天才已纯粹到接近最完美的圣徒所特有的伟大，那为什么还要浪费时间去仰慕他人呢？我们可以利用其他人，从他们那里获取知识和享受；可为什么要爱他们呢？为什么把自己的心思放在其他地方，而不是善 297
上面？

在法国文学中有一股可分辨的纯粹性潮流。在诗歌中，必

① 阿西西的圣方济（saint François d’Assise，1181/1182—1226）：天主教方济会的创始人，意大利主保圣人，出生于富商家庭，母亲是法国人，曾参军，后放弃财产，过清贫隐修生活，1209年成立方济会，相传身上有五伤（stigmata)。——译者注

② 维克多·雨果（Victor Hugo，1802—1885）：法国诗人、小说家、文论家、政论家。——译者注

③ 《李尔王》：莎士比亚的著名悲剧。——译者注

④ 蒙特威尔第（Claudio Monteverdi，1567—1643）：意大利著名作曲家，近代歌剧的先驱，亦作有许多优秀的宗教音乐。——译者注

定是从维庸（Villon）[1]开始的，他是头一个，也是最伟大的。我们对他的错误一无所知，甚至不知道他是否有错误；而灵魂的纯粹性则通过对不幸的令人心碎的表现而彰显。最后一个，或者差不多是最后一个则是拉辛，因为《菲德拉》（*Phèdre*）和一些《灵歌》（*Cantiques spirituels*）。在他们两人之间我们可以提及莫里斯·塞夫（Maurice Scève）[2]、奥比涅（d'Aubigné）、泰奥菲尔·德·维奥（Théophile de Viau），这三位是伟大的诗人，是三位罕见的高尚者。在19世纪，所有的诗人多少都是文人（gens de lettres），他们可耻地玷污了诗；虽然拉马丁和维尼（Vigny）[3]真正是向往纯粹与本真的事物的。在热拉尔·德·奈瓦尔（Gérard de Nerval）[4]那里很有一点真正的诗。到了世纪末，马拉美（Mallarmé）[5]既作为诗人而被人仰慕，也作为某种类型的圣徒而受人敬重，而在他身上，两种伟大彼此难以分辨。马拉美是

① 维庸（François Villon，约1431—1463以后）：法国晚期中世纪抒情诗人，曾就读巴黎大学，一生多次牵涉犯罪、监禁、流放，后不知所终。也见第180页注。——译者注

② 莫里斯·塞夫（Maurice Scève，约1501—1560）：法国诗人，生前被誉为诗坛奇才，死后长期默默无闻。著有组诗《德里埃，最高德行之目标》（*Délie, objet de plus haute vertu*，1544）等。——译者注

③ 维尼（Alfred de Vigny，1797—1836）：法国浪漫主义诗人、小说家、剧作家。——译者注

④ 热拉尔·德·奈瓦尔（Gérard de Nerval，1808—1855）：本名为钱拉·拉布吕尼（Gérard Labrunie），法国文学中最早的象征派和超现实主义诗人之一。——译者注

⑤ 马拉美（Stéphane Mallarmé，1842—1898）：法国象征派诗人、理论家。

位真正的诗人。

在散文中，也许拉伯雷（Rabelais）① 那里有一种神秘的纯粹性，另外在他身上一切都是神秘的。在蒙田（Montaigne）② 那里的确也有这种纯粹性——尽管有许多败笔——因为在他身上始终居住着一个纯粹者，若没有它，他或许就摆脱不了平庸，也就是说像拉·波埃西（La Boètie）③ 那样。在 17 世纪，我们可以想到笛卡尔（Descartes）、雷斯（Retz）、王港（Port-Royal）④，尤其是莫里哀（Molière）。18 世纪，则有孟德斯鸠和卢梭。也许就是这么多了。

假定以上列举有某种准确性，这也并不意味着不能读其他人 298
的作品，而不过是说，在读其他人的作品时，不能指望能从中发现法兰西精神（génie de la France）。法兰西精神只居住于纯粹者身上。

我们绝对有理由说这是一种基督教与希腊精神。这就是为什

---

① 拉伯雷（François Rabelais，约 1483—1553）：法国作家、人文主义者，《巨人传》（*Gargantua et Pantagruel*）的作者。——译者注

② 蒙田（Michel de Montaigne，1533—1592）：法国思想家、作家、怀疑论者，著有《随笔集》（*Essais*）等。——译者注

③ 拉·波埃西（Étienne de la Boètie，1530—1563）：法国人文主义学者、作家、政治哲学家，最著名的作品是《论自愿为奴》（*Discours de la servitude volontaire*），论述反暴君思想。他是蒙田的朋友，在理智与情感上对蒙田影响颇大。蒙田在《论友谊》中曾谈及他们两人的友谊。——译者注

④ 指王港修道院（l'Abbaye de Port-Royal），法国天主教西多会（cistercienne）女修道院。17 世纪时是天主教冉森派（le jansénisme）和文学活动中心。与王港往来的重要思想家有帕斯卡尔等。帕斯卡尔的妹妹雅克琳娜（Jacqueline Pascal）便是该修道院修女。——译者注

么，在法国人的教育与文化中，不应该过多安排纯粹法兰西的内容，更多的则应是罗马风艺术（art roman）、格里高利平咏、宗教礼仪诗，以及黄金时代的希腊艺术、诗歌和散文。正是在这些内容中，我们能够畅饮各方面绝对纯粹的美。

将希腊文视为专家们学识淹博的标志乃是不幸的。如果我们不再使对希腊文的学习从属于对拉丁文的学习，并且只要我们寻求一种方法，使得一个孩子能够便捷愉悦地阅读一份有译文对照的希腊文本，我们就能广泛地传播一种希腊文的基础知识，甚至在中学以外。所有具备一定天赋的孩子，都能与那种文明产生一种直接的接触——甚至美、真理以及正义的概念，我们也都是从这种文明获得的。

只要人们相信在任何领域中产生伟大的原因都不是善而是其他东西，那么对善的爱就永远不会深入民众的内心——而这种爱却是为一个国家的拯救所必须的。

299 正因为如此，基督说：“凡好树都结好果子；惟独坏树结坏果子。”或者一部至美的艺术作品是一只烂果子，要不然就是，产生这作品的精神激励接近圣洁。

如果纯粹的善永远不能在此世的艺术、科学、理论思辨、公共行动中产生真正的伟大，如果在所有这些领域中只会有虚假的伟大，如果在所有这些领域中，一切都是可蔑视并进而是可谴责的，那世俗生活就会毫无希望。那就不会有另一世界对这一世界的朗照。

不是这样的。而正因为如此，分辨真正的伟大与虚假的伟大，并要求人们爱前者，乃是责无旁贷的要务。真正的伟大是好树上结的好果子，而好树则是一种贴近圣洁的心性。对其他的所谓伟大就应该冷静地加以审查，正如人们审查天然珍品。如果说在事实上这两种类型的区分免不了会出错，那么在内心里铭记这种区分的原则却是至关重要的。

现代的科学观念——一如历史和艺术观念——应对如今的可怕局面负责任，因而它也必须加以改造，否则我们就不能指望看到一种更好的文明出现。

这样做至关重要，因为——尽管科学严格说来是一项专家们的事务——科学以及学者在人们心中的声望是极其巨大的，而 300
在非极权国家比任何其他的声望都要大得多。在法国，战争爆发时，也许只有它还存在；任何其他的声望都不再能获得人们的敬重。在 1937 年发现宫（Palais de la Découverte）① 的氛围中，有某些东西，既是广告性的，又是宗教性的——在该词最宽泛的意义上。科学，以及技术——它只不过是科学的应用——是我们西方人、白种人、现代人引以为荣的唯一凭证。

一位劝说波利尼西亚人放弃他们世代相传的创世传说——这些传说是多么富于诗意、多么美——而接受具有类似诗意的《创世记》的传教士，他之所以竭尽全力从事这一工作，其动力在于他意识到他作为白人的优越性，这种意识植根于科学。而他个人则像波利尼西亚人一样是科学的门外汉，因为任何不是专家的人，都是科学的门外汉。《创世记》更是与科学格格不入。一位

① 发现宫是 1937 年法国博览会上最吸引人的展馆之一。——译者注

嘲笑本堂神父的乡村小学教师——他的态度会阻止孩子们去望弥撒——之所以会这样做，是因为意识到他作为现代人相对于中世纪教条的优越性，这意识同样植根于科学。然而，相对于其验证的可能性而言，爱因斯坦（Einstein）的理论至少也和基督教有关基督感孕与出生的传说一样，缺乏理性的支持，并与常识相悖。

301 人们怀疑法国的一切，人们什么也不尊重。有那么一些人，他们蔑视宗教、祖国、国家、法庭、财产、艺术，最后是一切；但他们的蔑视止步于科学。最粗劣的科学主义之最狂热的信徒，莫过于无政府主义者。勒当泰克（Le Dantec）① 是他们的大人物。博诺（Bonnot）的“悲剧匪帮”（bandits tragiques）② 就受到其影响，而在其团伙看来他们当中最大的英雄，绰号就叫做“科学雷蒙”（Raymond la Science）。在另一极，我们则遇上了一些教士或修士，他们投身于宗教生活，蔑视一切世俗价值，但他们的蔑视止步于科学。在宗教与科学可能卷入的一切论争中，教会这边都有一种理智上的自卑，而且往往是喜剧性的，因为这种自卑并非由于对方论据的力量——通常这些论据都是很平庸的——而只是出于一种自卑情结。

---

① 勒当泰克（Félix Le Dantec，1869—1917），法国生物学家，曾著有无神论的小册子。——译者注

② 1912 年在巴黎出现的一个匪帮，为首者名叫博诺。他们当中有些人持有某种模糊的无政府主义立场，在巴黎各区连续作案，后被警方利用炸药等手段镇压。当时的报纸称他们为“悲剧匪帮”。——译者注

说到科学的声望，如今已完全没有不信者。这就给了学者，也同样给了哲学家和作家——只要他们论及科学——一种责任，就像 13 世纪时给予教士的责任一样。无论这些人还是那些人，都是由社会供养的，为的是让他们有闲暇去探寻、发现并传播何为真理。不幸的是，无论 20 世纪还是 13 世纪，用于这一目的的面包八成都被白白糟蹋了，或者兴许更糟。 302

13 世纪的教会有基督，但它也有宗教裁判所。20 世纪的科学没有宗教裁判所，但它既没有基督，也没有其等价物。

如今学者以及所有那些论述科学的人所承担的责任是如此重大，我们竟可以说，他们，以及在更广泛的意义上还有历史学家，也许比希特勒本人对希特勒所犯下的罪行更有罪责。

《我的奋斗》(*Mein Kampf*) 中某一段话是这样说的："人绝不能犯这样的错误：相信他是自然的主宰……他将会明白，在这样一个世界里——行星和恒星沿着循环的轨道运行，卫星围绕着行星，强力统辖各处并制约着虚弱，它不是迫使弱者温顺地服从，就是干脆将它们消灭——人不能从属于特殊的法则。"

以上几行字以无可指责的方式，表达了从我们的科学所包含的世界观中能够合乎理性地得出的唯一结论。希特勒的全部生命无非将这一结论付诸实施。他将他认作真理的结论付诸实施，谁又能指责他呢？那些人，他们心中有着同一种信仰的基础，没有在意识中把握到它们，也没有将它们迻译为行动，他们之所以能逃避罪责，只是因为他们没有他的那种勇气。

再说一遍，该受指控的不是那个被抛弃的少年、心灵炽烈的 303
可怜的流浪汉，而是那些喂养他谎言的人。而那些喂养他谎言的人，则是我们的长辈，我们和他们相像。

在我们时代的大灾难中，无论是刽子手还是受害者，都首先是悲惨暴行非自愿的见证人——我们正深陷在这悲惨处境之中。

要想有权利处罚罪人，就必须首先在我们自己身上涤除他们的罪——我们千方百计在自己的灵魂中掩饰它。可一旦我们成功地完成了这一涤除工作，我们就不再有任何处罚的欲望，就算是处罚他们，我们也会尽可能地轻，同时还会伴有极端的痛苦感。

希特勒很清楚地看到如今依然流行的 18 世纪观念的荒诞性，而这一观念之根源在笛卡尔那里就已埋下。两三个世纪以来，人们既相信力是一切自然现象的唯一主宰，又相信人类可以并且必须使其相互关系建立在以理性为手段而认识到的正义之上。这是极其荒诞的。我们不能设想，一方面全宇宙都臣服于力的统治，另一方面人类又可以逃脱——既然人是由血肉构成的，而他的思想则因感官印象而信马由缰。

304 只能作出一个选择。或者我们必须设想在宇宙的作品中，除了力，还有另一个原则；或者必须承认在人类关系中，力也同样是独一无二、至高无上的主宰。

在第一种情况下，我们就处于现代科学的对立面，它由伽利略（Galilée）、笛卡尔以及其他许多人奠基，在 18 世纪——尤其为牛顿（Newton）——19 世纪和 20 世纪一再为人所探寻。在第二种情况下，我们就处于人文主义的对立面，它产生于文艺复兴，凯旋于 1789 年，它又激励了整个第三共和国——尽管已经相当退化。

激励了世俗精神和激进政治的哲学同时以这种科学和这种人文主义为基础，可我们已经看见，它们是完全不相容的。于是我们就不能说 1940 年希特勒对法国的胜利是谎言对真理的胜利。一种没有贯彻到底的谎言被一种贯彻到底的谎言战胜了。正因为如此，军事失败的同时，人们在精神上也投降了。

在过去几个世纪中，人们模模糊糊地感受到了科学与人文主义的矛盾，尽管从来没有去直面它的理智勇气。还没有先揭示它，就想要去解决它。这一理智上的不诚实总是会因陷入错误而受到惩罚。

功利主义是这种种努力之一的果实。它假定有一个奇妙的小机制，通过它，在人类关系的领域中力就能自动产生出正义。 305

19 世纪资产阶级的经济自由主义完全建立在对这样一种机制的信仰之上。唯一的限制是，要想维持自动产生正义的特性，力就必须以金钱为形式，完全排斥了无论是军事还是政治力量的一切用途。

希特勒也一样，经历了理智勇气和锐利目光之后，又堕入了对这种小机制的信仰之中。但他还必须有一具新款机器的模型。只是他既没有品味也没有能力，从天才直觉之闪光出发，去从事理智创新。他也借用了其他人的机器模型，这些人通过对他所施加的斥力持续地困扰着他。他只是为他的机器选择了优选种族的概念，这是个注定要使一切臣服，并由此要在其奴隶们中间建立起某种适合奴隶制之正义的种族。

对于所有这些表面上分歧巨大骨子里却如此相似的观念，只有一个麻烦，于所有这些观念都一样。那就是，它们都是谎言。

306 力并非一架自动创造正义的机器。它是一种盲目的机制，从中偶然地、无差别地产生出正义或不义，但是，由于概然性的把戏，所产生的差不多总是不义。时间流逝的过程根本不能改变这一点；它并不能在该机制的运作中增加最微不足道的符合正义的偶然结果之比例。

如果力是绝对的最高主宰，正义便绝对是非实在的。但它不是这样的。根据经验我们知道这一点。在人们的心灵深处它是实在的。一颗人心的结构是这宇宙诸实在中的一种实在，如一颗星体的轨道一般实在。

没有一个人有能力从他归于其行动的种种目的中绝对排除一切正义。纳粹自己也没有这样的能力。如果说有那么些人有此能力，那八成就是他们了。

（顺便说，他们有关正当秩序——它必定是其胜利的最终结果——的观念，建立在这样的思想之上，即对于天生的奴隶，奴役既是最正义也是最幸福的状况。然而，这也同样是亚里士多德的思想，是他为奴隶制辩护的重要论据。圣托马斯虽然不赞同奴隶制，却在人类理性可涉及的一切研究主题上奉亚里士多德为最大的权威，其中也包括正义这一主题。于
307 是，当代基督教中托马斯主义潮流的存在，在纳粹阵营和相反阵营之间构成了某种复杂的联系——不幸的是，还有其他许多联系。因为，哪怕我们拒斥亚里士多德的这一思想，出于无知，我们也会不由自主地接受他源于此的其他许多思想。一个费尽心思去为奴隶制辩护的人，不是个爱正义的人。跟他活在哪个世纪没有关系。将一个不爱正义者的思想奉为权威，就

是对正义的一种冒犯，不可避免地会因辨别力减退而受惩罚。如果圣托马斯这样冒犯了正义，怎么着我们也不能跟着他去冒犯。）

如果在人心中正义是不可抹煞的，那它就在世上有一种实在。这样说来，都是科学的错了。

不是科学，如果需要确切地说的话，而是现代科学。希腊人拥有一种科学，它是我们科学的根源。它包含算术、几何、以它们的形式出现的代数、天文、力学、物理、生物。积累起的知识总量自然要少得多。但根据科学特性，在科学一词对于我们的意义上，按照在我们眼里有效的标准，这种科学抵得上且超过了我们的科学。它更精确、更确切、更严格。证明方法与实验方法的运用得到了完全明晰的设想。 308

如果说这一点没有得到普遍承认，那只是因为这一主题本身不大为人所知。很少有人——除非被某种特殊的召唤所驱使——会觉得浸润于希腊科学的氛围是件现实而富有生气的事情。而有此感受的人则不难承认这一真理。

如今四十来岁一辈的数学家承认，数学发展中的科学精神经历了长时间的衰颓之后，通过运用与希腊几何学几乎相同的方法，为学者所必不可少的严格性正在回归。

至于技术应用，如果说希腊科学没有产生很多成果，那并不是说它不能，而是说希腊学者不愿。这些人——看起来比我们落后很多，正如他们生活于我们之前25个世纪——他们担心技术发明的成果会为暴君和征服者所利用。于是，他们不是尽可能地将技术发现公之于众并卖出最高的价钱，而是严格地保守着他们出于自娱而发现的秘密；而且看来他们八成依旧过着贫困的生活。但是，阿基米德（Archimède）①有一次为了保卫祖国，却运
309 用了他的技术知识。他独自完成其工作，没有向任何人透露任何秘密。有关他所创造之奇迹的叙述如今在很大程度上仍不为我们所理解。他的工作是如此成功，所以罗马人一大半靠着叛变才攻进叙拉古（Syracuse）②。

然而，这种像我们的科学一样具有科学性，甚至更具科学性的科学，却绝对不是唯物主义的。更进一步说，它不是一种世俗研究。希腊人将它看作宗教性研究。

罗马人杀死了阿基米德。不久以后，他们又扼杀了希腊，就像德国人，若没有英国，就会扼杀法兰西。希腊科学完全佚失了。在罗马文明中什么也没有留下。如果说有那么些记忆流传到中世纪，那也是通过所谓诺斯替（gnostique）③思想在某些秘教团体中承传。即便是在这种情况下，显然也只是保存而不是继续

---

① 阿基米德（Archimède，约公元前287—约前212）：古希腊数学家、科学家和发明家，理论力学的创始人。罗马人攻陷叙拉古城时，他正专心在沙地上画几何图形，不幸被杀。事后罗马人为他隆重安葬，并在墓地建有圆球内切于圆柱体的标记，以纪念他对几何学的杰出贡献。——译者注

② 叙拉古：一译“锡拉库萨”，公元前8世纪希腊人在西西里岛所建的城邦。现为意大利西西里地区工业及海港城市。——译者注

③ 诺斯替教（gnosticisme）是一种融合多种信仰的灵智学说及宗教，盛行于公元2世纪。主张宇宙二元论，因该派强调对gnosis（灵智）之领悟而得名。正是为了对付这一教派，早期基督教会才编定《圣经》正典、提出教义神学、设立主教制，从而得到发展。——译者注

创造；也许炼金术除外，对它我们所知甚少。

不管怎么说，在公共领域中，只是从16世纪初（假如我没有记错）开始，希腊科学才在意大利和法兰西复活。它很快就声誉鹊起，并侵入全欧洲的生活。如今，几乎我们的全部思想、习俗、反应和态度，都打上了或者其精神或者其应用的印记。

这一点在知识分子身上尤为真实，哪怕他们并不是所谓“科学人”，而对于工人则是更为真实的，他们一辈子都生活在由科 310
学应用所构成的人造世界中。

但是，这种像某些童话里所说的那样沉睡了两千来年重又醒来的科学，却不再是原来的科学了。它已经改变。它已经是另一种科学，与所有的宗教精神都绝对不相容。

正因为如此，宗教如今只是星期天上午的事务。一周的其他时间由科学精神所主宰。

不信宗教者——他们整个星期都由科学精神所主宰——有一种内在统一性的凯旋感。但他们错了，因为他们的道德就像其他人的宗教一样，与科学相矛盾。对此希特勒看得很清楚。他也使其他许多人看清楚了——只要是在能感受到党卫队（S.S.）存在或威胁的地方，甚至比这还要远。如今，就只有毫无保留地依附某个褐、红或其他颜色的极权体制，可以这么说，只有它能提供一种内在统一性的坚实错觉。这就说明了为什么它在惶恐不安的人心中有如此强烈的诱惑力。

在基督徒当中，宗教精神与科学精神之间的绝对不相容——他们同时依附两者——使他们的心灵深处总有一种隐隐的、难以言表的不适。它可以是几乎察觉不到的；它也可以是多

少可察觉的，得看在什么人身上；当然，它差不多总是难以言表的。它妨碍了内在融贯性。它阻止了基督教之光透照人们的全部
311 思想。通过其持续在场的间接效果，最热忱的基督徒在其生命的每时每刻都在作出判断和意见，连他们自己都不知道，这些判断和意见出自与基督教精神对立的标准。但这种不适最致命的后果乃是，理智诚实之美德再也不可能充分发扬。

民众不信宗教的现代现象几乎完全可由科学与宗教之间的不相容来解释。当人们开始使城市居民安顿在作为科学之结晶的人造世界中后，这一现象又加剧了。在俄国，因为某种宣传，这一变化速度加快了，这种以拔除信仰之根为目的的宣传，几乎全然以科学和技术精神为根据。毫无例外，只要城市居民不信宗教，乡村的民众出于对城市的自卑情结，也会跟着不信宗教，尽管程度稍轻一些。

因为民众离弃教会这一事实，宗教就自动站在右翼，变成布尔乔亚的事务，变成思想正统者（bien-pensants）的事务。因为说到底，一种建制宗教有义务倚靠那些上教堂的人。它不可能倚靠那些留在教堂外的人。说实话，早在民众离弃教会之前，神职人员对世俗权力卑躬屈膝已经使他们铸成大错。但要是民众不离弃教会，这些错误兴许仍可弥补。如果说是这些错误在某种程度
312 上导致了民众离弃教会，这种程度也是很轻的。倾空教会的几乎完全是科学。

如果说部分布尔乔亚的虔敬之心没有像工人阶级那样受到科学的阻碍，那首先是因为他们与科学之各种应用的接触没有那么持久和切身。但更重要的是因为他们本就没有信仰。谁要是没有

信仰，也就不会丧失信仰。除了若干例外，宗教实践于他们而言乃是一种仪礼。科学世界观并不妨碍他们守礼。

这样，基督教事实上——除了某些光源——乃是与剥削人民者的利益有关的仪礼。

于是，要是说如今在与恶的现实形态的斗争中它的角色总体上将是平庸无能的，那就不足为奇了。

更进一步说，甚至在某些圈子中，在那些宗教生活依旧诚挚且强烈的人民心中，也常常因为缺乏真理精神而以不纯洁的原则为其核心。科学的存在使基督徒觉得气短。他们中很少有人敢于确信：如果他们从零点出发，并且如果他们坚持绝对不偏不倚的审查精神公正无私地考虑了一切问题，在他们看来基督教的教义仍将明白完整地是真理。

这种不确信本该削弱他们与宗教的联系；情况却不是这样 313
的，阻止这种情况发生的乃是：宗教生活向他们提供了某些他们所需要的东西。他们自己多少模模糊糊地感到，正是某种需要才使他们与宗教联系在一起。然而，需要却不是人与上帝之间的正当联系。正如柏拉图所云，不得已与善之间有着天壤之别。上帝白白地、份外地把自己交给人，但人却不能有获得的欲望。他必须完全地、无条件地奉献出自己，而唯一的动机只是：在他不间断地追寻善的道路上，经历了无数幻象，最后在使自己转向上帝时他确信他找到了真理。

陀思妥耶夫斯基（Dostoïevski）就犯过最可怕的渎神之罪，他说："如果基督不是真理，我宁愿舍真理而就基督。"基督说过："我是真理。"他也说过他是面包，他是酒；但他说的是："我是真的面包、真的酒"，也就是说那仅是真理的面包，那仅是真理的酒。在追寻他时，必须首先以此为真理，其次才是营养。

人们肯定已经完全忘了这一切，既然人们能把柏格森（Bergson）[1]当成基督徒。他相信能在神秘主义者的精神能量中发现生命冲动（élan vital）的高级形式——于他，生命冲动简直就是个偶像。而真正神乎其神的——在神秘主义者和圣徒们那里——不是说他们拥有更多的生命，拥有比别人更强烈的生命，
314 而是说在他们那里，真理已变成生命。在此世生命中，为柏格森所看重的生命冲动，只不过是谎言，而只有死亡是真实的。因为生命迫使他们相信他们为了活着需要相信的东西；这种奴役状态已经以实用主义的名义上升为教义。而柏格森哲学只是实用主义的一种形式。但那些尽管由血肉构成却已在内心跨过了与死亡等价的极限的人们，却由此进一步接受了另一种生命，它首先并不是生命，它首先是真理。真理变得鲜活了。像死亡那样真实，又像生命那样鲜活。就像格林（Grimm）童话[2]中所说的，一种生命白如雪红如血。那就是真理的气息，那就是圣灵（Esprit divin）。

帕斯卡尔在追寻上帝时就已经犯了不诚实之罪。尽管赋有由

---

① 柏格森（Henri-Louis Bergson，1859—1941）：20世纪初法国著名哲学家，生命哲学和直觉主义的主要代表。著有《创造进化论》（*L'Évolution créatrice*）等。——译者注

② 格林童话：指格林兄弟（Jacob Ludwig Carl Grimm，1785—1863；Wilhelm Carl Grimm，1786—1859）搜集整理的德国民间故事。——译者注

科学实践所培养起的理智，他却不敢指望：只要任由这理智自由发挥，它就能在基督教义中发现确定性。而且他也不敢冒险离开基督教。他在从事理智探索前，预先就已决定了这探索将带他至何处。为了避免被引向他处的发现，他把自己交付给良知和意愿的建议。然后，他才探索证据。在概然性、征象（indications）的领域，他发现了一些非常有力的东西。至于严格意义上的证据，他只搬出可怜的几样东西：打赌的论据、预言以及奇迹。对 315
他而言最严重的是，他从来没有获得确定性。他从没有得到过信仰，而这是因为他试图自己去谋得信仰。

大部分走向基督教的人，或者大部分生于基督教而从未离开过它的人——他们真的出于某种诚挚炽烈的感动而喜爱它——都为某种心灵的需要所推动并进而为它所掌握。他们离不开宗教。至少他们做不到在离开宗教时，心里没有一种堕落感。然而，为了使宗教情感源于真理精神，就必须完全能够做到准备抛弃他的宗教，哪怕这样做会全然丧失活着的理由——如果它不是真理的话。只有在这样一种性情中，我们才能辨识其中是否有真理。否则我们甚至不敢严格地提出问题。

上帝不能对于人心而言作为他活着的理由，犹如财富之于守财奴。阿巴贡和葛朗台（Harpagon et Grandet）[①]爱他们的财富，为此送命也在所不惜，他们会为它悲伤欲绝，为了它，他们会调动起惊人的勇气和能量。我们也可以这样爱上帝。但我们不能这样做。不如说，只有在灵魂的某一部分这样的爱才是许可的，因

① 阿巴贡和葛朗台：分别是莫里哀和巴尔扎克小说中的守财奴。——译者注

为它不能感受任何其他的爱，但是，它必须服从于、并将自己交付给灵魂中更有价值的部分。

316 我们可以毫不担心夸张地断言，如今真理精神已几乎完全在宗教生活中缺席。

在各种为基督教辩护的论据的本性中，这一点昭然若揭。其中许多论据不过是某种红药丸（pilules Pink）广告。在柏格森和所有受他影响的人身上，情况就是这样的。在柏格森那里，信仰犹如一颗高级红药丸，传递着某种灵验的生命力。历史论证法也同样。它说："且看，在基督到来前人们是多么平庸。基督来了，再且看人们，哪怕是颓败者，整体上也变好了！"这是绝对与真理相对立的。但即便这是真实的，它也把护教弄成药品广告的水平——描述病人前后的状态。这乃是衡量基督受难（Passion du Christ）的有效性（如果它不是虚构的，就必然是无限的），所依据的却是某个历史中、世俗、属人的结果，这结果就算是实在的（可它不是），也必定是有限的。

实用主义已侵袭并玷污了信仰观本身。

如果真理精神已几乎完全在宗教生活中缺席，要说在世俗生活中有它，那倒是咄咄怪事。永恒等级秩序可就要颠倒了。但情况不是这样的。

学者要求公众给予科学以给予真理的宗教性尊重，公众也
317 相信他们。可他们欺骗了公众。科学并非真理精神（Esprit de vérité）的果实，这一点稍加注意就明白了。

因为科学研究的努力——在从16世纪至今为人所理解的意义上——是不可能以对真理的爱为动机的。

在此有一标准，其应用是普遍且确定的。它就在于，为了衡量任何一个事物，测定其所包含的善（bien）① 的比率，不是到这事物本身，而是到产生它的努力的各种动机中去找。因为动机中有多少善，事物本身中就有多少善，不会有更多了。基督有关树和果子的寓言可为此担保。

的确，唯有上帝才能分辨众人心灵深处的动机。但是，主导一种活动的观念，那通常并非秘密的观念，只与某些特定的动机相容，而不与其他动机相容；出于必然性，出于事物的本性，必有被排斥者。

于是就涉及一种分析，它通过对与观念相容的动机——这观念主导着动机——所作的审查，引导我们评价某一特定人类活动所产生的结果。

从这分析出发，在调整行为方式，使最纯粹的动机起作用的同时，就可产生一种改进人类——无论是民众还是个体，并先从自己做起再推及他人——的方法。

确信凡与一切真正纯粹动机不相容的观念都是有谬误的观 318
念，乃是第一位的信条。信仰首先是确信善是一。相信多个且相互独立的善，如真、美、德，就构成了多神教的罪，而不是放任想象与阿波罗（Apollon）及狄安娜（Diane）② 共嬉。

将这一方法应用于对近三四个世纪以来的科学的分析，我们

① 一译“利益”。——译者注

② 狄安娜：即希腊神话中的阿耳忒弥斯（Artemis），宙斯和勒托（Leto）的女儿，阿波罗的孪生姐姐。在罗马神话中，狄安娜还是月神。——译者注

必须承认，真理这一美好的名称远比它高。学者们日复一日穷其毕生精力从事科学研究时，并不能为掌握真理的欲望所推动。因为他们所获得的，仅仅是知识，而知识并不能因其本身而成为欲望的对象。

一个孩子上地理课，或者是想得个高分，或者是服从他人的命令，或者是要取悦父母，或者就是他觉得遥远的国度以及它们的名称有一种诗意。如果上述动机一个都不存在，那他就不会学这门课。

如果某一刻他不知道巴西的首都是哪里，而下一刻他又学到了，那他的知识就有所增长。但他并不会比以前离真理更近半分。在某些情况下知识的增长会接近真理，而在另一些情况下却不会。又如何区分是什么情况呢？

319 如果一个男人惊讶地发现他心爱的、他完全信任的妻子对他不忠，被他撞了个正着，他就会与真理（vérité）[①] 有一种暴烈的接触。如果他得知在一个他不了解的城市里，一个他不认识的、头一回听说名字的女人背叛了她的丈夫，那他与真理的关系就不会有任何改变。

这一例子提供了关键线索。知识的获得之贴近真理，只有当它与我们所爱者有关，而不是任何其他情况。

爱真理，并不是个恰切的表达。真理并非爱的对象。它不是个对象。我们所爱的，乃是某个实存的、为我们所思想的、并由此可能成为真理或谬误之原因的东西。一个真理总是某事物的真

① 此处或译作“真相”。——译者注

理。真理是实在（réalité）的一道光芒。爱的对象并非真理，而是实在。渴望真理，就是渴望与实在有一种直接的接触。渴望与某一实在的一种直接接触，那就是爱。我们之渴望真理，只是为了在真理中爱。我们渴望我们所爱者的真理。与其说对真理的爱，还不如说爱之中的一种真理精神。

实在而纯粹的爱总是首先渴望全然地且无条件地沉浸于真理中——不管它是何种真理。所有其他的爱首先渴望满足，并由此构成谬误与谎言之渊薮。实在而纯粹的爱由其自身便是真理精神。这就是圣灵（Saint-Esprit）。人们译作精神（esprit）的希腊词从字面上讲乃指炽燃的气息、混合着火的气息，并且，在古代 320
它指的是当今科学用能量（énergie）一词所表示的概念。我们所译作“真理精神”的词，指的是真理之能，作为具有激活力的真理（vérité comme force agissante）。纯粹的爱就是这种激活力，这种爱以任何代价，在任何情况下，都不会接受无论是谎言还是谬误。

要想使这种爱成为学者潜心研究时的动机，他们就必须爱些什么。作为他们研究之对象的观念，必须包含一种善。然而情况恰恰相反。文艺复兴以来——更确切地说，是文艺复兴的后半段以来——科学的观念本身是这样一种研究的观念，它置身于善恶之外，尤其是置身于善之外；它被认为既与善也与恶毫无关系，特别是与善毫无关系。科学只研究事实之为事实，而数学家自己却把数学关系视为各种精神事实。各种事实、力、物质，被视为孤立者，与其他事物毫无关系，在此没有任何东西可以为人类思想所爱。

由此，新知识的获得就不是一种足以鼓励学者努力的刺激剂。还必须有其他东西。

首先他们有包含在狩猎、运动、游戏中的刺激剂。我们常能听到数学家把他们的专业比作象棋游戏（jeu d'échecs）。有
321 些人把它比作这样一些活动：其中需要有嗅觉、需要有心理直觉，因为他们说必须预先猜测哪些数学观念——如果人们采纳它——是贫乏（stériles）还是丰产（fécondes）。这同样是游戏，差不多还是基于偶然性的游戏。很少有学者足够深入地钻研科学，为的是使心灵为美所打动。有一个数学家情愿把数学比作包藏在坚硬石头中的一座雕像。有些在公众面前以真理之祭司自居的人，奇怪的是因把自己比作象棋手而自跌身价；把自己比作雕刻家要体面得多。可如果他有做雕刻家的召命，就不该做数学家，还不如去雕刻。更贴近一些审视，对现今科学观念的这种比较，却很不通。它是对另一种观念的甚为混乱的预料。

技术在科学的声望中起了如此重大的作用，因而人们会倾向于假定应用思想对于学者是一种有力的刺激剂。事实上，成为刺激剂者，并非应用思想，而是各种具体应用赋予科学的声望本身。正如陶醉于创造历史的政治家，学者也陶醉于对大事情的感受。是在虚假伟大意义上的大事情；这种伟大独立于所有对善的考虑。

322 同时，他们中的许多人（其研究首先是理论性的），在玩味这种陶醉时，自豪地宣称他们对技术应用漠不关心。于是他们占尽两种好处——两者事实上是不相容的，但在幻觉中却相容；这总是最为人所喜爱的处境。在那些决定人类命运（le destin des

hommes）的人当中，这样的人为数众多，因此他们对此命运的漠不关心就会使人类退化，犹如蚁辈；这是诸神的处境。他们不明白的是，在如今的科学观念中，如果我们去除技术应用，就不会有任何能被视为善的东西留下。与某种象棋游戏相似的机巧是毫无价值的。若没有技术，如今公众中没有任何人会对科学感兴趣；而如果公众对科学不感兴趣，那些以科学为职业者就会另择他途。他们无权采取分离态度（l'attitude de détachement）——他们就是这么做的。但尽管这态度不正当，它也还是一种刺激剂。

相反，对于其他人，应用思想则提供了一种刺激。但他们只在乎它的重要性，而不是善与恶。一位从事研究的学者若感觉到他的发现会扰乱人类生活，也还会竭尽全力完成其发现。看起来，他根本或绝对不会停下手上的工作，以估量在善与恶的方面所可能产生的扰乱，并且若是恶的结果更有可能发生便放弃其研究。这样一种英雄主义似乎根本不可能；再说这是不言而喻的。但在此，一如在他处，主宰的是虚假伟大，其特征是量而非善。 323

最后，学者总是受到各种社会动机的触动，它们卑下委琐，往往是难以启齿的，在台面上一般也不会扮演很大的角色，但它们又是极端有力的。且看 1940 年的法国人，那么轻易地放弃了祖国，几个月后，在他们还没有真正被饥馑所咬蛰之前，又创造了忍耐力的奇迹，为捞一只鸡蛋能忍受饥寒几个小时——凡是看到这一切的人，都不会不了解卑下动机的惊人力量。

学者最首要的社会动机，那纯然是职业责任。学者是人们供养着做科学工作的，人们指望他们做出成绩来，他们也觉得有义务做出成绩来。但作为激励这还不够。晋级、席位、各种类型的奖赏、荣誉和金钱、在国外受到接待、同行的敬重与仰慕、声望、名声、头衔，这些都很重要。

学者的风尚就是对此最好的证据。在16世纪[1]和17世纪，学者相互挑战。出版发表其发现时，他们故意遗漏证明过程的某些环节，或者打乱次序，就为了让同行不能很快理解；他们就这
324 样保护自己，免得竞争对手声称在他们之前就获得了同样的发现。笛卡尔曾坦白，在《几何学》(*Géométrie*)中就是这么做的。这证明他不是毕达哥拉斯（Pythagore）[2]和柏拉图意义上的哲学家——神圣智慧（Sagesse divine）的热爱者；自从希腊消亡后，就再也没有哲学家了。

如今，一旦一位学者获得某个发现，还不等使之成熟并证明其价值，他就立马寄出一份所谓“通报照会”(note au compte rendu)，以确认其优先权。高斯（Gauss）[3]的例子也许是我们现代科学中独一无二的。他把一些手稿遗忘在抽屉深处，里面包含了了不起的发现，后来，某一天有人提出了轰动一时的成就，他则漫不经心地评论道：“这些都很准确，我十五年前就发现了；但这方面我们还可以走得更远，提出这样、这样、这样的定理。”可他却是第一流的天才。也许在过去三四个世纪中还有几个人像他这样，只有少数几个；科学对于他们的意义，仍被他们视为秘密。对于所有其他人，日常的努力中卑下动机起了很大的作用。

---

① 法文版作15世纪，疑为手民误植，今从英译本。——译者注

② 毕达哥拉斯（Pythagore，约公元前580—约前500）：古希腊哲学家、数学家，创立了极具宗教色彩的毕达哥拉斯派。——译者注

③ 高斯（Carl Friedrich Gauss，1774—1855）：德国数学家，与阿基米德、牛顿并列为历史上三大数学家。

如今，和平时期全世界范围交通的便利以及发展到极致的专业化，已使每一专业——各个专业都构成一个独一无二的公共圈子——的学者形成一个类似村落的群体。闲言絮语不断传播；谁 325
都认得谁，对其他人不是有好感就是有恶感。不同世代、不同国籍的人相互攻讦；私生活、政治、职业竞争在其中起了很大作用。于是该村落的集体意见必定受玷污；然而，这种集体意见构成了对学者的唯一控制，因为无论是非学术界人士还是其他专业的学者，对该专业的工作都没有任何的了解。社会刺激的力量迫使学者的思想服从这一集体意见；他试图讨它欢心。它同意接纳的，就为科学所接纳；它不同意接纳的，就被排除出科学。没有一个不偏不倚的法官，因为每个专家——正因为他是专家——都是有利害关系的法官。

有人会说，一种理论所产生结果的丰富性，那可是客观的标准。但这一标准只有在那些被接受的理论中间才有效。一种为学者聚落之集体意见所拒绝的理论必定是结不出果实的，因为人们不想从中获得新进展。在物理学中情况尤其是这样，在这一行里，研究和验证手段本身都被垄断在一个极封闭的小圈子中。如果普朗克（Planck）[1] 第一次提出量子论（théorie des quanta）时，尽管它那么荒诞——或者也许正因为其荒诞，要知道人们已经被理性折腾得精疲力竭——人们没有为此着迷，他们将永远不会知道它会多么富有成效。到了人们已经为它着迷的时刻，他们就没有任何论据能预料到它是富有成效的。这样说来在科学中有一种 326

① 普朗克（Max Planck，1858—1947）：德国物理学家，创立量子物理学，1918 年获诺贝尔物理学奖。——译者注

达尔文式的过程。各种理论偶然产生，最能适应者则存活了。这样一种科学也许是生命冲动的一种形式，却不是探索真理的一种形式。

大众甚至不会忽视，也没有忽视：科学与集体意见的一切产物一样，也服从于时尚。学者们常常对他们说某些理论过时了。这真算是一桩丑事了，如果我们没有愚钝到感知不到任何丑事的话。对一件服从时尚的东西，我们何以要奉上宗教般的敬重呢？信奉拜物教的黑人比我们高明得多；他们的偶像崇拜不知要比我们轻多少。他们会把宗教般的敬重献给一片木雕，如果它美，而对于它，美就传递了某种永恒的意义。

我们实在吃尽了偶像崇拜之疾病的苦头；它是如此之深，竟然去除了基督徒为真理作见证的机能。没有哪一对聋子的对话能像现代精神与教会之间的论战那样富有喜剧力量。不信宗教者以科学精神的名义，为了从中获得对付基督教信仰的论据，选择了那些构成间接乃至直接表明信仰之证据的真理。基督徒从来没有感觉到这一点，他们无力地尝试着否认这些真理，有些气短，又有些令人苦恼的缺乏理智诚实。他们的盲目是对他们偶像崇拜之罪的惩罚。

327 同样不乏喜剧性的是偶像崇拜者的窘境，当他们希望表达其热情时。他们寻找可赞美之物，却找不到。赞美其应用是很容易的；仅仅是应用，也就是技术，它并非科学。在科学自身中有什么可赞美的呢？更确切地说，鉴于科学居住在某些人心中，那在这些学者身上又有什么可赞美的呢？这就不那么容易分辨了。如果人们想要让一位学者为公众所仰慕，他们总是选择巴斯德，至少在法国是这样。他就成了科学偶像崇拜的幌子（couverture），就像贞德成了民族主义偶像崇拜的幌子。

人们选择他，是因为他为减轻人类的身体疾患作了许多贡献。但如果完成这一切的意图并非其努力的主导动机，那就必须把他所做的看作仅仅是巧合。如果这就是其主导动机，那人们对他的仰慕就和科学的伟大毫不相干；重要的是一种实践德性；在这种情况下，巴斯德就与一个无私奉献至英雄主义地步的女护士名列同一类型，区别只在成就的大小。

真理精神既然在科学的动机中阙如，也就不可能存在于科学之中。你要是反过来指望在哲学和文学中能显著地发现它，那你就要失望了。

难道有许多书籍文章给人这样的印象：先是在开写之前，进而阅读校样之前，其作者怀着真实的焦虑问自己：“我说的是真 328
话吗？”① 难道有许多读者，在开卷之前会怀着真实的焦虑问自己：“我从中能找到真理吗？”如果我们让所有以思想为职业的人：司铎、牧师、哲学家、作家、学者、各科的教授，立刻从以下两种命运中选取一种：或者是马上且从此永远陷入十足的白痴状态，伴随着这种跌落所带来的全部屈辱，但又保留了足够的神智，能体会到这种种苦涩；或者是理智机能获得突然且奇迹般的长进，保证使他们立即名满全球，还有死后几千年的荣耀，只有一点不便，那就是其思想总与真理不大沾边；谁相信会有许多人面对这样一种选择时能有些许的犹豫？

① 法文原文是 Est-ce que je suis dans la vérité? 直译为“我在真理之中吗？”——译者注

真理精神如今在宗教、科学以及一切思想中已几乎完全缺席。我们努力挣扎试图逃离的环境中的各种凶残的邪恶——然而我们却甚至没有认识到它们的全部悲剧性——全然源于此。拉辛所说的“这一谎言与谬误的精神，——国王们颓落的悲惨前兆”（Cet esprit de mensonge et d’erreur，— De la chute des rois funeste avant-coureur）[①]，如今已不再为主权者所垄断。它已扩散至民众中所有的阶层；它抓住了所有的民族并使它们陷入癫狂。

329 疗治之方就是要使真理精神重新降临到我们中间；首先就是要在宗教和科学中；这就意味着它们要相互和解。

真理精神之能居住于科学中，条件就是学者的动机应该是爱作为其研究素材的对象。这一对象，就是我们生活于其中的宇宙。我们能爱它什么，难道不是它的美吗？科学的真正定义，就是对世界之美的研究。

只要人们想到这一点，它就是不言而喻的。物质、盲目的力，并不是科学的对象。思维不能抵达它们；它们在思维到来之前就逃逸了。学者的思维永远只能抵达某些关系，在看不见摸不着、亘古不移的秩序与和谐之网中把握物质与力。老子（Lao-Tseu）说：“天网恢恢，疏而不漏”（Le filet du ciel est vaste；ses mailles sont larges；pourtant rien ne passe au travers）。

人类思维何以会以其他事物而不是思维为对象呢？这是个知识论中众所周知的难题，故而人们放弃了对它的思考，将它弃置

① 语出《阿塔丽》（*Athalie*）第一幕第二场。确切的引文是“这一轻率与谬误之精神四处泛滥，……”（Répandre cet esprit d’imprudence et d’erreur，...）。——英译本注

一旁，当作共同接受的事实。可是有一个答案。那就是说，人类思维的对象也还是思维。学者的目的是使他自己的精神与永恒镌刻在宇宙中的神秘智慧（sagesse mystérieuse）相契合。这样说来，又何以会有科学精神与宗教精神之间的对立乃至分离呢？科学探索无非宗教沉思的一种形式。

希腊的情况就是这样的。后来又发生了什么事？这种科 330
学——当它被罗马人的刀剑击昏时，是以宗教精神为本质的——长睡醒来之后，是如何成为唯物主义的？其间又发生了什么事件？

其间在宗教中产生了一场变革（transformation）。这并不是说基督教的来临。原始基督教——正如在《新约》，尤其是在"福音书"中依然存在的——就像古代的神秘宗教一样，完全适合作为某种具有完美严格性之科学的核心激励。但基督教经受了一场变革，八成是在它成为罗马国教的那个阶段。

经历了这场变革之后，基督教思想——除了少数总是处于受谴责之危险中的神秘主义者——除了位格神意（Providence personnelle）之外，就再也不接受任何其他的神意概念了。

这一概念出现在"福音书"中，因为在此上帝被称作父。但是，非位格神意的概念，并且是在某种近似机械论（mécanisme）意义上的，也出现于此。"要作你们天父的儿子；因为他叫日头照好人，也照歹人；降雨给义人，也给不义的人……所以你们要完全，像你们的天父完全一样。"（《马太福音》5：45）①

因此，正是这种惰性物质的盲目的无偏向性，正是这种世界 331

① 最后一句应出自 5：48。——译者注

秩序的无情的规律性——对人的品质的绝对冷漠，并由此常常被指控为不义——被举荐为人类灵魂之完美的楷模。这是种极其深刻的思想，我们如今甚至不能把握它；当代基督教已全然丧失了它。

全部有关种子的寓言都在回应某个非位格神意的概念。来自上帝的恩典降临在一切存在者头上；它会变成什么，全看它们是什么；在它真正穿透之处，它所结出的果实就是某个过程的结果，类似机械过程，并且也发生在绵延（durée）之中。忍耐的德性，或将该希腊词译得更贴切些，一动不动地期待（attente immobile）的德性，就与这种绵延的必然性（nécessité de la durée）有关。

上帝在恩典运作过程中的不介入，也已尽可能清晰地得到了表达："神的国如同人把种撒在地上。黑夜睡觉，白日起来，这种就发芽渐长，那人却不晓得如何这样。地生五谷是出于自然的：先发苗，后长穗，再后穗上结成饱满的子粒。"（《马可福音》4：26）①

所有要问的，也都令人想起与某种机械论类似的东西。对某一纯粹善的一切真实的愿望，超过一定的强度之后，都会使相应
332 的善降临。如果该结果没有出现，那愿望就不是真实的，或者它太弱，或者它所期望的善是不完美的，或者它混杂着恶。当所有的条件都得到满足，上帝就绝不会拒绝。正如恩典的萌发，它

① 应是 4：26—28。又，"出于自然"原文为 αὐτομάτη，诸法译本一般译作 d'elle même（出于它自己），薇依直译为 Automatiquement（自动地），似乎更贴切。——译者注

是在绵延中完成的一个过程。正因为如此，基督嘱咐我们要急切。在这一点上，他所使用的比喻也同样类似于某种机械论。正是某个心理学机制才驱使那法官满足那寡妇的要求的："我会给她伸冤，只因为她常来烦扰我"（《路加福音》18：5），还有那已睡下去的人起来为他朋友开门的比喻："虽说他起来开门不是因为对那人的友情，但他会因那人情词迫切的直求而起来"（《路加福音》11：8）。如果我们对上帝施加某种强制，那也不外乎由他创立的机制。各种超自然的机制至少也和落体定律（la loi de la chute des corps）一样严格，但是，自然的机制是产生各种事件本身的条件，毫不考虑其价值；而超自然的价值则是产生纯粹的善本身的条件。

这一点已为圣徒的实践经验所证实。据说，他们观察到，有时他们能够出于愿望的力量，使比某个灵魂所期望的更大的善降临到它头上。这就证实了，从天国降临至尘世的善只与在尘世中所满足的条件成正比。

圣十字若望的全部著作无非对各种超自然机制所作的严格的 333
科学研究。柏拉图的哲学也同样不外乎此。

甚至是福音书中的审判，似乎也是非位格的："信他的人，不被定罪；不信的人，罪已经定了；……定他们的罪就是在此。凡作恶的便恨光；……但行真理的必来就光。"（《约翰福音》3：18）[1]"我怎么听见，就怎么审判，我的审判也是公平的。"（《约翰福音》5：30）"若有人听见我的话不遵守，我不审判他。我来本

① 应是3：18—21。——译者注

不是要审判世界，乃是要拯救世界。弃绝我，不领受我话的人，有审判他的，就是我所讲的道，在末日要审判他。"①

在十一点钟工人的故事中，好像那葡萄园主有些随心所欲。② 但只要我们更细致一些看，情况正好相反。他只付出一种工钱，因为他只有一种工钱。他没有零钱。圣保罗是这样定义工钱的："我将会知道，正如我已被知道。"（Je connaîtrai comme je suis connu）③ 这里并不涉及程度的区别。同样，赚取工钱的活动也没有程度的区别。人们得到召唤，有人来了，有人没有来。没有人能比召唤来得更早，哪怕早一秒钟。时间先后并不重要。在葡萄园里干了多少活、干得怎么样，也同样不重要。人是否从时

---

① 见《约翰福音》12：47—48。——译者注

② 见《马太福音》20：1—16："因为天国好像家主清早去雇人进他的葡萄园作工；和工人讲定，一天一钱银子，就打发他们进葡萄园去。约在巳初出去，看见市上还有闲站的人，就对他们说：'你们也进葡萄园去，所当给的，我必给你们。'他们也进去了。约在午正和申初又出去，也是这样行。约在酉初出去，看见还有人站在那里，就问他们说：'你们为什么整天站在这里呢？'他们说：'因为没有人雇我们。'他说：'你们也进葡萄园去。'到了晚上，园主对管事的说：'叫工人都来，给他们工钱，从后来的起，到先来的为止。'约在酉初的雇的人来了，各人得了一钱银子。及至那先雇的人来了，他们以为必要多得；谁知也是各得一钱。他们得了，就埋怨家主说：'我们整天劳苦受热，那后来的只做了一小时，你竟叫他们和我们一样吗？'家主回答其中的一人说：'朋友，我不亏负你，你与我讲定的，不是一钱银子吗？拿你的走吧！我的东西难道不可随我的意思用吗？因为我作好人，你就红了眼吗？'这样，那在后的将要在前，在前的将要在后了。"——译者注

③ 见《哥林多前书》13：12，《和合本》作"到时候就全知了，如同主知道我一样"。——译者注

间中跨入永恒，全看他是同意还是拒绝（进入永恒）。

“凡自高的，必降为卑；自卑的，必升为高”①；这就令人想 334
起一架天平，好像灵魂的尘世部分在一个托盘上，神圣部分则在另一托盘中。一首耶稣受难日（Vendredi Saint）赞美诗也把十字架比作天平。“……这些人已得到他们的报偿。”因此，上帝只有能力报偿那些在此世得不到报偿的努力，归于虚空的努力；虚空吸引着恩典。归于虚空的努力构成了基督所呼唤的“在天上建立你们的宝藏”的行动。

虽然福音书只为我们传递了基督教诲的一小部分，但从中我们也还能发现我们可以称作人类灵魂之超自然物理学的东西。就像每一门科学一样，它只包含可明确理解和实验证实的内容。只是，其证实过程落实在走向完善的途中，并且因此我们必须相信那些已得到实现的话语。但是，当学者们讲述他们实验室里的事，我们却很相信，并且不作任何检验，尽管我们不知道他们是否爱真理。相信圣徒们的话会更正当可取，至少这些话是本真的，因为我们可以肯定的是，他们全心全意地爱着真理。

奇迹的问题成为宗教与科学之间的难题，只是因为该问题提错了。要想问题提得正确，就该给奇迹下一定义。要说它是一种
违背自然法则的事实，那是绝对没有意义的说法。我们并不认识 335
自然法则。我们只是通过假定才研究它们的。如果我们所假定的法则与事实相抵触，那么我们的假定至少部分是错误的。要说一项奇迹乃是上帝某一特殊意愿的结果，那也同样是荒谬的。

---

① 见《路加福音》14：11。——译者注

在所有发生的事件中，我们绝没有任何理由说，其中某一些包含着上帝的意愿，而其他的则不包含。总之，我们只知道，所有发生的事件，毫无例外，都合乎上帝的意愿——他是造物主（Créateur）。而所有至少包含一部分纯粹善的事物，都包含着上帝的超自然的感应——他是绝对的善。但当一位圣徒行一项奇迹时，其中的善乃是圣洁，而非奇迹。

一项奇迹是一个有各种先决条件的物理现象，在该现象中灵魂完全舍弃了自身，或者交给善，或者交给恶。

我们必须说它或者交给善，或者交给恶，因为也有魔鬼的奇迹。“假基督、假先知将要起来，显神迹奇事；倘若能行，就把选民迷惑了。”（《马可福音》13：22）“当那日必有许多人对我说：‘主啊，主啊，我们不是奉你的名传道，奉你的名赶鬼，奉你的名行许多异能吗？’我就明明的告诉他们说：‘我从来不认识你
336 们，你们这些作恶的人，离开我去吧！’”（《马太福音》3：22）①

灵魂完全舍弃自身，不是交给善就是交给恶，并伴随着只有在这种情况下才发生的物理现象，这根本不违背自然法则。不这样才会违背自然法则。因为每一种人类灵魂的存在方式都对应着某种物理状态。忧伤对应着眼中的咸水；在人们所叙述的某些神秘狂喜状态下，为什么就不能对应着身体离地腾空？事实确切不确切，这并不重要。我们可以肯定的是，如果神秘狂喜状态真的发生在灵魂中，在身体上必然会有某些对应的现象出现，而这些现象在另一种状态下是不会出现的。神秘狂喜与这些现象之间的联系，通过某一

① 此处薇依记忆有误，应为《马太福音》7：22—23。——译者注

机制而得以建立，类似于忧伤与泪水之间的联系。对前一种机制我们一无所知。但对第二种，我们的了解也不会更多。

此世独一无二的超自然事实，那就是圣洁性本身以及趋近他者；这一事实乃是：在那些爱上帝的人中间，神圣戒命成了一种动机、一种激活力、一种推进剂——从字面上理解，就像汽油是汽车的推进剂。如果在除了服从上帝这一愿望以外再没有其他动机的情况下迈出三步，这三步就是奇迹性的；至于这三步是踩在
地上还是漂在水面，其实是一样的。只不过踩在地上的三步看起 337
来没有任何出奇之处。

有人说水面行走和死人复活的故事在印度很常见，甚至说根本没有人，除了街头小混混（badauds），看见这种事会上前凑热闹。不管怎么说，有一点是千真万确的，那就是有关这类事的说法在那里很常见。在衰退时期的希腊也很常见，正如在卢奇安（Lucien）[①]那里所看到的。这一点异乎寻常地减弱了奇迹在基督教中的护教价值。

有一则印度轶事，讲的是一个修行者（ascète），独自苦修了十四年以后，回去看望家人。他兄弟问他都学了些什么。他把他兄弟带到一条河边，在他兄弟的眼皮底下靠双脚渡过了河。他兄弟叫来一个艄工，坐船到了对岸，付了一个铜板，并对修行者说："我付一个铜板就能办到的事，用得着去修炼十四年吗？"这就是常识的态度。

对于福音书所记载之超常事件的准确性，我们的肯定或否定

① 卢奇安（Lucien，约120—约180）：2世纪希腊修辞学家、讽刺作家。——译者注

都只能是胡乱猜测，这一问题也是没有意义的。确定无疑的是，基督具有某些特殊的能力；既然我们能够确定某些印度教和西藏圣徒有此能力，我们何以怀疑这一点呢？知道每一特定故事的准确性程度，对我们并无助益。

基督所行的各项能力，所构成的并非论据，而是证明之链的
338 一个链环。它们是个确切的征象，表明基督处在寻常人性之外，处在那些或者把自己交付给恶或者把自己交付给善的人中间。它们并没有指出这是其中哪一种。但由基督所表现出的完善性、其生命的纯洁、其言语的至美，以及他只为了同情的活动而行使其能力这一事实，我们还是很容易分辨的。由此只能说他是位圣徒。但那些确信他是位圣徒的人，当他们听他断言他是上帝之子时，对他话语的含义会有所迟疑，可他们却不得不承认这些话语包含着一种真理。因为，当一位圣徒说这种话时，是既不会欺人也不会自欺的。我们也一样，我们不得不相信基督所说的东西，除非在某些地方我们能假定在传抄的过程中出了差错；而给予该论据以力量者，乃是美。当是否善尚有疑问时，美就是严格而确定的证据；事实上可以说没有任何其他证据。要说会有任何其他证据，那都是绝对不可能的。

基督说过："我若没有在他们中间行过别人未曾行的事，他们就没有罪"；但他也说过："我若没有来教训他们，他们就没有罪。"[①] 此外，他也讲过他的"异能"（belles actions），行与言是列在一起的。行的超常特性并不以吸引人们关注为目的。一旦人们关注了，除了美、圣洁、至善，就再也没有别的证据了。

---

① 见《约翰福音》15：24及15：22。——译者注

对多马（Thomas）说的话“那没有看见就信的有福了”，可不能用在那些没有亲眼看到，就相信复活之事实的人身上。[①]那就会是赞颂轻信（crédulité），而非信仰。到处都有那种老妇人，她们太容易不加分别地相信一切死人复活的故事。被称为有福的人，就是那些不需要有复活才相信的人，于他们，基督的完美与十字架就是证据。 339

所以，从宗教的角度看，奇迹是次要的；从科学的角度看，它们自然就进入了科学的世界观。至于靠破坏自然法则来证明上帝之存在的观念，无疑会被早期基督徒视为怪诞可怕的想法。它只会出现在我们现代人罹病的精神中，现代人以为固定不变的世界秩序可以为无神论者提供正当性论证。

世界上各种事件的先后相继也同样出现的福音书中，犹如它们是被神意所控制的，在某种意义上，这神意是非位格的，类似于一种机制。基督对他的门徒说：“你们看那天上的飞鸟，也不种，也不收，也不积蓄在仓里，你们的天父尚且养活它。……你想野地里的百合花，怎么长起来；它也不劳作，也不纺线；然而我告诉你们，就是所罗门（Salomon）[②]极荣华的时候，他所穿戴的，还不如这花一朵呢！……两个麻雀不是卖一分银子吗？若是

---

① 多马是耶稣的门徒之一，耶稣复活后来到门徒中间，其他人都说已经看见主了，惟独多马说只有亲眼看见、亲手摸到耶稣身上的钉痕他才信。故历来有“多疑的多马”之说。上面的话是耶稣在多马验证过伤痕之后说的。见《约翰福音》20：24—29。——译者注

② 所罗门（Salomon，活动时期约公元前 10 世纪中叶）：以色列最伟大的国王，大卫的儿子和继承人。在位约 40 年。在他治下，以色列空前强盛。又以贤明睿智著称。——译者注

340 你们的父不许，一个也不能掉在地上。”① 这就意味着圣徒们从上帝那里所受到的关怀，和包容着飞鸟百合的关爱是同一类的。自然法则决定了树液在植物中上升并使花朵绽放的方式，也决定了鸟儿觅得吃食的方式；而它们之得到这种安排，是为了产生美。自然法则也是这样由神意而得安排的：在人性受造物中间，首先探寻天父之国及其公义的决心不会自动招致死亡。

如果愿意，我们也可以说，上帝看护着每一只鸟、每一朵花以及每一位圣徒；这是一回事。整体与部分的关系适合于人类的理智。在这样一种事件的层面上：或者我们把宇宙作为一个整体来考虑；或者如若我们愿意，就把它们看作是被空间、时间乃至不管什么分类法切割开来的任何一个部分；或者另一个部分，或者再另一个，或者是一个各部分的集合；总之，只要如我们所愿，使用整体和部分的概念，与上帝意愿相一致这一点是不变的。一片无人看见的落叶与一场大洪水（déluge），都同样合乎上帝的意愿。在事件的层面，与上帝意愿相一致的概念，是和实在的概念同一的。

在善与恶的层面上，我们可以从与善以及与恶的关系，发现
341 与上帝意愿的一致或不一致。对神意的信仰就在于确信，宇宙总体上与上帝意愿之相一致，不仅仅是在第一个层面上，而且也是在第二个层面上；也就是说，在这一宇宙中，善压倒恶。这里所说的只是总体的宇宙，因为在个别事物中，不幸的是我们不能怀疑恶的存在。于是，这一确信的对象就是构成世界不变秩序之基

① 此处的引文分别出自《马太福音》6：26、6：28、6：29以及10：29。——译者注

础的永恒而普遍的处置（disposition）。神圣天意之显现——除非我错了——绝不可能是其他的方式，无论是在中国、印度或希腊的圣书还是福音书中。

但是，当基督宗教被罗马帝国定为国教，人们就藏匿了上帝以及神圣天意的非位格这一面。人们把上帝变成皇帝的替身（doublure）。这一运作因犹太教因素而变得容易了，而从历史起源的事实看，基督教中的犹太教因素是清除不了的。在流放[1]之前的文献中，耶和华（Jéhovah）与希伯来人（Hébreux）之间有一种主奴式的法律关系。当时他们是法老（Pharaon）的奴隶，是耶和华把他们从法老的手中救出，因而他也就继承了法老的权利。他们是他的财产，而他则主宰他们，犹如任何一个人主宰其奴隶，只是他开列了更为宽泛的赏罚范围。他毫无分别地向他们发布或善或恶的命令，而更多的时候是恶的，不管是哪种情况，他们都只能服从。他才不管他们的服从可能是出于最卑劣的动 342
机，只要其命令能得到贯彻。

这样一种观念的确是与罗马人的心灵与智力齐平的。在他们当中，奴隶制已深入且败坏了全部人类关系。他们糟蹋了一切美好的事物。通过强迫他人撒谎，他们羞辱了哀求者。他们把感激看作轻度奴役，从而也玷污了感激；照他们的观念，接受一份好意的同时，作为交换人们就让渡了一部分自由。如果这份好意十分重要，当时的流风则迫使接受者对施惠者说自己是他的奴隶。他们玷污了爱；于他们，心怀爱意或者是把被爱者当作一份财产

---

[1] 即“巴比伦流放”，见第 133 页脚注。——译者注

予以接受，或者——假如前者办不到——就跪倒在她脚下，以求得肉体之欢（plaisirs charnels），哪怕与另外十个人分享。他们把爱国主义设想为奴役一切非我族类的意愿，从而玷污了祖国。而没被他们玷污过的东西可真是屈指可数。甚至我们根本就列举不出来。

在被他们玷污过的东西中，还有主权（souveraineté）。合法主权的古老概念，就我们所能猜测而言，似乎是极端美好的。我们只能猜测，因为在希腊人那里它并不存在。但很有可能它直至17世纪还留存于西班牙，而在更微弱的程度上，则还残留于如今的英国。

343 被残暴而不义地流放的熙德（Le Cid）①，在独自一人征服了比他出生的王国还要大得多的疆土之后，有幸与国王会晤；而他一见到国王，大老远就翻身下马，五体投地，亲吻泥土。在洛佩·德·维伽（Lope de Vega）的《塞维利亚之星》（*L'Étoile de Séville*）②中，国王想要阻止一个杀手被判处死刑，因为是他暗地里遣派这杀手去杀人的；他向三个法官中的每一个都写了封信，

① 熙德：即罗德里戈·迪亚斯·德·比瓦尔（Rodrigo Díaz de Vivar，约1043—1099），11世纪西班牙声名卓著的军事统帅、民族英雄，西班牙史诗《熙德之歌》（*Cantar de mio Cid*）的主角。他因得罪国王而被放逐，后又见谅于国王。上述情节见《熙德之歌》2021—2024行。“他们屈下双膝，双手着地，/ 并把田野里草用牙齿衔起，/ 他们欢欣的泪水簌簌下滴；/ 熙德就这般向他的主公表示恭顺之意。”见赵金平译《熙德之歌》，上海译文出版社1994年版，第113页。——译者注

② 西班牙文原书名为*Estrella de Sevilla*。洛佩·德·维伽·卡尔皮奥（Lope de Vega Carpio，1562—1635）：西班牙剧作家。

表明了他的旨意；每个法官都跪在国王面前，保证完全服从他的意愿。后来，法庭重新开庭时，他们又一致判处杀手死刑。国王要他们作出解释，他们回答道："作为臣民，万事我等都听命于您；而作为法官，我等只服从我等之良知。"①

这一观念，乃是一种无条件的、完全服从的观念，但这种服从只给予正当性（légitimité）②，而对无论是强力还是福祸赏罚，都丝毫不予考虑。这也的确就是各修会中对上级的服从观念。这样，一位为人所服从的国王，对其臣民而言真正是上帝的形象，如同一位修道院院长在修士们眼中，这不是出于任何使他显得神圣的幻象，而是只是出于人们认为得到上帝认可的某个惯例所产生的结果。这是一种绝对不涉及偶像崇拜的宗教性尊重。这同一种合法领主的观念，自国王以下，又被移置至从上到下的整个社 344
会。于是，全部公共生活都充满了服从的宗教性美德，就像在某个全盛期的本笃会③修院（couvent bénédictin）。

---

① 《塞维利亚之星》第三幕第十六场。此处薇依的引文较随意，按朱葆光译《维加戏剧选》（上海译文出版社 1983 年版，第 320 页）作："堂佩德罗：作为臣仆，/ 我们惟命是从；/ 但是作为市长，/ 不能收买。/ 您别让我们徇私枉法，/ 我们办事，/ 刚直不阿。/ 对于塞维利亚的法律，/ 我们信守不渝。// 国王：对，对！/ 你们真令我惭愧！"——译者注

② 英文版此处译作"世袭权威"（hereditary authority）。——译者注

③ 本笃会：天主教最大的修会之一，公元 529 年由意大利人本笃（Benedictus，约 480—550）创立于意大利中部的卡西诺山。是西方第一个有系统会规的隐修修会，对中世纪西欧修会乃至教会产生了很大影响。该会强调修士应勤劳不懈、安贫、贞洁，特别要对院长服从。——译者注

到了为我们所熟悉的时代，我们在阿拉伯人那里还能发现这一观念——正如 T. E. 劳伦斯（T. E. Lawrence）[①] 所观察到的；在西班牙，直到这个不幸的国度不得不忍受路易十四的孙子并丧失其灵魂之前，我们也能发现这一观念；还有，就是在卢瓦尔河以南各国度，直到它们被法国征服以前甚至被征服之后，因为我们仍然可以在泰奥菲尔·德维奥的著作中发现其踪影。法国王室长期以来犹疑于这一观念与罗马人的观念之间，但最终选择了罗马人的观念，正因为如此，也就谈不上在法国复兴该观念了。如果我们曾经有过任何真正合法王室之可能性的话，那我们就真的是太幸运了。

有那么一些迹象，将我们引向这样的结论：西班牙人有关合法王室的观念，乃是古代东方君主制的观念。只是它总是太过频繁地受到损伤。亚述人（Les Assyriens）大大地损害了它。同样还有亚历山大——他可是亚里士多德教育的产物，而他也从来没有受到过其导师的责备。而希伯来人，这些漂泊四方的奴隶，则始终不懂得这一观念。毫无疑问，罗马人也同样不懂——这群因需求而结伙的冒险家。

取而代之存在于罗马的，乃是主奴关系。西塞罗（Cicéron）
345 羞惭地承认过，他觉得自己是凯撒的半个奴隶。自奥古斯都（Auguste）以降，皇帝就被看作是帝国全体居民的主子，就如同

① T. E. 劳伦斯（T. E. Lawrence，1888—1935）：英国军人，初学中世纪筑城术，曾考察十字军东征时的堡垒，一战时成功地在阿拉伯地区从事间谍活动，一生颇富传奇色彩。人称“沙漠枭雄”“阿拉伯的劳伦斯”。——译者注

是奴隶主。

人类不会以为，他们觉得很自然地让他人承受的不幸也会落到自己的头上。可当这样的事情真的出现了，像他们自己的行为一样恐怖，他们也会觉得这很自然；他们内心深处绝不会有任何愤怒和抵抗，他们心里从来没有觉得忍受这样的待遇是令人厌恶的。至少当他们处于这样一种境遇：哪怕是出于想象，也没有任何外在的支持，所剩下的只是心灵深处的源泉，那么情况就会是如此。如果过去的罪行已摧毁这源泉，那就会形成彻头彻尾的懦弱，多大的耻辱都能接受了。正是在人类心灵的这一机制上，我们发现了交互性法则，在《启示录》中表述如下：“掳掠人的，必被掳掠。”①

同样，许多法国人觉得对受压迫的法国殖民地土著谈论合作是很自然的事，继续对他们的德国主子说这个词也丝毫不费劲。

罗马人也是如此，他们将奴隶制看作社会的基础建制，在他们心中找不到任何东西可以支撑他们对某个坚持自己对他们有主人权并运用武力来保证自己的这种权利的人说个不字。也没有任 346
何东西可以对他的继承人说个不字——通过继承权，他们也就成为后者的财产了。于是就有了各种卑劣怯懦之行为——列举这

① 见《圣经·启示录》13：10。此处薇依的引文是：“Si quelqu’un traîne dans l’esclavage, il sera traîné dans l’esclavege”（奴役他人的，必被他人奴役），与通行的数种法文版圣经有所不同。大部分法文版圣经用的是 captivité（掳掠、囚禁），而非 esclavage（奴役）。《新约》希腊原文和拉丁文武加大本（Vulgata）则为 αἰχμαλωσίαν 和 captivitatem，即掳掠、囚禁。——译者注

些行为曾令塔西佗（Tacite）[1]感到恶心，更何况他也是其中的一员。一接到自杀的命令，他们就会自杀，不会有其他的反应；一个奴隶是不可自杀的，这样做就等于偷盗主人的财产。卡利古拉（Caligula）[2]就餐时，后面总站着一些元老院议员（sénateurs），身着长外衣，在当时的罗马，这是奴隶地位低下的独特标志。在宴会上，他会离开一刻钟，带上个贵族女人到他专用的小房间，回头又领着她来到宾客中间，她面色潮红，披头散发，而宾客中就有她的丈夫。但这些人却觉得，不但是对他们的奴隶，就是对各行省的殖民地居民，这种态度也是很自然的。

就这样，在对皇帝的崇拜中，被神化的是一种奴隶制的建制。数以百万计的奴隶造就了一种对其主子的偶像崇拜。

就是这，决定了罗马人在宗教事务上的态度。有人说他们是宽容者。事实上，他们宽容的是各种空无灵性内容的宗教实践。

要是希特勒心血来潮，八成他也会宽容没有危险的神智学（la théosophie）。罗马人会很容易宽容密特拉（Mithra）[3]崇拜——一种哄骗追新族（snobs）和闲女人的冒牌东方情调。

347 他们的宽容有两个例外。首先，他们不会自然地忍受任何人——不管他是谁——声称对他们的奴隶有某种财产权。他

---

① 塔西佗（Cornelius Tacitus，约 56—约 120）：罗马高级官员、历史学家，著有《编年史》。——译者注

② 卡利古拉（Caligula，12—41）：罗马皇帝（37—41 在位）。本名盖约 · 凯撒（Gaius Caesar），卡利古拉是他的绰号，意为“小靴子”，为人残暴，后被下属刺杀。——译者注

③ 密特拉：印度–波斯神话中的光明之神。亚历山大东征之后，对他的崇拜传遍了整个希腊化世界。——译者注

们对耶和华的敌意由此而来。犹太人是他们的财产，不能有另一个物主，无论是人还是神。这里所涉及的，只是个蓄奴论者（esclavagistes）之间的争议。末了，出于对声望的操心，以及要通过实践证明他们才是主子，罗马人差不多把那些其财产归属权有争议的两脚牲口（bétail humain）杀了个精光。

另一个例外则与灵性生活有关。罗马人不能宽容那些在灵性内容方面富有的人。对上帝的爱是一片危险的火，与它的接触对于他们那卑鄙的奴隶制神化是致命的。同样他们也毫不留情地摧毁了各种形式的灵性生活。他们极其残酷地迫害了毕达哥拉斯派以及所有加入某些本真的传统的哲学家。顺便说一句，淫雨中的某次骤歇（éclaircie），竟也会让某个真正的斯多亚派（stoicïen）[①]——它产生于希腊而非罗马的影响——登上皇位，这当真是极端神秘之事；而他虐待基督徒这一事实，又使该事之神秘性倍增。[②]他们灭绝了所有的高卢德洛伊祭司，摧毁了埃及人的崇拜仪式，血腥镇压并用精心炮制的谎言诽谤了对狄俄尼索斯（Dionysos）[③]的崇敬。我们知道他们对早期基督徒都干了些什么。

当然他们对其过分粗鄙的偶像崇拜也感到不适。如同希特

---

① 斯多亚派：一译“斯多葛派”，晚期希腊及罗马的哲学派别。重视伦理学，认为哲学探究的目的在于给人提供一种以心灵平静和履行道德义务为特点的行为方式。——译者注

② 指公元 2 世纪的罗马皇帝马可·奥勒留，见第 228 页脚注。——译者注

③ 狄俄尼索斯：又称巴古斯（Bacchus），希腊神话宗教中的酒神、植物神、葡萄种植业和葡萄酿酒业的保护神。希腊戏剧即源于狄俄尼索斯祭祀仪式。这些具有秘密祭典特点的节庆常变成狂欢，使人们突破习俗的禁忌。——译者注

348 勒，他们也知道一件虚假灵性外衣的价值。他们或许想要扯一件本真宗教传统的外套，以掩饰太过触目的无神论。希特勒也同样极想发现或创立一种宗教。

奥古斯都曾想拉拢埃莱夫西斯（Éleusis）[①] 的教士们。在亚历山大后继者们的时代，埃莱夫西斯秘教机构已经几乎全然颓落，到底出于何种原因，我们不得而知。苏拉的大屠杀——它们曾使雅典街上的鲜血如同洪水决口——绝不会对他们有丝毫的善意。到了帝国时代，它是否还能留下本真传统的任何痕迹，倒是十分值得怀疑的。尽管如此，埃莱夫西斯的人们还是拒绝了（奥古斯都的）收编。

基督徒同意了，当他们因受屠杀而身心极度疲惫时，当他们陷入过分的绝望，看不到凯旋般的世界末日到来时。就这样，基督的父适应了罗马时尚，成为一个主子，一个奴隶主。耶和华使这一转变得以完成。要迎接他，已不再有任何的不便。自从耶路撒冷毁灭之后，在罗马皇帝与他之间，已不再有任何财产权争议。

的确，福音书中充满了来自奴隶制的比喻。但在基督的口中，这个词是个爱的计策（ruse de l’amour）。所谓奴隶，指的是那些愿意像奴隶那样把自己整个心灵奉献给上帝的人。并且，尽
349 管这是一件刹那间完成、一成永成的礼物，可在此之后，这些奴隶一秒钟也不会停止吁求上帝同意在奴隶状态中坚固他们。

这是与罗马人的观念不相容的。如果我们是上帝的财产，我

---

① 埃莱夫西斯：古希腊城市，埃莱夫西斯秘密宗教的发祥地，该秘教是对德墨忒耳和珀耳赛福涅的秘密崇拜。——译者注

们又如何把自己像奴隶一样交给他？通过他创造了我们这一事实，他就解放了我们。我们外在于他的国。只有我们的同意，伴随着时间，才能完成相反的运作，并把我们自己转变成某种惰性的、类似于虚无的东西——在此上帝是绝对的主子。

幸运的是，真正基督教的思想源泉由神秘主义保存着。但是，除了纯粹的神秘主义，罗马式的偶像崇拜玷污了一切。它是偶像崇拜，因为正是崇拜的方式，而不是归于其崇拜对象的名称，才使偶像崇拜与宗教相区分。如果一个基督徒打算以一个罗马异教徒赞颂皇帝的心态去崇拜上帝，那么这个基督徒也就是个偶像崇拜者。

罗马人的上帝观念如今依然存在，就在诸如马利坦这些人的思想中。

他写道："权利的概念甚至比道德义务的概念更为深刻，因为上帝对其受造物有一种至高无上的权利，并且他对它们没有道德义务（虽然他对他自己有一种责任，必须给予它们由它们的本性所需要的东西）。"

无论是义务的概念还是权利的概念，都不会适合上帝，但权
利的概念更是无限地不适合。因为权利的概念无限地远离纯粹的 350
善。它是善恶混杂的；因为拥有某一项权利，意味着一种利用它或者行善或者作恶的可能性。相反，一项义务的履行则始终、无条件地在各方面都是一种善。正因为如此，我们才说，1789 年的人们把权利概念作为他们首要的激励原则时，犯下了多么重大的错误。

一种至高无上的权利，照罗马人的观念，或所有其他本质上

与此同一的观念，那就是财产的权利。将一种不附加义务的、至高无上的权利归于上帝，那就是使他成为一个罗马奴隶主的无限等价物（équivalent infini）。由此只会出现某种奴隶式的奉献。一个奴隶对某个把他看作自己财产的人的奉献，是件卑劣的东西。推动一个自由人将自己的身体和灵魂在奴役状态中奉献给某个构成至善者的那种爱，乃是奴隶之爱的对立面。

在天主教会的神秘主义传统中，净化（purifications）——灵魂必须经历这些阶段——的主要目的之一就是全然涤除罗马人的上帝观念。只要这种观念还留有一丝痕迹，爱的契合（union d'amour）就是不可能的。

但神秘主义者的光芒并不能像在他们的灵魂中那样在教会中
351 清除这种观念，因为教会需要这种观念，犹如帝国需要它。为了它的尘世统治，教会需要这种观念。因此，权力之区分为灵性权力与尘世权力——说到中世纪时我们经常谈论这一点——比我们所想象的要复杂得多。按照古典西班牙观念，对国王的服从，比起对配备有宗教裁判所并贯彻对上帝的蓄奴论观念的教会的服从，在宗教性和纯粹性上不知高出多少倍，在很大的程度上，13 世纪时就是这样的。很可能是这样的：比如在 13 世纪的阿拉贡（Aragon）[①]，国王是真正灵性权威的持有者，而教会所掌握的却真正是尘世的权威。不管怎么说，罗马人的帝国主义和统治精神从来没有对教会放弃其影响，从而使它清除对上帝的罗马式观念。

---

① 阿拉贡：西班牙古王国，15 世纪末与卡斯蒂利亚合并为西班牙王国。——译者注

由其影响，神意的观念变得难以辨认了。其极端荒谬性甚至会使人思维发昏。本真的信仰奥秘也是荒谬的，但它的荒谬会朗照思维，使它产生丰富的、为理智所明了的真理。其他的荒谬也许是魔鬼的奥秘。在流行的基督教思想中，两者相互混杂，犹如麦子与稗子。

对应于罗马型上帝的神意观念，就是上帝在宇宙中的位格干预，为了特定的目的去调校某些手段。人们假定，若上帝听凭世 352
界的秩序独自运行，没有在这样那样的地点时刻，为了这样那样的目的所进行的特定的干预，它就会产生出一些与上帝的意愿不一致的结果来。人们假定上帝为了特定的目的进行干预。但人们也假定，这些为了纠正因果性游戏的干预，其本身也是服从因果关系的。上帝打破世界的秩序，为的是在世界中出现的，不是那些他愿意产生的，而是那些将产生他愿意作为结果而产生者的原因。

如果我们对此作一番思考，这些假定就正好对应着人面对物质时的处境。人有一些特定的目的，它们迫使他作一些特定的干预，这些干预是服从因果律的。且想象一位罗马大奴隶主，他拥有广阔的土地、众多的奴隶；然后我们再从各个方向扩展他的疆域，直至整个宇宙。这就是事实上在基督教的某一部分起主导作用的上帝观念，其污点甚至多少感染了整个基督教，除了那些神秘主义者。

如果我们假定这样一位奴隶主独自活着，从来不会遇上其他同样的奴隶主，甚至与他的奴隶也不发生任何关系，我们就会问：一个特定目的又何以会出现在他头脑中。他自己没有未得到满足的需求。他会寻求其奴隶的善（le bien）[①]吗？若是这样，他就会大大地感到头疼，因为事实上他的奴隶处于罪恶与不幸的折
353 磨之中。如果人们试图通过列举他们命运中所有的幸福，以激发其美好情感——就像从前美国蓄奴论说教者所做的那样——人们所做的不过是更加清楚地表明，他们这部分善是多么有限，在归于主子的强力和与善及恶的各自部分之间是多么不成比例。因为掩饰不了，人们就会对奴隶们说，如果他们不幸，那也是出于他们的过错。但这一断言——哪怕我们接受——也丝毫无助于澄清主子的意愿会是什么这一问题。对这些意愿，所能想象的，不外乎捉摸不定的奇思（caprices），其中有些是善意的。事实上，人们就是这样设想它们的。

所有想要在宇宙结构中辨识主子善意之迹象的努力，毫无例外地都与圣彼得的贝纳丹（Bernardin de Saint-Pierre）[②]关于西瓜与全家聚餐（melons et les repas en famille）的高论处于同样水平。在这些努力中，存在着对道成肉身（Incarnation）之效果的历史考察中所能发现的相同的基本荒谬性。交给人们在宇宙中观察的善是有终结的、受限制的。试图发现某个神圣行动的迹

① 一译“利益”。——译者注

② 圣彼得的贝纳丹（Bernardin de Saint-Pierre，1737—1814）：法国作家，著有《法兰西岛游记》（*Voyage à l'Île de France*，1773）、《自然研究》（*Études de la nature*，1784）等，曾受卢梭的提携，在卢梭的启发下，推崇初民社会，对后来的浪漫派文学有一定影响。他确信自然本真上是和谐的。他认为他从以下事实中看到了神圣意义：从西瓜的外表花纹中就看得出来它可以被切成一块块，这是一个迹象，明白无误地显示它是要被全家分食的。——译者注

象，就是要把上帝自身变成一种有终结的善、受限制的善。这是渎神。

在历史分析中同一类的努力，也许可由纽约的一份天主教杂志所表达的某种巧妙想法而得到说明，那份杂志出版于上一个美洲发现周年纪念期间。它说上帝派遣克里斯托弗·哥伦布 354
（Christophe Colomb）来到美洲，为的是几个世纪后有个国家能打败希特勒。这甚至远远不如圣彼得的贝纳丹；太不象话了。看来上帝也歧视有色人种；在他眼中，为了20世纪欧洲人的得救，16世纪美洲的种族灭绝（extermination des populations）是很小的代价；而且他也不能用更不血腥的手段给他们带来拯救。我们会觉得，与其提前四百多年派哥伦布到美洲去，还不如派个人在1923年前后去刺杀希特勒来得简单。

谁要是觉得这是不同寻常的愚蠢，那他可就错了。所有对历史的神意性解释，都必定恰好处在这一水平上。波絮埃（Bossuet）① 的历史观念就是这样的。它既残酷又愚蠢，无论对理智还是对心灵都同样令人厌恶。要想把这位神长兼廷臣看作一个伟大的心灵，我们必须对言词的响亮度有极高的敏感性。

当神意的概念被引入私人生活，其结果也同样不乏喜剧性。

---

① 波絮埃（Jacques-Bénigne Bossuet，1627—1704）：17世纪法国天主教教士、演说家、神学家，在高卢主义之争中站在路易十四一边。其《论世界历史》（*Discours sur l'histoire universelle*，1681）贯穿着一种信念，即全部人类历史都弥漫着神意的作用。这是奥古斯丁之后历史神学的最后一次尝试。18世纪启蒙运动中由伏尔泰开创的历史哲学，表明“世界历史”的观念取代了“救赎历史”的观念。——译者注

当一道闪电差一厘米没有击打到某个人，通常这个人会相信他受到神意的保护。那些离此地一千米的人，就不会想到自己应感激
355 上帝的干预。显然，当宇宙的机制正要杀死某个人时，上帝就会问自己是否乐意救他一命，而要是他乐意这么做，他就伸出大拇指，几乎令人难以察觉地碰一下这机制。他会将这闪电移动一厘米，救一条性命，但不是移动一千米，也不是干脆阻止这闪电落下。我们必须相信，人们就是这么想的。否则，人们就会说，为了我们不被闪电杀死，神意在我们生命的每一刻都在干预，这干预的程度与闪电离我们一厘米的那个时刻是同样的。它没有为阻止某个人被杀死而干预的那个独一无二的时刻，就是闪电将此人杀死的那个时刻，起码如果这件事真的发生了。凡是没有发生的，同样都是为上帝阻止的。凡是发生的，也同样都是为上帝所允许的。

把神意看作上帝为了特定的目的所作的位格性、特定干预的荒谬观念，是与信仰不相容的。但这并非自明的不相容性。它与科学的世界观不相容，这种不相容性才是自明的。在教育和环境的影响下，有这种神意观的基督徒也同样有科学的世界观，这就使他们的精神分隔成两部分，中间是一道水密舱壁，一边是科学的世界观，另一边是把世界看作上帝位格神意施展之领域的世界
356 观。由此，他们既不能思考这一边，也不能思考另一边。再说第二个领域则是不可思考的。而不信者，他们没有被任何一边所阻挡，他们很容易发现，这种位格性、特定的神意是荒谬的，并且，在他们眼里，连这种信仰都是荒谬的。

人们归于上帝的各种特定图景，只是我们从比无限还要多的

因果性联结中切下的断片。我们切下它们，同时又把在时间的绵延中从千百万个事件里选择出来的具有特定结果的特定事件联结起来。说这些断片符合上帝的意愿，自然是没错的。但同样没错且毫无例外的是，在宇宙的复杂性中，跨越时空，巨细靡遗，凡是能够为一切人类或非人类精神所分割的断片，都是符合上帝之意愿的。

人们不能在时空的连续性（continuité）中像个原子那样分割出一个事件来，但人类语言的弱点却使我们不得不说我们能够这样分割。

在时间进程之整体中构成宇宙的所有的事件、每一个事件、每一个多事件之可能集合，每一种两事件或多事件间的关系，两事件集合或多事件集合间的关系，一事件与一事件集合间的关系——所有这一切，都在同样的程度上为上帝之意愿所允许。所有这一切，都是上帝的特定意向。上帝特定意向之总和就是宇宙 357
本身。只是恶除外，而甚至它也不是完全地、在各方面都被排除在外的，而只是在就其为恶的方面。在所有其他的方面，它也符合上帝的意愿。

一个受了很痛苦的伤，因而不能上前线的士兵——他所在的整个团都在这次战斗中阵亡了——会相信上帝当初所愿意的不是使他痛苦，而是救他的生命。这是种极端幼稚的想法，是个自爱（amour-propre）的陷阱。上帝曾愿意使他痛苦、救他生命，愿意所有事实上已经发生的结果，而不是更愿意其中的某一种情况。

只有在一种情况下我们才可正当地谈论上帝的特定意愿，那就是当某人灵魂中出现了一种带有上帝戒命之可辨识标记的特定冲动。可此时这只与作为灵感源泉的上帝有关。

如今的神意观念像是人们称之为法语讲解（explication française）① 的那种学校练习，只不过是由一个差老师讲解一首美妙绝伦的诗。老师会说："诗人为了这样一种效果用了这样一个词。"只有面对第二流、第十流乃至第五十流的诗，这样做才是对的。在某一美妙绝伦的诗歌片断中，所有的效果、所有的共鸣、所有因这样一个词在这样一个位置出现而可能产生
358 的联想，都在同样的程度上——也就是说完美地——对应着这位诗人的灵感。对于所有的艺术都是一样的。就这样诗人模仿着上帝。诗歌灵感在其最完美的程度上，是一个能够通过类比给出一个有关上帝意愿之概念的属人事物。诗人是一个人（une personne）②；然而在他触及诗之完美的时刻，他便被某种非个人的（impersonnelle）③ 灵感穿透了。在平庸的时刻他的灵感才是个人的（personnelle）；于是这并不真的是灵感。在把诗歌灵感用于通过类比而设想上帝之意愿的一幅图画时，他就不能采用平庸的形式，而必须是完美的形式。

神意并非世界秩序中的一种麻烦、一种例外（anomalie）。它是世界秩序本身。或者不如说它是这一宇宙的规整原则（principe ordonnateur）。这就是永恒智慧（la Sagesse éternelle），它独一无二、在某一关系的最高网络中延伸至全宇宙。

---

① 法国学校的一种语文教学方法，从每一个方面来分析一篇课文，包括语言、含义、来历、与其他文本的关系等等。——英译本注

② 一译"一个位格"。——译者注

③ 一译"非位格的"。——译者注

罗马之前的整个古代就是这样设想它的。《旧约》——它充满了古代世界的普遍灵感——的每一部分，都带有包藏在无与伦比的言词辉煌中的这种观念。但我们是瞎子。我们读了，却不理解。

暴力并非此世的至高无上者。就其本性它是盲目且不定的。此世至高无上的，乃是决定性（la détermination），乃是限制。永恒智慧将这一宇宙禁锢在一个网络中，禁锢在决定性之网中。宇 359
宙并不从中挣扎。在我们看来至高无上的物质暴力，事实上无非是完全的服从。

这是给予人的保证，是约柜（arche d'alliance）[1]、盟约、此世看得见摸得着的应许、希望的可靠支撑。这就是真理，当我们每一次感受到世界之美时，都会咬动我们的心。这就是真理，它以无与伦比的喜悦之情，闪耀在《旧约》最美最纯粹的篇章中，闪耀在希腊的毕达哥拉斯派和其他贤哲那里、中国的老子那里、印度教的经籍以及埃及的残篇中。它也许隐藏在数不清的神话和故事中。它将会呈现在我们面前，在我们的眼皮底下，在我们自己的科学中，只要有那么一天，就像对夏甲（Agar）[2]那样，上帝

---

① 约柜：《旧约》中指存放上帝与以色列人订立之契约的柜子，象征耶和华在以色列人中间的临在，这以色列人最神圣的圣物。见《出埃及记》25：10—22。——译者注

② 夏甲：见《旧约·创世记》16。夏甲是亚伯兰（亚伯拉罕）之妻撒莱的埃及使女，亚伯兰夫妇年老无子嗣，撒莱便让他收夏甲为妾。夏甲怀孕后小看撒莱，撒莱听亚伯兰的话苦待她，她就逃走了。耶和华令她回到撒莱身边，并对她说："我必使你的后裔极其繁多，甚至不可胜数。"夏甲于是称耶和华为"看顾人的神"，她说："我不是也看见了那看顾人的神吗？"——译者注

也使我们睁开双眼。

哪怕在希特勒主张与此相反的谬误所使用的话语中，我们也能辨识出这真理来：“……在这样一个世界里——行星和恒星沿着循环的轨道运行，卫星围绕着行星，强力统辖各处并制约着虚弱，它不是迫使弱者温顺地服从就是干脆将它们消灭……”盲目的力量何以能产生这些循环呢？不是弱者温顺地服从力量，而是力量对永恒智慧温顺。

希特勒以及他的狂热青年在凝视夜空时从来没有感受到它。可又有谁试图教育过他们？我们如此引以为豪的文明千方百计去
360 掩饰它；而鉴于我们灵魂中有某些东西会以该文明为自豪，对于希特勒的任何罪行我们都不是无辜的。

在印度，一个原意为“平衡”（équilibre）的词，既表示世界秩序，又表示正义。以下是有关该主题的一段经籍，它以象征的形式，同时与创世及人类社会相关联。

“事实上，起初神绝对是独自存在的。独自存在着，他没有显明自身。他创造了一个高级形式，至高无上者……所以就没有任何东西比至高无上者更高。所以在各种典礼中祭司总坐在最高处。……

“神仍然没有显明自身。他创造了农夫、工匠和商人的阶层。

“他仍然没有显明自身。他创造了仆人阶层。

“他仍然没有显明自身。他创造了一种高级形式，正义。正义是至高无上者之至高无上者。所以就没有任何东西比正义更高。有了正义，最弱的人也能和很强的人相平等，就像有了国王的权威。

“正义，也就是真理。所以，当某人说出真理时，人们就说：‘他是正确的。’而当某人说出正义时，人们就说：‘他是真实的。’因为正义和真理真的是同一回事。”

一节很古老的印度教诗歌说道：

太阳由此升起， 361
太阳在此落下，
诸神从中行正义，
今日如此，明天依然。

阿那克西曼德（Anaximandre）[①] 曾写道：

“万物都产生于不定（indéterminé）；毁灭也就是复归不定，它因必然性而得完成。因为按照时间的秩序，由于它们的不义，万物都受到惩罚且相互补偿。”[②]

此处所说的，乃是真理，而非希特勒从现代科学之粗俗化

① 阿那克西曼德：米利都学派自然哲学家，约公元前611—前546年，鼎盛年约在公元前570年。

② 不定：阿那克西曼德的哲学概念，希腊文为τὸ ἄπειρον，意为没有界限、没有限制、没有规定的东西，国内学界过去曾译为“无限”，也有音译为“阿派朗”的。薇依所引的话为第尔斯所辑之阿那克西曼德残篇第一，估计是她自己据希腊文翻译的。另据《希腊哲学史》第一卷（汪子嵩、范明生、陈村富、姚介厚著，人民出版社1988年版，第187页），这句话译作：“各种存在物由它产生，毁灭后又复归于它，都是按照必然性而产生的，它们按照时间的程序，为其不正义受到惩罚并且相互补偿。”此处“必然性”一词，也有径译为“命运”者。——译者注

中汲取的怪诞观念。一切看得见摸得着的力都服从一个它们永远无法跨越的不可见的限制。在大海中，一个浪上升、上升、再上升；但某一个点——然而此处唯余虚空——迫使它停止，迫使它下降。同样，德军的浊流也突然停止在拉芒什海峡（la Manche）[①] 边缘，谁也不知道为什么。

毕达哥拉斯派说宇宙由不定以及限定、限制、使其停止的原则构成。始终起统治作用的，便是后者。

关于彩虹（arc-en-ciel）的传说——确乎是摩西（Moïse）从埃及人那里借来的——以最感人的方式，表达了世界秩序必定给予人类的希望：

362 “上帝说：……将来我使云彩盖地的时候，必有虹现在云彩中，我便记念我与你们和各样有血肉的活物所立的约，水就再不泛滥毁坏一切有血肉的物了。”[②]

美丽的半圆形彩虹，就是那见证：此世的所有现象，不管它会多可怕，都服从一个限制。这段话的辉煌诗意就是希望上帝记得履行其作为限制原则的职责。

“你为水设定了不可跨越的界限，免得它们再次淹没土地。”（《诗篇》104）[③]

而犹如波浪的起伏，所有此世现象之前后相继——均由相互补偿的失衡（rupture d’équilibre）而构成：生与死、盛与

① 即英吉利海峡。——译者注

② 见《创世记》9：14—15。——译者注

③ 此处的引文也许是薇依自己所译，与通行的拉、法、英、汉诸本均有所不同，按“和合本”作：“你定了界限，使水不能过去，不再转回遮盖地面。”（《诗篇》104：9）——译者注

衰——都使人鲜明地感受到限制之网的不可见的临在，这网虽无实体，却比钻石还硬。正因为如此，万物的更迭是美好的，虽然它们会令人感受到无情的必然性。无情，但不是强力，而是一切强力之上的最高主宰。

但是，令古人陶醉的思想乃是：使盲目的物质力量服从的，并不是另一种更强的力量，而是爱。他们认为，因为爱，物质温顺地服从永恒智慧，爱使它们同意服从。

柏拉图在《蒂迈欧篇》(*Timée*）中说，神意通过行使一种智慧的劝说工作而主宰必然性。一首基督教纪元前 3 世纪的斯多亚 363
诗篇——而经证明其灵感则更为古老——是这样称颂上帝的：

> 这围绕大地的寰宇服从你，
> 任你领至何处，它同意你的统治。
> 这就是掌握在你无敌之手中的仆人的美德，
> 双刃、炽烈、永远活着的，闪电。

闪电，从天际迸发至地面的火柱，那就是上帝与其受造物之间爱的交流，正因为如此，“闪电投手”便是宙斯（Zeus）的最高形容。

由此形成斯多亚派的 amor fati[1]、爱世界秩序的观念，在他们看来这是一切美德之核心。必须爱世界秩序，因为它纯粹是对上帝的服从。不管这宇宙是接受我们还是加害我们，它这样做都

---

① 拉丁文，意为“爱命运”。——译者注

只是出于服从。当一个久未谋面令人等得心焦的朋友来握我们的手，他的握力本身是否让我们觉得愉快并不重要；就算他握得太重，握疼了我们的手，我们也甚至不会注意到。如果他开口讲话，我们也不会问自己他的嗓音本身是否悦耳。手的握力、嗓音，所有这一切，都只是一种临在的迹象，因此是无限珍贵的。同样，在我们整个生命进程中所发生的一切——由宇宙对上帝的
364 完全服从而产生——都使我们与那构成神圣意愿的绝对善相接触；由此，毫无例外，苦乐无别，一切都必须以同样的爱与感激的内心态度加以接受。

那些无视真正善的人，他们不服从上帝，即他们不是以一种能思维的受造物的方式所应有的态度，通过思维的一致同意，而服从上帝。但他们的身体和他们的灵魂却绝对服从在最高的意义上统辖物理及心理物质（matière physique et psychique）的各种机制的法则。他们当中的物理及心理物质完美地服从着；就他们是物质而言，他们是彻底服从的，而他们并非其他东西，如果他们既不拥有也不渴望那唯一能将人提升至物质之上的超自然之光的话。正因为如此，他们对我们的损害我们必须接受，正如惰性物质对我们的损害。除了应该给予迷途及受苦的人类思想以同情之外，我们也还必须像爱惰性物质那样爱他们，因他们也是至美的宇宙秩序的一部分。

当然，当罗马人觉得在接受斯多亚主义（stoicïsme）时必须羞辱它时，他们就用以傲慢为基础的无动于衷（insensibilité）[①]

---

① 一译“不动心”。——译者注

取代了爱。由此形成如今依然盛行的偏见，即认为斯多亚主义与基督教是对立的，其实它们却是一对孪生的思想。三位一体各位格的名称、逻各斯、普纽玛（pneuma）[1]，都是借自斯多亚派的词
汇。对斯多亚派某些理论的了解会给《新约》中许多谜一般的段 365
落投上一道活生生的光。由于它们的亲缘性，这两种思想之间曾有过交流。在两种思想的中心，都能找到谦卑、服从和爱。

但许多文献表明，斯多亚派的思想也是整个古代世界的思想，包括远东（Extrême-Orient）。往昔曾生活过的全人类都惊异于这样的思想：我们所身处的宇宙无非完美的服从。

希腊人陶醉于在科学中发现对此明确的肯定，而这就是他们热衷于科学研究的动机。

科学研究中理智的运作使得至高无上的必然性显现于思维中，作为一具非物质、无强力的关系之网。只有当各种关系完全是以非物质的方式出现时，必然性才能被完美地设想。只有某种高度的、纯粹的专注——它产生于不服从强力的灵魂——才能使这些关系得以显现。凡是人类灵魂中服从强力的，都处于欲念（besoins）的控制下。要设想纯粹非物质的关系，就必须忘掉一切欲念。如果我们做到了，我们就会明白那力的游戏，通过这些力，欲念或是得到满足或是被拒绝。

此世的各种力最终是被必然性所决定的；必然性由一些关系
构成，它们是思维；因此此世至高无上的力最终是被思维决定 366
的。人是一种能思维的受造物；它处于对力发号施令者一边。诚

① 普纽玛：斯多亚派的哲学概念，指作为万物本原的气，基督教神学中指灵、圣灵。——译者注

然它不是自然的主宰和主人，希特勒说得对，人要是以为自己是自然的主人那他就错了；但人是那主人的儿子，是这家里的孩子。对此，科学便是明证。某个富裕家庭的小孩子在许多方面要服从家里的仆从；但当他坐在父的膝上，因爱而与父同一时，父的权威也有他的份。

只要人允许其灵魂充满他自己的思想、充满他的个人思想，那他就在其思想最深处全然服从欲念的限制和力的机械运作游戏。如果他以为他可以不受这种限制，那他就错了。但是，当他出于真正的专注，倾空了自己的灵魂，从而使它充满永恒智慧的思想，那一切都改变了。于是他就拥有了连强力都不得不服从的思想。

关系的本性，以及设想该关系所不可或缺的专注的本性，在希腊人看来乃是一个明证，即必然性是真正服从上帝的。他们还有另一个证据。那就是镌刻在关系自身上的各种象征，犹如画家的签名书写在画上。

希腊人的象征思维可以解释这一事实：当毕达哥拉斯发现半圆中总是内含一个直角三角形时，欣喜之下他供奉了一台祭献。

367 在希腊人眼中，圆乃是上帝的形象。因为一个圆——它围绕自己转动——是这样一种运动，其中没有任何一处有变化，它自身构成一个完美的环形。在他们那里，圆周运动的象征所表达的，与基督教教义中通过永恒活动（acte éternel）[1] 的观念所表达的是同一个真理，而三位一体各位格之关系便源于该永恒活动。

---

① 一译“永恒现实”。——译者注

在他们看来，比例中项（moyenne proportionnelle）就是上帝与受造物之间神圣中介的形象。毕达哥拉斯派的数学伟绩，便是以探索数目之间——比如说在一与一个非平方数之间——的比例中项为目的，而这并非几何学进展的一部分。直角三角形为他们提供了解决之道。直角三角形是一切比例中项的宝库。但由于它可内含于半圆中，所以圆就取代了它的作用。于是，圆——上帝的几何形象——便是神圣中介的几何形象之源。如此神奇的相遇值得供奉一台祭献。

这样，几何学就是一种双重语言，它既告诉我们在物质中起作用的力的信息，又讲述了上帝与受造物之间的超自然关系。它就像是那些被编成密码的字母，解码前解码后都是同样连贯的。

对象征的关怀在我们的科学中已完全丧失。然而，只要费点心，至少在现代数学的某些部分，如集合论（théorie des 368
ensembles）或积分学（calcul intégral）那里，我们就很容易发现同样明晰、同样美、同样具有灵性意蕴的象征，就像圆与中介的象征。

从现代思想到古代智慧的路可以是既短且直的，只要人们想去走。

在现代哲学中，几乎到处都可找到一种为完整的感知觉理论作铺垫的分析，形式各有不同。能揭示这一理论的基本真理，那就是，感官认知之对象的实在并非居住于感觉印象中，而只是在各种必然性中，这些必然性的印象构成了各种符号。

我们所身处的这一可感宇宙，除了必然性再无其他实在；而必然性就是关系的联结，一旦失去高度且纯粹之专注的支撑，这些关系就会烟消云散。我们周围的这一宇宙是思维的，又物质性地展现于我们的肉体。

在其各分支中，科学在所有的现象中所把握的是数学关系或数学关系的类似者。永恒数学——这一具有双重目的的语言——是一块织成世界秩序的布料。

一切现象都是能量分配的一种改变，因而为能量法则所决
369 定。可是有多种类型的能量，而它们被安排在一个等级秩序中。令我们持续感受到限制的机械力、重力或牛顿意义上的引力，并不是最高的一类。摸不到、无重量的光，是一种能使树和麦茎克服重力而上升的能量。我们从麦子和果实中吃进它，它在我们身上的存在，给我们提供了力量，让我们能够站立，能够劳动。

在某些条件下，一个无限小的事物就能以决定性的方式起作用。没有哪个质量（masse）重到不能约简为一点；因为如果在某一点上支撑住，一个质量就不会落下，条件是该点是其重心。某些化学变化以几乎看不见的细菌活动为条件。触媒（catalyseurs）① 是极细微的少量物质，它们的存在却是另一些化学变化所不可或缺的。其他一些少量的物质，几乎是同样的成分，其存在却能产生其决定性不亚于前者的抑制作用，新近发现的最有效的疗法就是以该机制为根据的。

于是，不仅是数学，而是整个科学——用不着想着指出这一点——都是一面超自然真理的象征之镜。

现代心理学想把对灵魂的研究变成一门科学。只要再精确一

① 一译“催化剂”。——译者注

些就可以做到。必须以心理物质的概念为基础，与对所有物质都 370
有效的拉瓦锡（Lavoisier）[1] 原则“无物丧失，无物创生”有关。换言之，变化或者是形式的改变，在这改变之下，总有什么是不变的；或者是置换；总之绝不是简单的产生或消失。必须引入限制的概念，并设立一条原则：在灵魂的尘世部分，一切都是有限的，会倾向于枯竭。最后，还必须引入能量的概念，假定心理现象与物理现象一样，都是能量分配与性质的改变，并为能量法则所决定。

当代人试图创立一门社会科学的努力，同样需要以更大一些的精确性为代价。必须以柏拉图的劣兽（gros animal）概念 [2] 或《启示录》中兽类的概念为基础。社会科学是对劣兽的研究，必须仔细描述其解剖学、生理学、自然反射和条件反射，以及矫正的可能性。

如果超自然的概念没有得到严格的定义并引入科学，用作科学概念，以便用极端的精确性在科学中加以运用，则灵魂科学和社会科学都是完全不可能的。

如果研究人的科学以严格的数学方法如此建立起来，而同时

---

① 拉瓦锡（Antoine-Laurent Lavoisier，1748—1794）：法国化学家，化学史上最重要的人物之一，其主要贡献有推翻燃素说、发明定量分析法等。法国大革命中被逮捕，法庭不到一天的审理就判处拉瓦锡等 27 人死刑。在法庭上他请求暂缓行刑，使他能有点时间把手头的研究工作做完。该请求被革命法庭驳回，理由是：“共和国不需要学者！”——译者注

② 指人性中卑劣的部分，必须加以抑制。见《理想国》589—590。——译者注

371 又维持与信仰的联系；如果在自然科学与数学中象征解释像从前那样重新占有其位置；则在此宇宙中建立起的秩序的统一性就会以最明晰的方式显现出来。

世界的秩序，就是世界的美。所不同的只是关注的方式，全看人们是试图设想构成该秩序的必然性关系，还是默观其辉煌壮美。

一切都只是一个、同一个事物，相对于上帝就是永恒智慧，相对于宇宙就是完美的服从，相对于我们的爱就是美，相对于我们的理智就是必然性关系的平衡，相对于我们的肉体就是暴力。

如今，科学、历史、政治、劳工组织，甚至宗教，鉴于它们都沾上了罗马人的污点，所能奉献给人类思想的，只是暴力。这就是我们的文明。这棵树只会结它该结的果。

重归真理，会在其他事物中显明体力劳动的真理。

以下将读到的几页，系本书第一次印刷待售时从西蒙娜·薇依的笔记中发现，显然是紧接上文的。我们认为没有理由不在重印时加上。

——法文版编者说明①

除了自愿的死亡，自愿的体力劳动就是服从之美德最完美的 372
形式。

由《创世记》故事所暗示的劳动的处罚性，因缺乏关于惩罚的正确概念而被误解了。在该文本中人们错误地读出了对劳动的轻蔑色调。十有八九可能它是由某个很古老的文明传递下来的，在那文明中，体力劳动是各种活动中最高尚的一种。

很多迹象表明曾经有过这样一种文明，很久以前体力劳动是最具宗教性的活动，因而也就是神圣的。各种秘教、全部前罗马时期的古代宗教，完全是以从农业中获取的灵魂拯救的象征表达为基础的。同样的象征也可在福音书中找到。埃斯库罗斯（Eschyle）的《普罗米修斯》（*Prométhée*）中赫淮斯托斯（Héphaïstos）②的角色似乎能让我们想起铁匠的宗教。确切地说，普罗米修斯是一个超越时间的基督的投影，一个被钉十字架的上
帝和拯救者，他来把火投向大地；在希腊人的象征思维中，一如 373

① 本说明据1952年伽利玛出版社重印版移入，Gallimard，*Collection Espoir*，dirigée par Albert Camus。——译者注

② 赫淮斯托斯：希腊神话中宙斯（Zeus）和赫拉（Hera）的儿子，为火神，也是个铁匠，后来普罗米修斯就是由他负责钉在高加索山悬崖的。——译者注

在“福音书”中，火是圣灵的形象。埃斯库罗斯——他从不会信口胡言——说普罗米修斯给人类带来的火是赫淮斯托斯的个人财产①，这似乎表明，赫淮斯托斯是火的人格化。赫淮斯托斯是个铁匠神。我们可以想象一种铁匠的宗教，在使铁变软的火中看到圣灵在人性之上所进行的工作。

也许有那么一个时候，同一个真理被迻译进不同的象征系统，而每一个系统都配上一种体力劳动，作为对信仰的直接表达。

在各种情况下，所有的古代宗教传统，包括《旧约》，都使每一门手艺追溯至神的直接教诲。大部分传统都断言，为了这一教育使命神化为人身。比如说，埃及人就认为奥西里斯（Osiris）②之化为人身，就有双重的目的，既是这一实践的教育，又是通过受难带来拯救。

不管在这些极端神秘的故事中所包含的真理是什么，对各门手艺中神直接教诲的信仰都暗示了对某一时代的回忆，在那时代，从事各门手艺是最为神圣的活动。

在荷马（Homère）、在赫西俄德（Hésiode）、在古典希腊、
374 在我们所略知的其他古代文明中，它没有留下任何踪迹。在希腊，劳动是件奴隶的差事。我们不可能知道是否早在希伦人

① 在埃斯库罗斯的悲剧《普罗米修斯》开场部分，威力神（Kratos）对赫淮斯托斯说：“他曾把你的特权出卖给人类。”见罗念生译：《古希腊悲剧经典》（上卷），作家出版社 1998 年版，第 10 页。——译者注

② 奥西里斯：古埃及主神之一。他统治已故之人，并使万物自阴间复生，如使植物萌芽，使尼罗河泛滥等。——译者注

（Hellène）入侵之前，在佩拉斯吉人（Pélasges）①的时代，情况就已经是这样了，我们也不可能知道各种秘教是否在其神秘学说中保存了对劳动仍然荣耀的那个时代的回忆。就在希腊古典时代之开端，我们看到一种文明形式的终结，在这文明中，除了体力劳动，所有的人类活动都是神圣的；其中艺术、诗歌、哲学、科学和政治可以说与宗教并无分别。一两个世纪以后，出于某种我们难以了解的机制——但金钱在每一处都扮演了很重要的角色——所有这些活动都变得格外世俗了，并被切断了与一切灵性激励的联系。剩下的一点宗教则被打发到只用于崇拜的场所。在他那个时代，柏拉图便是个已然久远之过去的遗民。希腊的斯多亚派则是属于同一个过去的火星所溅出的光焰。

罗马人——这个无神论及唯物主义的民族——在他们所占领的土地上，用赶尽杀绝的手段，消除了灵性生活的全部残余；他们只有在倾空其灵性内容后才会接受基督教。在他们的统治下，所有的人类活动，毫无分别地变成了奴隶的事物；最后，当他们把所有的人都降格至奴隶状态时，他们终因从奴隶制中抽离了一切实在而完蛋，正是奴隶制为他们铺就灭亡之路。

所谓的蛮族（Barbares）——其中许多人无疑源于色雷斯并
因此受到某些秘教灵修传统的滋养——倒很重视基督教。其结 375
果是，必定有过一种基督教文明。我们又在 11、12 世纪看到了

---

① 佩拉斯吉人：传说中希腊地区的原住民。其文化在古典时代（约公元前 5 世纪）就已式微，连希罗多德对他们说什么语言都几乎一无所知。见希罗多德：《历史》，卷一第 57 章，王以铸译，商务印书馆 1997 年版，上册第 26 页。——译者注

其前途。卢瓦尔河以南的国度——这是它的主要辐射源——同时既充满了基督教灵性又饱含着古代的精神；至少，如果阿尔比派的确是摩尼教徒，并因此不仅源于波斯思想，也同样源于诺斯替、斯多亚、毕达哥拉斯、埃及思想的话。当时所孕育的文明应该是没有任何奴隶制污点的。手艺也许处于核心地位。

马基雅维里（Machiavel）① 对 12 世纪佛罗伦萨所作的描绘，乃是现代行话所谓工团主义民主的样板。在图卢兹，骑士与工人肩并肩地抗击蒙福尔的西蒙（Simon de Montfort）②，以保卫自己的灵性财富，这是他们共同的财富。在这一孕育期形成的各种行会，是一些宗教组织。只消看一座罗马风教堂，听一段格里高利旋律，读一首游吟诗人的完美诗篇，或者最好是读一些礼仪经文，就知道当时的艺术是与信仰密不可分的，犹如在全盛期的希腊。

但是，一种基督教文明——在该文明中基督教的光芒朗
376 照全部生命——之所以可能，只有当教会中奴役人类精神的

① 马基雅维里（Niccolò Machiavelli，1469—1527）：意大利政治家、政治思想家。著有《君主论》（*Il principe*）、《论提多-李维的前十卷书》（*Discorsi sopra la prima deca di Tito Livio*）、《佛罗伦萨史》（*Istorie fiorentine*）等。——译者注

② 蒙福尔的西蒙（Simon de Montfort，约 1165—1218）：蒙福尔家族为法国历史上的望族。蒙福尔的西蒙参加了教皇英诺森三世发动的针对法国南方阿尔比派的十字军远征。第四次拉特兰公会议（1215）决定把图卢兹伯爵雷蒙六世（Raymond VI）的领地交给他。但雷蒙不承认失败，于 1217 年 9 月占领了图卢兹。蒙福尔的西蒙在包围图卢兹城时阵亡。——译者注

罗马式观念得到清除。圣贝尔纳（Saint Bernard）[①]对阿伯拉尔（Abélard）[②]所发动的激烈且获胜的斗争表明，要做到这一点还差得很远。在13世纪初，这种初生的文明受到了摧残，因为其主要策源地即卢瓦尔河以南各国度被蹂躏了，因为宗教裁判所的建立，也因为在正统性概念之下宗教思想死气沉沉。

通过割裂与灵魂之善有关的领域（即思想无条件服从外在权威的领域）和所谓世俗领域（在该领域中理智是自由的），正统性概念使得宗教性与世俗性相互渗透成为不可能之事，而这种渗透本该是基督教文明的本质。在每天的弥撒中，一丁点水掺杂到酒中，乃是徒劳的。

13世纪、14世纪与15世纪初，是中世纪的衰落期。这是一种没来得及诞生的文明渐渐的没落和死亡、一颗芽苞的渐渐萎顿。

大约15世纪，出现了第一次文艺复兴，它如同前罗马文明和12世纪精神之复兴的微弱预示。本真的希腊、毕达哥拉斯、柏拉图，此时成为一种宗教敬重的对象，与基督教信仰在完美的和谐中得到统一。但这一精神态度很是短暂。

---

① 指明谷的圣贝尔纳（Saint Bernard de Clairvaux，1090—1153）：法兰西明谷的西多会修道院院长、神学家、神秘主义者。曾极力反对阿伯拉尔的唯名论，还发起组织了第二次十字军东征。——译者注

② 阿伯拉尔（Pierre Abélard，1079—1144）：法兰西神学家、唯名论哲学家、当时最杰出的逻辑学家，巴黎大学教授。因与自己的女学生，巴黎主教富尔贝（Canon Fulbert）的侄女哀洛伊丝（Héloïse）相恋而被富尔贝派人阉割。后入修院，晚年做院长。两人所留下的书信是中世纪文学的佳作。——译者注

377 不久就迎来了第二次文艺复兴，其取向恰好相反。正是它产生了我们所谓的现代文明。

我们很以该文明为自豪，但我们也没有忽视它是有病的这一点。并且所有的人都同意对疾病的诊断。它就病在没有确切地知道该给予体力劳动和体力劳动者何种位置。

多少聪颖才俊耗费在这个问题上，摸索着，挣扎着。人们不知道从哪开始，由何处起步，靠什么来引路；于是自然是没有结果的。

最好是深思《创世记》中的古老故事，把它放置在属于它的氛围中，即古代思想的环境中。

当一个人因犯罪而置身于善之外，真正的惩罚就在于，以痛苦为手段使他重回善的完满。再没有像惩罚这么神奇的东西了。

人置身于服从之外。上帝所选择的惩罚乃是劳动和死亡。于是，若人们在承受劳动和死亡时是出于自愿，那它们就会把人们带入服从上帝的至善。

这一点是清晰自明的，只要人们像古代那样把惰性物质的消极性看作对上帝之服从的完美状态，而把世界之美看作完美服从的光芒。

378 不管在天国死亡的奥义是什么，在此世，它是一种转变，从一个由悸动的肉体加上思想构成的存在者，从一个能欲能恨、有希望有恐惧、愿意要这个不愿意要那个的存在者，转变成一小堆惰性物质。

于人而言，自愿接受这一转变，乃是全部服从的最高的境界。正因为如此，涉及基督的受难，保罗说："他因所受的苦难学了顺从，得以完全。”①

但赴死之自愿，只有当死亡已在此，才是完全实在的。只有当死亡贴近时，它才贴近完满。当死亡的可能还是抽象的、遥远的，它就是抽象的。

体力劳动是每天死一回。

劳动，乃是将自己的存在——灵魂和肉体——置于惰性物质之流转，将它变成物质碎片之一状态与另一状态之间的中介，将它变成一把工具。劳动者把他的身体和他的灵魂变成他所操纵之工具的延伸。身体的运动和精神的专注，是工具要求他行使的职能，而工具本身则要适应工料。

死亡和劳动是不得不为、无从选择之事。只有当人在劳动中把自己交给宇宙，宇宙才会在衣食中把自己交给人。但人之承受死亡和劳动，或者心有怨意，或者心甘情愿。它们之被人们所承受，可以是在其赤裸的真相中，要不然就是被裹以谎言。

劳动强暴了人的本性。有时候空有充沛的青春活力，想要花 379
费却无用武之地；有时候精疲力竭，不断地以极痛苦的张力为代价，靠意志去弥补体能的不足；有千百种忧虑、操心、苦恼，千百种欲望，千百种好奇，将思想拉向别处；单调引起厌烦；而时间之重负几乎令人不堪承受。

人类思维主宰时间，不断快速穿行过去和将来，能跨越任何间隔；但劳动着的人，却像惰性物质那样服从着时间，只能从一刻跨向另一刻。尤其是因为这一点，劳动才强暴人的本性。也正

---

①　见《希伯来书》5：8—9。——译者注

因为如此，劳动者在表达劳动的苦难时，这样说：“觉得时间过得真慢。”

赴死之自愿，当死亡近在眼前、赤裸可见时，乃是某种终极、即刻的拔离，离开每个人所称的“我”。劳动之自愿，没有这般暴烈。而只要劳动之自愿是彻底的，它就会在一生中每天早上得到恢复，日复一日，每天从早到晚，第二天又重新开始，常常延续至死。每天早上劳动者都为这一天、也为这一生自愿去劳动。他自愿去劳动，不管忧伤还是快乐，不管心有所操还是渴望消遣，也不管身心憔悴还是精力充盈。

仅次于赴死之自愿，那使劳动成为维持生命所必不可少的信
380 守法律之自愿是服从的最完满的境界，而服从则是给予人去履行的义务。

于是，所有其他的人类活动：发号施令、制定技术计划、艺术、科学、哲学等等，都亚于具有灵性意义的体力劳动。

我们很容易为组织得当的社会生活中体力劳动该占有何种位置下一定义。它必须是其灵性核心。

译后记

薇依的名字中国读者已不陌生了。此前已有她的两部著作译成中文[1]，薇依的传记也已译出一种[2]，而用中文写作的薇依研究则见刘小枫《走向十字架上的真》(上海三联书店 1994 年版)。

薇依的这本书写于 1943 年春，最初是她应戴高乐自由法兰西的内务部之约，为法国光复之后如何从事建设而拟的一份报告。据说内务部的人让薇依做这项工作是想让她有事可干，因为她整天想着要到法国去从事更危险的工作。[3]

作为对读者的引导，没有什么比艾略特先生所撰写的序言更恰切的了；而若要对薇依政治哲学的全面分析，则应是一篇专文的任务，所以在此译者就不多置喙了。但是，我想说，薇依写作此书时，是怀着深深的同情的——对法兰西；而译者翻译此书

---

① 《在期待之中》，杜小真、顾嘉琛译，生活·读书·新知三联书店 1994 年版；《重负与神恩》，顾嘉琛、杜小真译，汉语基督教文化出版社 1998 年版。

② [法]雅克·卡博：《信仰与重负——西蒙娜·韦伊传》，顾嘉琛、杜小真译，北京大学出版社 1997 年版。

③ Cf. John M. Dunaway, *Simone Weil*, Twayne Publishers, 1984, pp. 49—50.

时，也时时感受到一种扎心的同情——既对薇依，更对我们中国和中国人。如今国人的拔根现象，是比1940年的法国人更严重还是不如，倒真不好说。这样说来，翻译此书的努力，大概也不算是白费的。

本书最初由法国伽利玛出版社1949年出版，本中文版据该社1990年 *Folio essais* 丛书本译出，校订时还参考了1952年版英译本[①]。艾略特序是为英译本写的，现译出作为中译本序。法文版几乎没有注释，英译本增加了一些介绍法国文化尤其是20世纪上半叶社会文化背景的脚注，这些脚注中译本一般都采用了。此外的大部分的脚注都是译者添加的。

最后，译者愿在此表示我对刘小枫博士的谢意，正是他推荐我翻译此书的，还特地寄来本书的英译本给我作参考。其次，还要感谢三联书店的舒炜先生，感谢他的耐心，从接受本书的翻译任务，到最后译出，一晃竟然两年多过去了。

不消说，译者才疏学浅，本书的翻译定有不少错谬，译者不敢指望原谅，但求不吝指正。

徐卫翔

2000年9月

---

① *The Need for Roots*, *Prelude to a Declaration of Duties toward Mankind*, translated by Arthur Wills, The Beacon Press, 1952.

修订版附记

本书的翻译工作是在20世纪末开始的，出版至今也有20年了，坊间早已售罄。这些年来常有朋友反映欲购此书而不得。薇依在中国的读者群，一直算不上十分大，但很稳定，都是些有心人。就算是为了他们，再版本书也是有意义的。

此次再版，作了比较彻底的修订。首先是修正了不少理解或表达上的错误。有些概念，近年来译者另有一些体会，就照现在的想法改译了，兹不一一说明。其次，当初翻译时，虽然已经有了电脑，但那台电脑常无预警死机。不得已，只能先写在纸上，再录入电脑。也许是因为这个原因，有时会漏过某个句子成分甚至某个短小的句子。这种情况虽然不多，似乎也并不太影响文气，但终究不好。现在的版本都补上了。此外，修订版还修改补充了一些注释，并将 *Folio essais* 本页码作为边码印出，以供读者查对。

最后，需要感谢上海人民出版社的编辑于力平先生、陈依婷女士，以及我的学生王星皓，他们为这本书以及这个小小的薇依作品译丛付出了许多心血。

徐卫翔

2023年9月

图书在版编目(CIP)数据

扎根:人类责任宣言绪论:修订译本/(法)西蒙娜·薇依著;徐卫翔译. —上海:上海人民出版社,2024
ISBN 978-7-208-18863-1

Ⅰ. ①扎… Ⅱ. ①西… ②徐… Ⅲ. ①政论-法国
Ⅳ. ①D756.509

中国国家版本馆CIP数据核字(2024)第077348号

责任编辑 陈依婷 于力平
封面设计 林 林

扎根
——人类责任宣言绪论(修订译本)
[法]西蒙娜·薇依 著
徐卫翔 译

出　　版 上海人民出版社
(201101 上海市闵行区号景路159弄C座)
发　　行 上海人民出版社发行中心
印　　刷 上海商务联西印刷有限公司
开　　本 890×1240 1/32
印　　张 10.5
插　　页 2
字　　数 217,000
版　　次 2024年7月第1版
印　　次 2024年7月第1次印刷
ISBN 978-7-208-18863-1/B·1752
定　　价 68.00元

本书译自

Simone Weil

L’enracinement: Prélude à une déclaration des devoirs envers l’être humain

MINERVA

·密涅瓦·

大师经典

《社会学的基本概念》　[德] 马克斯·韦伯 著　胡景北 译

《历史的用途与滥用》　[德] 弗里德里希·尼采 著

陈　涛　周辉荣 译　刘北成 校

《奢侈与资本主义》　[德] 维尔纳·桑巴特 著

王燕平　侯小河 译　刘北成 校

《社会改造原理》　[英] 伯特兰·罗素 著　张师竹 译

《伦理体系：费希特自然法批判》

[德] 黑格尔 著　翁少龙 译

《理性与生存——五个讲座》

[德] 卡尔·雅斯贝尔斯 著　杨　栋 译

《战争与资本主义》　[德] 维尔纳·桑巴特 著　晏小宝 译

《道德形而上学原理》　[德] 康　德 著　苗力田 译

《论科学与艺术》　[法] 让-雅克·卢梭 著　何兆武 译

《对话录》　[英] 大卫·休谟 著　张连富 译

人生哲思

《论人的奴役与自由》　[俄] 别尔嘉耶夫 著　张百春 译

《论精神》　[法] 爱尔维修 著　杨伯恺 译

《论文化与价值》　[英] 维特根斯坦 著　楼　巍 译

《论自由意志——奥古斯丁对话录二篇》(修订译本)

[古罗马] 奥古斯丁 著　成官泯 译

《论婚姻与道德》　[英] 伯特兰·罗素 著　汪文娟 译

《赢得幸福》　[英] 伯特兰·罗素 著　张　琳 译

《论宽容》 [英] 洛克 著 张祖辽 译

《做自己的哲学家：斯多葛人生智慧的 12 堂课》
[美] 沃德·法恩斯沃思 著 朱嘉玉 译

社会观察

《新异化的诞生：社会加速批判理论大纲》
[德] 哈特穆特·罗萨 著 郑作彧 译

《不受掌控》 [德] 哈特穆特·罗萨 著
郑作彧 马 欣 译

《部落时代：个体主义在后现代社会的衰落》
[法] 米歇尔·马费索利 著 许轶冰 译

《鲍德里亚访谈录：1968—2008》
[法] 让·鲍德里亚 著 成家桢 译

《替罪羊》 [法] 勒内·基拉尔 著 冯寿农 译

《吃的哲学》 [荷兰] 安玛丽·摩尔 著 冯小旦 译

《经济人类学——法兰西学院课程（1992—1993）》
[法] 皮埃尔·布迪厄 著 张 璐 译

《局外人——越轨的社会学研究》
[美] 霍华德·贝克尔 著 张默雪 译

《如何思考全球数字资本主义？——当代社会批判理论下的哲学反思》
蓝 江 著

《晚期现代社会的危机——社会理论能做什么？》
[德] 安德雷亚斯·莱克维茨
[德] 哈特穆特·罗萨 著 郑作彧 译

《解剖孤独》 [日] 慈子·小泽–德席尔瓦 著
季若冰 程 瑜 译

《美国》（修订译本） [法] 让·鲍德里亚 著 张 生 译

《面对盖娅——新气候制度八讲》
[法] 布鲁诺·拉图尔 著 李婉楠 译

《扎根——人类责任宣言绪论》（修订译本）
[法] 西蒙娜·薇依 著 徐卫翔 译